HEYNE <

Das Buch

Seit über 25 Jahren treten Seelen Verstorbener mit James Van Praagh in Kontakt – und sie haben viel mitzuteilen: vor allem, was sie auf der „anderen Seite" gelernt und entdeckt haben, und wie wir, die Lebenden, von ihren Erfahrungen profitieren können. Wenn der Mensch den physischen Körper abstreift, erfasst sein spirituelles Selbst das Sein aus einer völlig neuen Perspektive. Für die Seele in der geistigen Welt wird es zu einem tief empfundenen Wunsch, das neu gefundene Wissen mit den Lebenden zu teilen.

Ihr seid nicht allein birgt einen wertvollen Schatz faszinierender und zu Herzen gehender Erlebnisberichte der Kommunikation mit dem Jenseits – ein großer Reichtum an Weisheit, die Zeit und Raum überwindet und uns eine einzigartige Chance für inneres Wachstum, Versöhnung und Lebenserfüllung schenkt.

Der Autor

James Van Praagh ist einer der außergewöhnlichsten Menschen unserer Zeit. Seine spektakuläre Fähigkeit, mit den Seelen Verstorbener zu kommunizieren, hat ihn in aller Welt berühmt gemacht. Seine Vorträge und Demonstrationen ziehen Tausende von Menschen an. James Van Praagh lebt in der Nähe von Los Angeles.

James Van Praagh

Ihr seid nicht allein

Was die Toten uns über das Leben lehren

Aus dem Amerikanischen
von Karin Weingart

WILHELM HEYNE VERLAG
MÜNCHEN

Die Ereignisse, von denen in diesem Buch berichtet wird, haben sich tatsächlich zugetragen. Um jedoch die Identität der daran Beteiligten zu schützen, wurden Namen und nähere Umstände verändert.

FSC
www.fsc.org
MIX
Papier aus verantwortungsvollen Quellen
FSC® C014496

Verlagsgruppe Random House FSC® N001967

4. Auflage
Taschenbucherstausgabe 03/2013

Die Originalausgabe erschien 2009 unter dem Titel *Unfinished Business: What the Dead Can Teach Us About Life* im Verlag HarperOne, New York, USA.
Published by arrangement with HarperOne, an imprint of HarperCollins Publishers, LLC.

Printed in Germany
Redaktion: Diane Zilliges
Umschlaggestaltung: Guter Punkt, München
Herstellung: Helga Schörnig
Satz: EDV-Fotosatz Huber/Verlagsservice G. Pfeifer, Germering
Druck und Bindung: GGP Media GmbH, Pößneck
ISBN 978-3-453-70218-9

http://www.heyne.de

Für Linda Tomchin,

meinen Engel hier auf Erden, der mich

dabei unterstützt, die Menschen zu

bereichern und ihnen das Herz zu öffnen.

Dafür werde ich ewig dankbar sein.

INHALT

PROLOG

Ginny Meyer schaute auf die Uhr. Der große Zeiger stand kurz vor der Elf, der kleine unmittelbar vor der Fünf. Jetzt ist es nur noch eine Sache von Minuten, bis Neil von der Arbeit kommt, dachte sie. Ben würde also nur noch ein paar Augenblicke lang allein sein. Außerdem hockten er und sein kleiner Freund Andrew wie festgewachsen vor dem Fernseher. Pokémon! Wenn sich Kinder in der Welt der Taschenmonster verlieren, nehmen sie Mamis höchstens als Hintergrundrauschen wahr. Und so hatten es die beiden Jungen nicht einmal richtig mitbekommen, als Ginny ihnen sagte, dass sie kurz bei ihrer Nachbarin Nancy vorbeischauen wolle. Dazu muss man wissen: Was für Ben seine Cartoons waren, war für Ginny das Kochen. Dieselbe Besessenheit. Ginny hatte gerade ein neues Hackbratenrezept ausprobiert und brannte nun darauf zu hören, was Nancy davon hielt.

Eine bessere Nachbarin als sie konnte man sich kaum vorstellen. Nicht nur, dass Ginny Kochrezepte mit ihr austauschen konnte, Nancy hatte auch immer ein offenes Ohr für sie, brachte ihr manchmal etwas vom Markt mit oder holte die Kinder von der Schule ab. Die beiden Frauen gingen fast wie Schwestern miteinander um. Ginny genoss das sehr, denn ihre wirkliche Schwester wohnte Tausende von Kilometern weit entfernt, und so war Nancy quasi ein perfekter Ersatz. Allerdings hatten die beiden Frauen aufgrund ihrer familiären, kirchlichen und beruflichen Verpflichtungen leider nur selten Zeit füreinander. Die aber war ihnen heilig.

Nancy spülte ihr Stückchen vom Hackbraten mit einem leichten, trockenen Chablis herunter. Normalerweise trank sie tagsüber keinen Alkohol, aber heute machte sie eine Ausnahme. Es war schließlich eine besondere Gelegenheit, denn seit über einem Monat hatten sie und Ginny sich nicht mehr in Ruhe gesehen. Nancy lächelte fröhlich – für Ginny ein Zeichen, dass ihre neueste kulinarische Kreation gut angekommen war. Sie war sehr stolz auf sich.

Draußen hörte man eine Autotür zuschlagen. Das musste Neil sein. Und so gern Ginny auch noch geblieben wäre, bekam sie jetzt doch ein schlechtes Gewissen. Neil würde sich wundern, dass sie nicht zu Hause war, und es wahrscheinlich auch nicht so toll finden, wenn sie die Kinder unbeaufsichtigt ließ, um mit ihrer Nachbarin über Kochrezepte zu ratschen. Also nahmen sich die beiden Frauen in den Arm, und Nancy sagte zum Abschied: »Ich versteh das schon. Gehört alles mit dazu.«

Ginny eilte über den Rasen und überzeugte sich, dass Neils Kombi tatsächlich in der Auffahrt stand. Als sie die Haustür erreichte, ging diese plötzlich auf und der kleine Andrew kam herausgestürmt. Er drehte sich noch einmal kurz um, blickte zu ihr hoch und rannte dann schnell weg. Ginny dachte nicht weiter darüber nach, wahrscheinlich hatte Ben irgendetwas gesagt, was den Jungen verletzt hatte.

Ginny betrat das Haus. Der Fernseher war viel zu laut. Sie rief nach Ben und Neil, dann griff sie zur Fernbedienung und stellte den Ton ab. Plötzlich herrschte ohrenbetäubende Stille. Und alles schien stillzustehen. Ginny lief die Treppe hoch und rief nochmals nach Neil und Ben. Nichts. Ginny bekam ein ganz komisches Gefühl im Magen. Hier stimmte doch was nicht.

Aus dem oberen Stockwerk hörte sie ein Stöhnen. Die letzten Stufen rannte sie und rief dabei immer wieder nach

Neil. Als sie oben angelangt war, drang ein markerschütternder Schrei aus Bens Zimmer. Sie blickte hinein und sah das Unvorstellbare. Vor ihr stand Neil, blutüberströmt, im Arm hatte er ihren leblosen Sohn. Wie versteinert starrte Neil an die Decke. Zu seinen Füßen lagen Patronen verstreut, dazwischen der Neunmillimeterrevolver. Erst vor zwei Tagen hatte Ginny ihren Mann noch aufgefordert, die Waffe sicher zu verstecken, damit Ben sie nicht fand. Jetzt war es zu spät. Die Eltern fanden keine Worte, viel zu überwältigend waren ihre Gefühle. Beide beteten, berührten ihren Sohn im verzweifelten Versuch, ihm ein Lebenszeichen zu entlocken. Doch vergebens. Er war längst von ihnen gegangen.

Und so begann die schlimmste Zeit im Leben von Ginny und Neil Meyer.

EINFÜHRUNG

Die Geschichte, die Sie gerade im Prolog gelesen haben, ist entsetzlich – eine einzige Ansammlung fataler Fehler. Man mag gar nicht glauben, dass solche Dinge tatsächlich geschehen, aber sie sind häufiger, als man sich vorstellen kann. Ich habe Ihnen diese Geschichte erzählt, weil sie zwar nicht typisch ist für den Verlust eines Kindes, ich sie aber bis heute nicht vergessen konnte. Als Ginny und Neil zu mir kamen, um meine Hilfe in Anspruch zu nehmen, lagen so viele Schichten von Schuld, Vorwürfen und Scham im Raum, dass es sehr schwer war, die Kommunikation mit ihrem Sohn in Gang zu bringen. Natürlich trauerten die Eltern immer noch um Ben, darunter aber lag noch etwas. Sie waren tief in gegenseitige Beschuldigungen verstrickt. Ginny warf Neil vor, die Waffe nicht sicher aufbewahrt zu haben, wie sie es von ihm verlangt hatte, und gleichzeitig wurde sie von einem schlechten Gewissen geplagt, weil sie die beiden Jungen allein gelassen hatte. Neil wiederum beschuldigte Ginny, ihre Aufsichtspflicht vernachlässigt zu haben, während er selbst es sich nicht verzeihen konnte, dass er den Revolver hatte offen herumliegen lassen. Beide fühlten sich für Bens Tod verantwortlich, empfanden es aber auch so, als hätten sie einander im Stich gelassen. Sie waren zwar nicht tot, doch im Grunde hatten sie so dichtgemacht, dass sie genauso wenig lebendig wirkten wie ihr Sohn. Als Ben dann endlich durchkam, brachte er seinen Eltern ganz viel Liebe und Vergebung entgegen. Er versuchte, ihnen ihr Leben zurückzugeben, flehte sie an, zu akzeptieren, dass er ihnen verziehen hatte, und bat sie inständig, auch einander zu vergeben. Ich weiß noch, wie komisch ich es fand, ein Kind seinen Eltern sagen zu hören: *Ihr habt doch das ganze Leben noch vor euch. Macht es euch nicht kaputt.* Nachdem Ginny und Neil gegangen waren, wusste ich zwar, dass Bens Erscheinen ihnen eine gewisse Erleichterung verschafft hatte, mir war aber auch klar, dass sie sich weiterhin darüber streiten würden, wer von ihnen die größere Schuld an seinem Tod trug. Diese Hürde konnten sie einfach nicht nehmen. Von gemeinsamen Freunden habe ich später erfahren, dass sie sich irgendwann scheiden ließen.

Es machte mich sehr traurig, dass all die Liebe und Vergebung, die Ben seinen Eltern aus dem Jenseits entgegengebracht hatte, nicht gereicht hatten, um die Ehe aufrechtzuerhalten. Scheidung wäre das Letzte gewesen, was Ben sich für Ginny und Neil gewünscht hätte. Statt ihren Sohn zu ehren, indem sie aus der Tragödie seines Todes etwas Positives machten (etwa indem sie eine Initiative zur Verschärfung der Waffengesetze gründeten), blieben sie in unproduktive Schuldzuweisungen verstrickt. So verpassten sie die Chance, die Fehler, die sie begangen hatten, in ein Geschenk an die Welt umzumünzen, indem sie möglicherweise dazu beitrugen, dass sich ein ähnliches Unglück nicht in einer anderen Familie wiederholte. Denkbar wäre auch ein anderes Szenario gewesen: Ginny und Neil hätten genauso gut zusammenbleiben, über die Gefahren von Handfeuerwaffen im Haushalt aufklären, noch Kinder bekommen und die Liebe zueinander weiter vertiefen können. Stellen Sie sich nur mal vor, wie glücklich Ben gewesen wäre, zu sehen, dass sein Tod nicht vergebens war.

Das ist auch der Grund, warum ich dieses Buch geschrieben habe. Aus dem Jenseits habe ich sehr viel über das Leben auf Erden gelernt und bin immer wieder begeistert, was uns die geistige Welt alles darüber zu sagen hat. In Büchern und auf Veranstaltungen gebe ich das nun schon seit fünfundzwanzig Jahren weiter. Leider erlebe ich aber oft auch Enttäuschungen, nämlich wenn Empfehlungen aus dem Jenseits ungehört verhallen. In aller Regel freuen sich die Leute, wenn ich ihnen einen Namen oder irgendein anderes Detail korrekt wiedergebe. Wenn dann aber der Geist einen Rat erteilen möchte, trifft er bedauerlicherweise oft auf taube Ohren.

Nachdem der Mensch im Tod seine körperliche Hülle verlassen hat, nimmt sein geistiges Selbst eine ganz neue Perspektive auf das Leben ein. Es ist quasi, als hätte er sich die Augen lasern lassen und könnte nun klarer sehen. Die Verstorbenen lernen zu verstehen, warum manches genau so geschehen musste, wie es geschah. Sie sind in der Lage, andere Menschen wertzuschätzen, auch ihre Feinde, und wissen genau, was sie von ihnen gelernt haben. Darüber hinaus wird ihnen aber auch bewusst, dass sie bestimmte Fehler hätten vermeiden können, wenn sich nur ihr Ego nicht so in den Vordergrund geschoben hätte. Sobald sie dann ins Licht gegangen sind, brennen sie darauf, ihre neuen Erkenntnisse an die Lebenden weiterzugeben. Ich selbst gehöre zu den Glücklichen, die von der Weisheit und Führung der Geistwesen profitieren, und gebe ihre Einsichten liebend gern an Sie weiter.

Allzu viele von uns sind wie besessen von etwas, worüber wir nicht die geringste Kontrolle haben: von der Vergangenheit, dem ewigen »Hätte-Könnte-Wäre«. Arbeit, Familie, Geld, bestimmte Entscheidungen, das ganze Lebensglück – auf allen diesen Gebieten gibt es immer irgendetwas, was man bereut. Doch Macht haben wir nur über das »Jetzt«, und dieses Jetzt wirkt sich auf unsere Zukunft aus. Unsere Gesellschaft beruht heutzutage auf viel zu wenig Eigenverantwortlichkeit und viel zu viel Schuldzuweisung. Sobald irgendetwas schiefgeht, versuchen wir den anderen (oder Gott) die Schuld dafür in die Schuhe zu schieben. Wenn ein Unglück geschieht, werden wir zornig und zerfleischen uns mit Selbstvorwürfen, statt zu erkennen, dass wir auch etwas Gutes daraus machen können. Immer und immer wieder führen wir die emotionalen Dramen auf, die ihren Ursprung in unserer Kindheit oder auch in der jüngeren Vergangenheit haben; aber irgendwie scheinen wir wohl zu glauben, dass sich unser Leben auf magische Weise verändern könnte, obwohl bei uns selbst alles beim Alten bleibt. Solange wir jedoch diese Haltung nicht ablegen, wird das Leben nicht aufhören, uns zu überrollen. Was also tun?

Ich hoffe, dieses Buch gibt Ihnen einige Anhaltspunkte. Denn jeder neue Tag birgt neue Chancen; die Umstände können sich ändern, Menschen können sich ändern – und auch Sie können sich verändern. Es geht nur darum, dass Sie beginnen, die Verantwortung für Ihr Denken und Handeln zu übernehmen. Ihre Gedanken sind äußerst mächtig. Das Leben, das Sie heute führen, ist das Ergebnis Ihrer Gedanken. Gedanken sind Energie – und mithin etwas sehr Reales. Es hat mit der Macht unserer Gedanken zu tun, dass uns die Geistwesen ermutigen zu verzeihen, wie schwer das auch sein mag, und alle Ängste zu überwinden, um unsere Träume zu verwirklichen. Wenn wir den Rat, den uns die Geistwesen geben, im täglichen Leben beherzigen, versetzen wir uns in die Lage, Konflikte beizulegen und Zorn in Freundlichkeit zu verwandeln. Indem wir Verantwortung übernehmen, unsere Fehler wiedergutmachen und produktiv mit Trauer umzugehen lernen, steigen wir aus dem Spiel ständiger Schuldzuweisungen aus.

Wir Menschen sind dafür bestimmt, in Liebe zu leben. Wir sind dafür bestimmt, dass unsere Bedürfnisse befriedigt werden und wir uns als die einzigartigen Lebewesen zum Ausdruck bringen, die wir sind. Unsere Freunde aus der geistigen Welt wünschen sich, dass wir unseren Beitrag zum Leben leisten, dass wir glücklich sind und dass wir nichts unerledigt lassen, wenn die Zeit gekommen ist, die Schwelle des Lichts zu überschreiten und nach Hause zurückzukehren.

Dadurch, dass Sie dieses Buch lesen, machen Sie bereits den ersten Schritt in die richtige Richtung. Und Sie werden sehen, wie viele Anregungen sich Ihnen aus der geistigen Welt bieten. Dieses Buch wird Sie inspirieren, die Grenzen dessen, was Sie wissen, zu überschreiten. Und mir bleibt nun nicht mehr viel anderes übrig, als Ihnen eine gute Reise in ein neues Leben voller Liebe, Zufriedenheit und Glück zu wünschen.

TEIL EINS

Emotionaler Ballast

EINS

SCHULDGEFÜHLE

Wir sind verantwortlich für das, was wir tun, aber auch für das, was wir nicht tun.
Voltaire

Mein ganzes Wesen konzentrierte sich auf einen Tropfen, der kurz davor stand, in eine klare Flüssigkeit zu fallen. Als das Hämmern in meinem Kopf allmählich nachließ, bewegte ich mich näher auf den Tropfen zu. Dann schwang ich mich plötzlich zu ihm empor. Gleichzeitig stürmte eine Unzahl von Fragen auf mich ein. Wo bin ich eigentlich? Und wie bin ich hierher gekommen? Meine Neugier legte sich erst, als es mir gelang, die Augen zu fokussieren und ich sah, dass neben meinem Bett ein Infusionsständer stand, aus dem eine kochsalzhaltige Lösung troff. Ganz offensichtlich lag ich im Krankenhaus, aber ich konnte mich beim besten Willen nicht daran erinnern, wie es dazu gekommen war. Lebte ich überhaupt noch, oder befand ich mich längst woanders? Meine Wahrnehmungen waren intensiv, aber irgendwie auch anders als sonst.

Plötzlich wurde ich von dem Gefühl überwältigt, in der Falle zu sitzen – gefangen im eigenen Körper. Ich öffnete den Mund, um zu schreien, aber kein Laut drang über meine Lippen. Dann erschien mir eine merkwürdige Gruppe von Menschen. Ich hatte diese Leute alle irgendwann schon einmal gesehen, es musste aber schon lange her sein.

Ein Gesicht stach besonders hervor: Ein Mann mit einem Blick, so intensiv, dass er mich schier durchbohrte. Ich spürte, dass diese Augen von großer alter Weisheit zeugten. Hatte dieser Mann die Antworten auf all die Fragen, die ich mir stellte? Wollte er sie mir vielleicht sogar anvertrauen? Das Gesicht kam näher und wurde dabei immer größer. Der Mund begann sich gerade zu öffnen, als unvermittelt der Schauplatz wechselte.

Ich flog aus dem Fenster und mit einem Mal lag vor mir ein unglaublicher Sonnenuntergang in Lila-, Blau-, Rosa- und Orangetönen. Es war, als feiere der Himmel sich selbst, als wären seine Farben lebendig und würden atmen. Dann vermischten sich die Farben und formierten sich zu wunderschönen Blumenarrangements und Landschaften auf dem Hintergrund eines herrlichen Regenbogens. Gerade als ich versuchte, mir einen Reim auf all das zu machen, erschien der Mann aus dem Krankenhaus wieder. Diesmal sprach er sogar. Doch das, was er sagte, wurde vom Klingeln eines Telefons übertönt.

Die Wirklichkeit hatte mich wieder und im ersten Moment ärgerte ich mich, dass es mir nicht mehr gelungen war, die Botschaft des Phantommannes aus meinem Traum zu vernehmen. Schlaftrunken griff ich nach dem Hörer und hielt ihn ans Ohr.

»Hallo?«

»Hallo, James. Aufwachen! Hier ist Annie vom Sender. Sind Sie bereit für die Radioshow?«

»Wie lange habe ich noch?«

»Ungefähr zwanzig Minuten.«

Ich stand auf und begann mein Morgenritual. Ich dankte dem Universum, dass es mir einen weiteren Lebenstag geschenkt hatte, und bat Gott um sein schützendes Licht. Dann schleppte ich mich in die Küche und machte mir meine üblichen zwei Tassen Morgenkaffee. Für die Radiosendung legte ich mir schon einmal Papier und Stift zurecht. Es hatte sich als hilfreich erwiesen, wenn ich mir von meinen Gesprächen mit den Geistwesen Notizen machte.

Als ich so dasaß und wartete, dass mein magisches Morgenelixier endlich durchgelaufen war, dachte ich über meinen Traum nach und konnte natürlich nicht anders, als darüber zu spekulieren, was er wohl zu bedeuten hatte. Träume haben mich schon immer fasziniert, wie die meisten anderen Menschen auch. Für mich sind es geheimnisvolle Bilder aus einer ganz eigenen Welt. Seit ich als spirituelles Medium arbeite, stelle ich immer wieder fest, dass Träume uns viel Wichtiges zu offenbaren haben. Dafür müssen wir uns allerdings auch die Zeit nehmen, uns eingehend mit ihnen zu beschäftigen und zu überlegen, was wir mit den Informationen anfangen, die uns auf diesem Wege zuteil werden. Für mich persönlich besteht der erste Schritt der Deutung eines Traumes immer darin, dass ich ihn aufschreibe. Denn wenn ich das nicht tue, verflüchtigt er sich schnell und ich kann mich bald gar nicht mehr daran erinnern.

Im Wachzustand wird unsere Psyche von einer Unmenge verschiedener Reize geradezu überschüttet. Und obwohl wir uns in der Regel all dessen, was um uns herum vorgeht, nicht bewusst sind, wird unser mentales, emotionales, körperliches und geistiges Selbst von den Gedanken und Bildern, die auf uns einstürmen, doch erheblich beeinflusst. All diese Reize werden im Unbewussten gespeichert; und im Schlaf gibt es die Eindrücke des Tages dann in Form von Träumen wieder.

Ich bin zwar kein Experte in Sachen Träume, aber ich weiß doch, dass es verschiedene Arten gibt. Ängste zum

Beispiel schlagen sich oft in Albträumen nieder. Andere Träume sind eher symbolischer Natur und bleiben uns häufig unerklärlich, weil wir die Bildsprache, deren sie sich bedienen, nicht entschlüsseln können. Wenn man etwa von einer Ratte träumt, so ist damit nicht unbedingt ein Nagetier gemeint, sondern möglicherweise ein Mensch, den wir für eine »Ratte« halten. Es gibt auch telepathische Träume, in denen wir manchmal Botschaften von Verstorbenen empfangen.

Andere Träume stellen eine Warnung dar. Dann sehen, fühlen oder erleben wir Dinge, die in der Zukunft tatsächlich stattfinden. Ich zum Beispiel habe 1994 einmal von einem Zug geträumt, der in meinem Esszimmer durch die Wand kam. Direkt gesehen habe ich diesen Zug zwar nicht, aber gespürt habe ich ihn. Es war sehr laut und das ganze Haus bebte. Weingläser fielen aus dem Regal und zerschmetterten am Boden. Drei Tage später wurde Los Angeles um 4:31 vom Northridge-Erdbeben getroffen. Hastig verließ ich mein Schlafzimmer, sah gerade noch, wie Gegenstände aus den Regalen fielen. Und im Esszimmer lagen überall Glasscherben auf dem Boden. Mein Traum war eine Warnung gewesen. Ein Erdbeben hört und fühlt sich genauso an, als donnere ein Zug vorbei. Man muss übrigens kein Medium sein, um solche Träume zu haben.

Während ich nun auf mein leeres Blatt Papier starrte und mich auf den ersten Schluck Kaffee freute, ließ ich die Bilder meines Traumes der vergangenen Nacht im Geist noch einmal an mir vorbeiziehen und versuchte, mir einen Reim darauf zu machen. Er hatte mich mehr berührt als die meisten. Irgendwie hatte ich das Gefühl, dass mir der Mann, der mir erschienen war, eine sehr bedeutsame Nachricht zu übermitteln hatte, die ich unbedingt verstehen wollte. Detailliert schrieb ich alle Bilder und Eindrücke des

Traums auf. Dabei gingen mir die verschiedensten Gedanken über das Bewusstsein, die geistige Welt und die Myriade von Gedanken und Erfahrungen durch den Kopf, die der Mensch mit ins Jenseits nimmt, wenn er im Tod seine körperliche Hülle abstreift. Ich musste an all die offenen Baustellen denken, die so häufig zurückgelassen werden, und daran, dass sie uns von einem freudvollen Leben in vollkommener Freiheit abhalten. Solche offenen Baustellen – Unerledigtes – hat jeder von uns, ob er nun schon gestorben ist oder noch lebt. Woran das wohl liegen mag, fragte ich mich. Warum sollten sich Seelen dafür entscheiden, sich extrem traumatisierenden Erfahrungen zu unterziehen, die ihre Gedanken, ihre Persönlichkeit und das ganze Leben prägen und diese Welt dann verlassen, ohne eine Lösung für ihre Probleme gefunden zu haben? Warum klammern wir uns bloß so an unsere schmerzhaften Erfahrungen? Könnte es nicht vielleicht sein, dass sich dahinter auch etwas Positives verbirgt?

Ich fand schnell eine Antwort:

Lektionen.

Alles in unserem Leben findet statt, damit wir etwas daraus lernen können. Und so sind die Erfahrungen, die wir machen, im Grunde nichts als Geschenke für unsere Seele. Ihre Verpackung mag uns vielleicht nicht immer unbedingt zusagen, der Inhalt aber ist ganz persönlicher Natur, nur für uns gemacht. Das Universum ist perfekt, und auch das Timing ist immer perfekt. In ihrem Streben, sich selbst und das Leben zu verstehen, um sich weiterentwickeln zu können, müssen alle Seelen ihre Lektionen lernen, die ganz gewöhnlichen ebenso wie besonders schwierige.

Ich versuchte herauszufinden, was mir der Traum der vergangenen Nacht wohl sagen wollte, und wurde immer frustrierter, weil es mir partout nicht gelingen wollte. Doch erst einmal musste ich die Sendung hinter mich bringen. Also würde ich wohl oder übel bis zum Abend warten müssen. Dann wollte ich versuchen, an meinen Traum anzuknüpfen, um die Antworten zu finden, nach denen ich suchte. Wieder klingelte das Telefon. Der Sender. Jetzt sollte es gleich losgehen.

»Alles mein Fehler«

»Wir begrüßen heute einen unserer Lieblingsgäste in der Sendung, James Van Praagh, ein weltweit hochgeschätztes spirituelles Medium«, sagte Rona. »Hallo, James, schön, dass Sie mal wieder zugeschaltet sind.« Rona führte durch das Morgenprogramm eines der bekanntesten Radiosender und ich war schon viele Male bei ihr zu Gast gewesen.

Bevor ich mit den Botschaften begann, zentrierte ich meine Energie. Ich richtete den Blick auf meinen Notizblock und sofort stellte mein Geist auf Empfang, sodass ich die Verstorbenen, von denen der erste Anrufer oder die erste Anruferin möglicherweise umgeben war, hören, spüren oder sehen konnte.

»Unsere erste Anruferin heute ist Theresa. Theresa, begrüßen Sie unseren Gast.«

»Hallo, James«, sagte Theresa.

Sobald ich die Stimme der Anruferin am anderen Ende der Leitung hörte, stimmte ich mich auf sie ein, um herauszufinden, ob irgendwelche Energien um sie herum waren und wenn ja, welche. Und da vernahm ich auch schon eine ziemlich hohe Stimme, die mir einen bestimmten Eindruck vermittelte. Vor meinem inneren Auge tauchte ein junger Mann auf, der links neben der Anruferin stand. Instinktiv wusste ich, dass es sich um ihren Bruder handelte.

»Guten Morgen, Theresa«, sagte ich. »Ist Ihr Bruder gestorben, als er ungefähr zweiundzwanzig war?«

»Ja.«

Der junge Mann übermittelte mir den Eindruck von Blut und schwarzen Teilchen in einer menschlichen Vene. Dann sah ich einen Arm voller Einstichstellen. Der junge Mann weinte.

»Ich habe das Gefühl, dass Ihr Bruder an einer Überdosis gestorben ist. Stimmt das?«

Theresa stöhnte auf. Sie schien verblüfft und es war mir ganz so, als erlebe sie den Tod ihres Bruders noch einmal. Dann fing auch sie an zu weinen.

»Atmen Sie tief durch«, empfahl ich ihr.

Nach einer Weile beantwortete sie meine Frage mit einem leisen »Ja«.

Dann übermittelte mir das Geistwesen seinen Namen. Mark.

»Mark sagt, dass es ihm leidtut. Er wollte nicht so gehen.«

Wieder begann die Anruferin zu weinen. Dann war plötzlich Stille in der Leitung.

»Theresa, sind Sie noch da?«, schaltete sich Rona ein.

Sekunden später ertönte ein verzweifeltes Heulen. »Es war doch alles meine Schuld. Ich hätte ihn davon abhalten sollen. Hätte ich mich anders verhalten, könnte er jetzt noch am Leben sein. Ich wollte ihm Einhalt gebieten, konnte aber einfach nicht.«

Gedanklich bat Mark Theresa, sich nicht so fertigzumachen.

Ich sagte seiner Schwester: »Es war seine Entscheidung. Sie hatten gar nichts damit zu tun. Er liebt sie sehr.« Aber Theresa konnte im Moment noch nicht aufhören zu weinen.

Dann sagte sie: »Er hat mich an jenem Abend angerufen. Ich wusste ganz genau, dass er es war, aber ich konnte den Hörer nicht abnehmen. Er war bestimmt high, und ich konnte einfach nicht. Nicht schon wieder.«

»Wer ist Roger?«, fragte ich.

Die Erwähnung dieses Namens brachte Theresa erneut aus der Fassung. »O mein Gott. Ich glaub es nicht. Sagen Sie ihm, wie leid es mir tut. Bitte!«

»Mark hört, was Sie denken, Theresa. Sie können ihm also selbst sagen, dass es Ihnen leidtut.«

Wieder schaltete sich Rona ein. »Kennen Sie denn jemanden, der Roger heißt, Theresa?«

»Ja, natürlich. Roger ist ein früherer Freund von mir. Über mich hat mein Bruder ihn überhaupt kennengelernt. Aber ich konnte doch nicht wissen, dass Roger mit Koks dealt.«

Schluchzen in der Leitung. Sowohl Rona als auch ich versuchten, die Anruferin zu trösten.

Aber Theresa quälte sich weiter. »Wenn ich die beiden nicht miteinander bekannt gemacht hätte, würde mein Bruder noch leben. Roger hat ihm die Drogen verkauft, die ihn getötet haben.«

»Ihr Bruder möchte, dass Sie eines wissen: Sie haben nicht das Geringste falsch gemacht. Er musste selbst darauf kommen. Und wenn Sie etwas für ihn tun möchten, dann, bitte, vergeben Sie sich. Er kann es gar nicht mit ansehen, wie Sie sich so quälen.«

Daraufhin sagte Theresa: »Würden Sie ihn bitte fragen, was er an jenem Abend wollte, als er mich anrief? Ich weiß es einfach nicht. Wäre ich damals doch bloß ans Telefon gegangen!«

Gedanklich fragte ich Mark, was es mit dem Anruf auf sich hatte. Als Reaktion zeigte er mir Fotos, die auf einem Bett verstreut lagen.

»Er spricht von Fotos auf einem Bett. Sagt Ihnen das was?«

»Ja.«

»Und dann sagt er noch so etwas wie … wie … es hört sich so ähnlich an wie ›hübsch‹. Aber ich bin mir nicht ganz sicher.«

»Ach herrje! Ich war seine ältere Schwester und hab immer auf ihn aufgepasst. Als er noch ganz klein war, guckte er oft zu mir hoch und sagte: ›Du siehst hüsch aus.‹ Das Wort *hübsch* konnte er damals nämlich noch nicht richtig aussprechen. Manchmal sagte er auch: ›Hab dich lieb, Hüsche.‹«

Ich konnte die Erleichterung in Theresas Stimme förmlich hören.

In diesem Moment meldete sich Rona wieder. »Vielen Dank, aber wir müssen langsam zum Schluss kommen. Die anderen Anrufer warten schon.«

»Einen Moment noch«, bat Theresa. »Darf ich noch etwas sagen?«

»Na gut«, antwortete Rona.

»Diese Fotos, die Sie erwähnt haben, James. Mark hat seine Fotos in einem Schuhkarton aufbewahrt. Als wir ihn in seinem Zimmer in der City fanden, lagen auf dem Fußboden überall welche herum. Kinderfotos von ihm und mir.«

Ich unterbrach Theresa, um ihr mitzuteilen, dass ihr Bruder ihr gerade sagte: *Ich habe dich lieb, Hübsche.*

Aufgrund der zeitlichen Beschränkung in einer Radiosendung ist es nicht immer möglich, allen Anrufern so zu helfen, wie sie es vielleicht brauchen. Und so war es in den wenigen Minuten, die uns zur Verfügung stehen, auch nicht möglich, Theresas Schuldgefühle ihrem Bruder gegenüber völlig aufzulösen. In solchen Fällen nenne ich oder ein Mitarbeiter aus der Redaktion dem Anrufer meistens einen Therapeuten in seiner Gegend.

Da wir gleich nach dem Gespräch mit Theresa in eine Werbepause gingen, nahm ich die Gelegenheit wahr und fragte den Aufnahmeleiter, ob ich vielleicht nach der Sendung noch kurz mit ihr sprechen könne. »Es ist ihrem Bruder ein echtes Anliegen.«

»Gern«, stimmte der Aufnahmeleiter zu und gab mir Theresas Telefonnummer.

Als ich Theresa schließlich anrief, hatte sie immer noch nicht aufgehört zu weinen.

»Fühlen Sie sich denn nicht schon etwas besser, nachdem Sie die Chance hatten, mit Ihrem Bruder zu sprechen?«, fragte ich sie.

»Schon … aber ich hab immer noch so ein schlechtes Gewissen, weil ich nicht für ihn da war, als er mich brauchte.«

»Das ist etwas, woran Sie arbeiten sollten. Sie müssen sich verzeihen. Fangen Sie am besten damit an, dass Sie einen Moment lang von sich selbst absehen und das Ganze aus einem erweiterten Blickwinkel betrachten.«

Nun schaltete sich Mark ein und lenkte das Gespräch in eine völlig unerwartete Richtung.

Sagen Sie meiner Schwester bitte, dass ich auf die Erde zurückgekehrt bin, um eine wichtige Lektion zu lernen.

»Welche denn?«, fragte ich.

Meine Seele, antwortete Mark, *musste lernen, dass ich mich nicht von irgendwelchen Substanzen davon abhalten lassen darf, ein normales Alltagsleben zu führen. Ich hatte nämlich schon einige frühere Leben, in denen ich immer zu viel Alkohol und auch Drogen konsumierte. Zweimal war ich schon an einer Überdosis gestorben. Beim letzten Mal bin ich wieder auf die Erde zurückgekommen, um herauszufinden, ob es mir gelingen würde, mein süchtiges Verhalten abzustellen. Nur deshalb war ich noch einmal am Leben. Es war quasi ein Test. Ich wollte sehen, ob ich mich inzwischen weiterentwickelt hatte.*

Ich gab diese Informationen an Theresa weiter.

»Wollen Sie mich veräppeln?«, fragte sie kühl.

»Nein, genau das hat er gesagt.«

Da sprach Mark auch schon weiter. *Sucht ist eine schwierige Nummer*, sagte er. *Weil man nämlich keine Verantwortung übernehmen muss, wenn man auf Droge ist. So muss man sich mit dem ganzen Stress und all den Entscheidungen, die getroffen werden wollen, nicht auseinandersetzen. Wahrscheinlich war ich einfach nicht stark genug oder habe nicht fest genug an mich geglaubt, um einen anderen Weg einzuschlagen. Aber versucht habe ich es wirklich. Mit jedem Leben, das ich geführt habe, wurde es besser. Nun muss ich da wohl noch einmal durch, aber ich hab mir fest vorgenommen, dass ich das irgendwann hinkriege. Da fällt mir ein: Schönen Dank auch für all die Gebete.*

Marks Bemerkungen flößten uns beiden Ehrfurcht ein, nicht nur Theresa, sondern auch mir.

»Wie er sagt, hält er sich gegenwärtig an einem Ort der Reflexion auf, einer Art Krankenhaus, aber nicht so richtig. Ihr Bruder sieht sich ganz deutlich als Seelenwesen und möchte Ihnen und auch anderen Leuten gern erklären, wie es zu seinem Drogenproblem kommen konnte. Er sagt: *Ihr könntet Süchte auch einmal von einem anderen Standpunkt aus betrachten und versuchen, Abhängigen etwas mehr Verständnis entgegenzubringen.* Dann meint er noch, Sie sollten sich auf gar keinen Fall die Schuld an seiner Sucht geben.«

»Vielen Dank, James.«

»Etwas scheint er noch loswerden zu wollen. Er sagt nämlich: *Man sollte noch zu Lebzeiten jeden Versuch unternehmen, seine Abhängigkeiten loszulassen und abzustreifen. Denn sonst nimmt man die ganzen Erinnerungen daran und natürlich auch die Gier mit hierher. Und das verunreinigt den Geist.«*

Dergleichen habe ich schon häufiger von Geistwesen gehört, und ich kann gar nicht nachdrücklich genug darauf hinweisen. Wenn wir sterben, nehmen wir unsere Sehnsüchte und unser Verlangen mit ins Jenseits. Es fällt viel leichter, unsere körperlichen, geistigen und emotionalen Abhängigkeiten abzulegen, solange wir noch am Leben sind, denn sie gehören zur Natur des Menschen. Und mit menschlichen Gewohnheiten lässt sich in einem Körper aus Fleisch und Blut viel leichter brechen als später, wenn man nur noch Geist ist.

Theresa machte jetzt einen sehr zufriedenen Eindruck. »Es ist, als sei ein Traum wahr geworden«, sagte sie. »Ich habe mit meinem Bruder sprechen können, und jetzt fühle ich mich bedeutend besser.«

In diesem Sinne verabschiedeten wir uns voneinander. Es war ein guter Start in den Tag.

Dieses Reading ist ein gutes Beispiel dafür, warum ich meinen Beruf so liebe. Wie bei Theresa trägt der Austausch zwischen der materiellen und der geistigen Ebene auch in anderen Fällen oft entscheidend zur Heilung und Stärkung eines noch Lebenden bei. Wenn ein Mensch die Chance hat, mit einem Verstorbenen zu kommunizieren, wird er in die Lage versetzt, den Dingen des Lebens gegenüber eine neue Perspektive einzunehmen. Theresa hätte den Rest ihres Lebens damit verbringen können, sich mit völlig unnötigen Schuldgefühlen zu quälen. So aber wurde ihr die Gelegenheit gegeben, das große Ganze zu sehen und zu begreifen, dass sich die Seele ihres Bruders bewusst dafür entschieden hatte, bestimmte Lektionen zu lernen. Mit ihrem neuen Wissen über die Natur von Süchten wird es ihr gleich viel leichter gefallen sein, die Wunde in ihrem Herzen zu heilen. Und sie müsste auch in der Lage sein, die Menschen, die in ihrem Leben eine Rolle spielen, als Seelen zu sehen, die alle ihre Lektionen zu lernen haben.

Alle Arten von Schuldgefühl, auch Selbstvorwürfe, können uns völlig zerstören. Sie geben uns das Gefühl, für bestimmte Situationen und die Dinge, die sich daraus ergeben haben, die alleinige Verantwortung zu tragen. Bei meiner Arbeit erlebe ich das tagtäglich. Wenn jemand stirbt, quälen sich die Hinterbliebenen meistens mit irgendwelchen Schuldgefühlen. »Ich hätte im Krankenhaus sein und die Schwester rufen müssen.« »Ich hätte die Maschinen nicht abstellen lassen sollen. Vielleicht wäre er ja doch wieder aus dem Koma erwacht.« Oder, wie im Falle von Theresa: »Ich hätte seinen Anruf entgegennehmen sollen. Damit hätte ich ihm das Leben gerettet.«

Jeder Mensch hat Schuldgefühle. Im Grunde gehören sie wahrscheinlich zu den angeborenen Mechanismen, mit denen wir das Leben bewältigen. Aber besonders tauglich sind sie nicht. Ursprünglich besteht ihr Zweck darin, uns darauf aufmerksam zu machen, dass uns ein Fehler unterlaufen ist. Schuldgefühle beziehungsweise ein schlechtes Gewissen kennt jeder von uns, aber nur die wenigsten wissen, wie damit umzugehen ist. Oft versuchen wir sie zu unterdrücken und lernen, damit zu leben. Bei unseren Mitmenschen sind wir viel eher in der Lage zu erkennen, wie irrational solche Gefühle manchmal sind, weil wir anderen viel leichter verzeihen können als uns selbst. Denn aus irgendwelchen Gründen legen wir ja an die eigene Person weit höhere Maßstäbe an als an die anderen. Wenn wir begreifen, dass Schuldgefühle nichts verändern, sondern nur dazu führen, dass wir uns mies fühlen, können wir anfangen, uns von ihnen zu verabschieden.

»Warum sie, warum nicht ich?«

Eine sehr weit verbreitete Form von Schuldgefühlen ist auch das schlechte Gewissen, das Überlebende eines Unglücks, bei dem Menschen zu Tode gekommen sind, häufig empfinden. Sie haben dann das Gefühl, unverdientes Glück gehabt zu haben – und zwar auf Kosten anderer. Viele sind auch der Überzeugung, dass sie irgendetwas hätten tun können und müssen, um Leben zu retten. Auch hier drückt sich wieder ein irrationaler Glaube an die eigene Allmacht aus. Die Überlebenden einer Katastrophe verlieren häufig jedes Selbstwertgefühl, verfallen in Depressionen und tiefe Traurigkeit, verlieren gar vollkommen das Interesse am Leben.

Als ich vor einigen Jahren einmal einen Workshop in New York leitete, kam ein Geistwesen mit sehr viel Humor und verschmitzten blitzblauen Augen durch. Ich hatte sofort das Gefühl, er befinde sich zusammen mit ein paar Freunden in einer Holzhütte im Wald. Sie lachten viel, machten Quatsch und tranken Tequila.

»Kommt irgendjemandem von Ihnen diese Szenerie bekannt vor?«, fragte ich in die Runde.

Geister wissen nicht immer, wie sie mich auf genau die Person aufmerksam machen können, denen sie ihre Botschaft zukommen lassen möchten. Daher stimmte ich mich intensiv auf die Teilnehmer ein, um herauszufinden, ob es irgendwo eine Verbindung gab. Und tatsächlich. Ganz hinten links. Dann hatte ich eine weitere Vision. Ein großer roter Apfel fiel vom Baum und landete platschend in einem See. Das teilte ich dem Publikum mit.

»Kann einer von Ihnen etwas damit anfangen?«

Keine Reaktion.

Wenn ich derart deutliche Visionen habe, bedeutet das meistens, dass das betreffende Geistwesen eine sehr bedeutsame Botschaft zu übermitteln hat. In solchen Fällen warte ich dann oft, bis ich weitere Informationen erhalte. So auch dieses Mal.

»Jetzt sehe ich eine Angelschnur«, sagte ich. Bei diesen Worten regte sich Gemurmel hinten links im Saal. Ein Mann mit grau meliertem Haar hob zaghaft die Hand. Er trug ein blau-weiß kariertes Hemd.

»Können Sie damit etwas anfangen?« »Ja«, antwortete er nahezu flüsternd.

»Bitte sprechen Sie doch etwas lauter, damit alle Sie hören können.«

»Ja, ich glaube, mir sagt das etwas. Ich bin früher oft mit meinen Kumpels zum Angeln an den Apple Lake gefahren. Dort haben wir uns dann immer eine Hütte gemietet. Könnte das vielleicht gemeint sein?«

»Sagt Ihnen der Name Tucker auch etwas?«, fragte ich zurück. »Dieser Tucker scheint ein Riese von einem Mann zu sein und hat einen ziemlichen Bauch.«

Als ich diese Details erwähnt hatte, starrte der Mann hinten links auf den Boden und schüttelte fassungslos den Kopf.

»Wer ist dieser Tucker?«, hakte ich nach.

»Einer meiner Kumpels … Jimmy …«

»Er möchte Ihnen hallo sagen. Und damit ist er nicht der Einzige. Hier ist ein ganzer Haufen von Leuten.«

Bei meinen letzten Worten schlug der Mann die Hände vors Gesicht und fing bitterlich an zu weinen.

Die Frau zu seiner Linken legte ihm den Arm um die Schulter. »Alles wird gut«, flüsterte sie ihm zu. Doch der Mann konnte nicht aufhören zu schluchzen. Er versuchte etwas zu sagen, brachte aber nur unverständliche Laute hervor.

»Entschuldigen Sie bitte, würden Sie das wohl noch einmal wiederholen?«

Mit starkem New Yorker Dialekt sagte er dann: »Ich hätte bei ihnen sein sollen. Ich hätte sie retten müssen. Ich hätte meine Kumpels nicht im Stich lassen dürfen. Ich habe es gar nicht verdient, noch am Leben zu sein.«

Betretene Stille im Raum. Niemand wusste, wie er reagieren sollte.

Die Szene stand mir jetzt plastisch vor Augen. Hinter dem Mann im karierten Hemd hatten sich vier andere versammelt.

Es war mir so, als könnte es sich um eine Familie handeln.

»Wer ist Mike beziehungsweise Mikey?«

Der Mann wischte sich die Tränen ab. »Das bin ich.«

Die Frau, die neben ihm saß, nahm seinen Arm und half ihm beim Aufstehen, damit er besser mit mir sprechen konnte. Ein Assistent kam mit dem Mikrofon herbeigeeilt.

»Hinter Ihnen stehen vier Männer und lachen fröhlich. Einer von ihnen sagt: *Das ist was für Mikey.*«

Dies entlockte ihm ein Lächeln.

»Ja, sie haben mich immer aufgezogen. Ich war der Kleinste, deshalb nannten sie mich auch Mikey. Könnten Sie ihnen vielleicht sagen, dass es mir sehr leidtut? Es tut mir nämlich wirklich so leid.« Jetzt musste Mike wieder mit den Tränen kämpfen. »Nachts finde ich kaum Schlaf. Und wenn, habe ich meistens schlimme Albträume. Ich weiß überhaupt nicht mehr, was ich eigentlich noch hier soll. Das Leben macht einfach keinen Spaß mehr.«

Im Publikum war es jetzt wieder totenstill.

Eines der Geistwesen legte Mike gedanklich eine rote Decke um die Schultern.

»Einer Ihrer Freunde legt Ihnen gerade eine Decke um. Darauf steht eine Zahl.«

Die Frau neben Mike, wahrscheinlich seine Ehefrau, murmelte etwas von einer Decke.

»Ja, ich hab schon verstanden«, sagte der Mann zu ihr.

Dann wandte er sich wieder mir zu. »Ich sitze mit der roten Decke im Hof.«

»Jetzt zeigen mir alle ihre Marken. Sie sind Polizisten, nicht wahr? Ich sehe die Zahl vierzehn. Waren Sie beim vierzehnten Revier?«

»Genau. Die Decke ist auch von da. Sie ist das Einzige, was ich behalten habe.«

Ich sah, dass die Männer Mike auf die Schulter klopften, und hörte dann einen weiteren Namen.

»Wer ist Joe Malone?«

Mike lachte. »Das war mein Partner. Ist er etwa auch da?«

»Sie sollen Sheila und das Baby von ihm grüßen. Es geht ihm gut, sagt er.«

»Ich werd's seiner Frau ausrichten.«

»Jetzt zeigen mir Ihre Freunde, dass Sie sich eine Gedenktafel anschauen.«

»Ja, grad letzte Woche war ich in der Stadt, um sie mir anzugucken. Dabei hatte ich das Gefühl, dass die Jungs auch da waren.« Mike verstummte.

Ich atmete einmal tief durch und fragte dann: »Handelte es sich etwa um das World Trade Center?«

»Ja.«

Die Zuschauer hielten den Atem an.

Neben der Gedenktafel sah ich plötzlich einen Kaffeebecher von Starbucks. »Ist vielleicht irgendwie Kaffee verschüttet worden, während Sie an der Unglücksstelle waren?«

Ungläubig senkte Mike den Kopf. »O mein Gott. Mein Gott! Ja, tatsächlich. Das war total verrückt. Ich habe den Becher mehrmals auf den Sims zurückgestellt, aber er ist immer wieder runtergefallen.«

»Joey sagt, er sei das gewesen. Er wollte Sie ein bisschen foppen. Und Sie wüssten auch, dass er es war.«

»Oh verd...!« Mike schlug die Hand vor den Mund. »Entschuldigung. Aber er hat schon recht, ich wusste tatsächlich, dass er das war. Solche Streiche spielte er einem ständig.«

Mike wandte sich an seine Frau. »Weißt du noch? Ich hab's doch gleich gesagt ...«

Sie nickte.

»Das ist ja unglaublich!«, rief Mike aus. Dann sagte er, traurig jetzt: »Ich möchte bloß wissen, warum ich nicht tot bin. Ich will doch gar nicht mehr weiterleben.«

»Es bleibt Ihnen nichts anderes übrig«, antwortete ich, ohne zu zögern.

Denn die Männer hatten mir eine weitere Botschaft übermittelt. »Sie sollen mal an Ihre Anfänge im Revier zurückdenken. Haben Sie da nicht einmal einem kleinen Jungen das Leben gerettet?«

»Mal überlegen. Ja, doch schon, jetzt erinnere ich mich wieder. Das war in einem Wohnhaus. Ich kam gerade noch rechtzeitig, sonst wäre der Junge gestorben. Sein Vater hat ihn so heftig geprügelt, dass er ihn bestimmt totgeschlagen hätte.«

»Und? Warum denken Sie nicht häufiger an diese Situation?«

»Ich weiß nicht ... ist ja auch schon so lang her.«

»Ihre Freunde fragen danach. Für sie haben Sie diesem Jungen das Leben gerettet. Und wenn es die Wahl gegeben hätte, übermitteln sie mir – das Leben des Jungen oder ihres –, hätten sie es allemal vorgezogen, dass Sie das Kind retten.

Mike schaute mich verdutzt an. »Ich versteh das nicht. Was hat denn das eine mit dem anderen zu tun?«

Die Gedanken stürzten jetzt so schnell auf mich ein, dass ich kaum mitkam, und ich musste sehr schnell sprechen, um nichts auszulassen.

»Sie werden noch einmal die Gelegenheit bekommen, Menschenleben zu retten. Sie sind nämlich noch am Leben, weil noch viel Arbeit auf Sie wartet. So ist es in Ihrem Seelenplan vorgesehen. Sie müssen an einem ganz bestimmten Ort sein, denn Sie werden noch zwei Menschen das Leben retten, zwei Frauen. Ärztinnen, die Großes leisten werden. Sie sehen also: Warum etwas geschieht, weiß man nie. Aber es gibt da eine höhere Ordnung, auch wenn wir uns ihrer nicht immer bewusst sind.«

Mike sah verblüfft drein, genau wie viele der Zuschauer. Auch ich war wie betäubt.

»Danke«, sagte Mike schließlich. Seit er die Prophezeiung seiner Freunde vernommen hatte, schien er fast einen Kopf gewachsen zu sein. »Ich kann nur hoffen, dass das auch stimmt. Sagen Sie den Jungs, dass ich jetzt verstehe, worauf sie hinauswollen.«

Ich wandte mich ans Publikum: »Keiner von uns kennt die Zukunft. Und niemand weiß, welche Chance er noch bekommt, andere positiv zu beeinflussen oder ihnen zu helfen.«

Dann versicherte ich Mike, dass seine Kameraden jedes seiner Worte verstanden hatten. »Sie bekommen auch alle Ihre Gedanken mit.«

Und ich fügte hinzu: »Jetzt schütten sie gerade einen ganzen Krug mit Bier über Ihrem Kopf aus.«

Da musste Mike lachen. »Verrückt! Das letzte Mal, als wir alle zusammen waren, haben wir Softball gespielt und das Match sogar gewonnen. Anschließend haben wir unseren Sieg noch in einer Bar ordentlich gefeiert. Und da haben sie mir auch schon Bier über den Kopf geschüttet.

Einfach unglaublich! Bitte, könnten Sie Ihnen vielleicht noch etwas sagen?«

»Sicher, gern.«

»Sagen Sie ihnen, dass ich sie liebe. Sie sind die tollsten Typen, die es überhaupt nur geben kann. Und Joey soll sich verdammt noch mal endlich aus meinen Träumen verpissen. Ob Sie ihnen das bitte noch sagen könnten?«

Die Zuschauer lachten.

Und so nahm Mikes Heilung ihren Anfang.

Auch das war ein Beispiel dafür, wie schrecklich sich die Menschen fertigmachen mit ihren ewigen Schuldgefühlen. Im Fall von Mike war es so, dass er das Gute, das er im Leben getan hatte, längst nicht mehr wahrnehmen konnte und nur noch Augen für die Dinge hatte, die sich vollkommen jenseits seiner Kontrolle befanden.

Da stellt sich doch die Frage: Welche Funktion haben Schuldgefühle und wozu können sie uns motivieren? Freud war der Auffassung, sie seien ein Mittel zur Regulierung unseres Sozialverhaltens. Gäbe es das schlechte Gewissen nicht, argumentierte er, wäre es uns viel gleichgültiger, wenn wir die Gefühle anderer Menschen verletzen oder ihr Eigentum beschädigen. Mit anderen Worten: Schuldgefühle würden uns zu gesellschaftlich akzeptablem Verhalten motivieren und verhindern, dass wir alle Verbrecher werden. In einer anderen Theorie geht es um Strafe: Wir müssten Übeltäter bestrafen und den gesellschaftlichen Schaden, den sie anrichten, beheben. Das ist ja auch alles schön und gut, finde ich, aber leider sind es zumeist die vollkommen Unschuldigen, die sich mit Selbstvorwürfen bestrafen – obwohl sie absolut nichts Böses getan haben.

Die dritte Form von Schuldgefühlen, der ich häufig begegne, sind die, die einem von anderen Menschen eingeredet werden. Meistens habe ich es zwar mit Lebenden zu tun, die sich vorwerfen, einen Verstorbenen nicht besser behandelt oder nicht genug für ihn getan zu haben. Manchmal treffe ich bei meiner Arbeit aber auch auf Geistwesen, die darunter leiden, anderen zu Lebzeiten ihre persönlichen Wünsche und Bedürfnisse aufoktroyiert zu haben. In die höheren himmlischen Sphären weiterziehen können sie dann aber erst, wenn es ihnen gelungen ist, sich bei ihren Hinterbliebenen zu entschuldigen.

»Du bist ja so dumm«

Die folgende Geschichte trug sich vor Mitgliedern meines einmal monatlich stattfindenden medialen Arbeitskreises zu. Und bei dieser Gelegenheit möchte ich auf eines hinweisen: Bei keiner meiner Veranstaltungen weiß ich vorher, was geschehen wird. Daher bin ich oft genauso überrascht wie meine Zuschauer. Meinen Schülern erkläre ich immer, dass manche Geistwesen besonders gut darin sind, die Energiesphären zu manipulieren, um in Kontakt mit den Lebenden zu kommen, bei anderen dominieren eher der Wunsch und die Absicht, ihre Botschaft zu übermitteln. So auch in diesem Fall.

»Hinter einem Herrn hier auf dieser Seite steht eine Dame, die partout keine Ruhe geben will. Sie wirkt sehr durchsetzungsstark und besteht darauf, zu Wort zu kommen.«

Während ich auf den dreiundsiebzigjährigen Bryan Patterson deutete, versank dieser immer tiefer in seinem Sessel. Von mir herausgepickt zu werden, war dem alten Herrn sichtlich unangenehm.

»Sir, dürfte ich bitte zu Ihnen kommen?«

»Ich bin doch aber nur zum Zuschauen hier.«

Wahrscheinlich war er wirklich nur aus Neugier gekommen und fiel nun aus allen Wolken, dass ich eine Botschaft für ihn hatte.

»Hinter Ihnen steht eine Frau in einem roten Pullover. Sie hat die Arme vor der Brust verschränkt und besteht darauf, dass ich zu Ihnen komme.«

»Ach du liebe Güte! Was will sie denn?«

Kichern unter den Anwesenden.

»Sie spricht von Virginia, meint aber nicht den Namen, sondern den Bundesstaat. Haben Sie dort vielleicht einmal gelebt?«

»Nein.«

»Sie meint aber doch. Sie nennt Sie übrigens *dumm,* immer wieder sagt sie: *Du bist ja so dumm!*«

»Das hat sie schon immer getan. War sozusagen ihr Kosename für mich.« Bryan lächelte. Die meisten anderen aber schienen sich ziemlich unbehaglich zu fühlen.

»Ich muss jetzt mal überlegen …« Der alte Herr suchte den Blick der Frau, die zu seiner Linken saß und etwas verwirrt dreinschaute.

»Und ob wir in Virginia gelebt haben! Vor dem Tod ihres Vaters sind wir nach Richmond gezogen. Sie wollte ja unbedingt bei ihm sein.«

Die resolute Frau kam jetzt auf mich zu und starrte mir in die Augen. Sie schien wild entschlossen, ihre Botschaft loszuwerden, koste es, was es wolle. Telepathisch versicherte ich ihr, dass sie ihren Willen bekommen würde. Dafür müsse sie allerdings ein paar Schritte zurücktreten, sonst könne ich ihr nicht helfen.

»Diese Frau hier sagt, ihr Name sei Mollie und sie sei mit Ihnen verheiratet gewesen. Könnte es sich vielleicht um Ihre zweite Frau handeln?«

»Stimmt. Und ich war ihr dritter Ehemann.«

»Sie spricht von einer gewissen Marie, sie kann gar nicht damit aufhören. Wie sie sagt, hat sie Marie nicht sonderlich gemocht.«

»Sie kannte sie doch gar nicht richtig«, entgegnete Bryan.

»Marie habe ihr im Weg gestanden. Und jetzt hat sie irgendwas mit Florida.«

Mollie wurde immer penetranter.

»Ich soll mit aller Macht dafür sorgen, das Sie verstehen, was sie sagen will. Kommt Ihnen das vertraut vor?«

»O ja, und wie.«

Bryan war ein sehr lieber Mann, der allem Anschein nach keiner Fliege etwas zuleide tun konnte.

»Sir, ich möchte Ihnen wirklich nicht zu nahe treten«, sagte ich, »aber irgendwie werde ich das Gefühl nicht los, dass Sie und Mollie sich nicht auf Augenhöhe begegnet sind.«

»Das hab ich damals auch oft gehört.«

»Was hat sie denn bloß immer mit dieser Marie?«, fragte ich. »Sie sagt, sie habe Marie irgendetwas angetan. Und dann ist da auch noch etwas mit einem Umzug nach Florida.«

»Mollie und ich haben uns kennengelernt, als ich noch mit Marie verheiratet war.«

Nicken im Publikum. Wir hatten verstanden. Mollie war Bryans Geliebte gewesen.

»Ursprünglich waren wir Arbeitskollegen, aber daraus ist dann mehr geworden. Mollie hat sich in mich verliebt und mir immer damit in den Ohren gelegen, wie schrecklich Marie doch sei und dass sie mich nur anlüge.«

»Glauben Sie denn, dass Marie Sie belogen hat?« Allmählich ahnte ich, worauf das alles hinauslaufen würde.

Bryan schaute zu Boden. »Also … nein. Bestimmt nicht. Aber Mollie hat sie eben nie leiden können.«

Plötzlich fing Mollie von drei Kindern an. »Kann es sein, dass Sie drei Kinder haben? Mollie behauptet das nämlich.«

»Ja, Marie und ich hatten tatsächlich drei Kinder. Ich hab sie dann alle im Stich gelassen, um nach Florida zu ziehen und mit Mollie zusammenzuleben. Sie mochte keine Kinder.«

Die Anwesenden bekundeten ihr Missfallen. Es konnte jetzt kein Zweifel mehr daran bestehen, dass Mollie in eine intakte Familie eingebrochen war und sie zerstört hatte.

»Verstehe.« Als ich mir das Geistwesen näher betrachtete, musste ich daran denken, wie verheerend sich ihr Tun auf die anderen Menschen ausgewirkt hatte. Aber auch ihr selbst schien jetzt klar zu sein, was sie mit ihrem Egoismus angerichtet hatte. Sie brach in Tränen aus. Ihr forderndes Gehabe begann zu bröckeln. In diesem Moment empfand ich Mitleid für sie.

»Mollie vermittelt mir den Eindruck, dass sie zu Lebzeiten ein ganz schön harter Brocken war. Sie hielt sich für die Überlegene, und Sie haben sich ihrem Willen unterworfen. Wie sie behauptet, hätten Sie alles für sie getan. Sie hätten die Wäsche gemacht, eingekauft, gekocht, das Haus sauber gehalten. Und sie hätte immer nur im Bett gelegen, ferngesehen und Zeitschriften gelesen. Stimmt das so weit?«

Bryan schien das alles sehr peinlich zu sein. »Schämt sie sich etwa für mich? Ich wollte doch immer nur das Beste für sie. Ich habe sie geliebt und hätte tatsächlich alles für sie getan.«

Die Anwesenden waren schockiert, ich auch. Mit dieser Reaktion hätte keiner von uns gerechnet.

Doch die größte Überraschung sollte erst noch kommen.

»Mollie sagt, sie sei heute nicht allein Ihretwillen gekommen«, teilte ich Bryan mit. Das Geistwesen übermittelte mir tiefe Traurigkeit.

»Bryan, sie ist gekommen, um sich zu entschuldigen. Es tut ihr alles sehr leid. Alles, was sie getan hat.«

»Wirklich? Das kann ich kaum glauben. Sind Sie auch sicher, dass es sich nicht um ein Missverständnis handelt?«

»Ja, absolut.«

Das Tempo, in dem Mollie mir ihre Gefühle, Gedanken und Bilder übermittelte, steigerte sich deutlich. Alles, was sie Bryan in der Zeit, in der sie zusammen waren, nicht hatte zeigen und sagen können, kam jetzt raus.

»Sie macht sich große Vorwürfe, wie sie Sie zu ihren Lebzeiten behandelt hat. Aber damals, sagt sie, sei ihr nicht bewusst gewesen, was sie Ihnen angetan hatte. Erst seit sie diese Welt verlassen hat, weiß sie Ihre ganze Freundlichkeit zu schätzen. Sie hätte eigentlich vorher schon wissen sollen, sagt sie, dass Sie auf der Erde eine Art Lehrer für sie waren. Sie sind in ihr Leben getreten, um ihr zu zeigen, wie man bedingungslos liebt, ohne Netz und doppelten Boden. Sie haben sie geliebt, wie auch immer sie sich Ihnen gegenüber verhielt. Heute tut es ihr leid, Sie angelogen zu haben. Und sie macht sich solche Vorwürfe, dass sie Ihr Leben und die Beziehung zu Ihren Kindern ruiniert hat.«

Bryan kullerten die Tränen. »Tief im Inneren habe ich die Wahrheit wohl immer gewusst. Aber Mollie tat mir so leid. Ich hätte ihr so gern gezeigt, wie es ist, zu lieben und geliebt zu werden.«

»Haben Sie vor Kurzem eine Einladung zu einer Art Familientreffen erhalten?«, fragte ich.

»Ja«, antwortete Bryan. »Aber woher wissen Sie das? Ich treffe mich nächste Woche mit meinen drei Kindern. Wir haben uns schon sehr lange nicht mehr gesehen.«

»Mollie bedauert auch, Ihnen in Bezug auf Marie die Unwahrheit gesagt zu haben. Aber sie wollte Sie eben partout dazu zwingen, die Scheidung einzureichen. Irgendwie brauchte sie Sie. In Wahrheit hat Marie Sie nie belogen, sagt Mollie, ganz im Gegensatz zu ihr selbst. Dafür schämt sie sich jetzt und hat ein äußerst schlechtes Gewissen. Sie mögen doch bitte auch Marie in ihrem Namen um Verzeihung bitten.«

»Warum sagt sie ihr das nicht selbst?«, meinte Bryan. »Sie sitzt doch direkt neben mir.«

Er wandte sein Gesicht der weißhaarigen Frau zu, deren Hand er die Zeit über gehalten hatte.

Alle hielten den Atem an. Jetzt würden wir gleich Maries Version hören.

Und sie ergriff tatsächlich das Wort. »Sagen Sie ihr, dass sie keine Schuldgefühle mehr haben muss. Im Grunde hat Mollie Bryan und mich nur noch näher zusammengebracht. Durch sie haben wir viel über uns gelernt. Aufgrund all dessen, was in der Vergangenheit geschehen ist, passt heute kein Blatt Papier mehr zwischen uns, wenn Sie verstehen. Auch von unseren Kindern konnten wir viel lernen. Und wir sind so dankbar dafür, dass wir einander jetzt, in unserem Alter, wiederhaben.«

Bei Maries Worten begannen sich Mollies Gesichtszüge zu verändern. Insgesamt schien sie jünger und weicher zu werden. Ich wusste: Jetzt würde sie weiterziehen können. Sie bedankte sich bei mir und ich wünschte ihr alles Gute.

Alle anwesenden Mitglieder des Arbeitskreises erhoben sich von ihren Plätzen und applaudierten. Stehende Ovationen für Bryan und Marie.

Doch wie stellt man es nun an, Schuldgefühle zu erkennen und herauszufinden, was sie uns sagen wollen? Am besten beginnen Sie damit, dass Sie sich auf Ihr Leben konzentrieren und sich fragen: Was bereitet mir Schuldgefühle? Ihre Beziehung vielleicht? Möglicherweise arbeiten Sie viel zu viel und haben deshalb zu wenig Zeit für die Familie. Dann kann das schlechte Gewissen, das Sie empfinden, ein Hinweis darauf sein, dass Sie Ihre Prioritäten anders setzen sollten.

Natürlich können Sie sich auch dafür entscheiden, dieses Problem zu ignorieren. Doch dann werden Sie möglicherweise mit den Konsequenzen leben müssen. Wenn Sie allerdings auf Ihre Gefühle hören, können Sie Ihr Verhalten rechtzeitig ändern. Und dann hat Ihr schlechtes Gewissen seinen Zweck erfüllt.

Sollten Sie zu der Auffassung gelangen, dass tatsächlich eine Verhaltensänderung angesagt ist, besteht der nächste Schritt darin, dass Sie sich entschuldigen. Das ist auch noch nicht weiter schwer.

Was danach kommt, hat es allerdings in sich: Jetzt müssen Sie aktiv werden, Nägel mit Köpfen machen und Ihr Verhalten wirklich ändern. Es hilft ja alles nichts, schließlich geht es darum, dass wir unsere Lektion lernen, um sie nicht ewig wiederholen zu müssen. Nur wenn wir uns unseren Problemen stellen und sie lösen, kommen wir im Leben weiter. Daraus muss man nun keine Riesensache machen. Es reicht völlig, wenn wir uns entschuldigen und die Konsequenzen ziehen.

Ganz anders verhält es sich dagegen mit Schuldgefühlen in Bezug auf Dinge, an denen wir beim besten Willen nichts ändern können. Ein schlechtes Gewissen belastet die Seele sowohl zu Lebzeiten als auch noch im Jenseits und kann uns so fest im Griff haben, dass wir keinen Schritt vorwärtskommen. Wenn sich an bestimmten Umständen partout nichts verändern lässt, einfach weil wir sie nicht steuern können, müssen wir aufhören, uns mit Selbstvorwürfen zu quälen. Schuldgefühle mutieren leicht zu Reue und Selbstmitleid. Der einzige Ausweg aus dieser Sackgasse ist, wie das Beispiel von Marie zeigt, Vergebung.

ZWEI

REUE

Ich schaue lieber nach vorn und träume, als dass ich zurückblicke und bereue.
Anonym

Genau wie ein schlechtes Gewissen bindet uns auch Reue an die Vergangenheit. Haben Sie schon einmal in den Spiegel geschaut und gedacht: Was mache ich hier eigentlich? Ist das wirklich mein Leben? Was wäre wohl gewesen, wenn ich nicht von zu Hause weggezogen wäre? Wenn ich dieser Person damals gesagt hätte, was ich wirklich von ihr halte? Warum kümmert es mich überhaupt so, was die Leute von mir denken? Wären meine Lebensumstände besser, wenn ich in eine andere Stadt gezogen wäre? Würde ich heute glücklicher sein, wenn ich an meiner Ehe festgehalten beziehungsweise mich hätte scheiden lassen?

Reue und Bedauern gehören ebenso wie die Schuldgefühle zu den Erfahrungen, die der Mensch macht. Das englische Wort für Reue, *regret,* beruht auf dem mittelenglischen Wort *regreet* und bedeutet »beklagen« oder »etwas bedauern«, was wiederum auf das Altenglische *graetan,* »weinen« zurückgeht. Reuegefühle können eine wunderbare Gelegenheit sein, etwas dazuzulernen. Andererseits können sie aber auch unser Selbstwertgefühl zerstören und es uns unmöglich machen, spätere Chancen beim Schopf zu packen. Wenn wir die Entscheidungen, die wir einmal getroffen haben, wieder und wieder in Zweifel ziehen, können sich daraus Reuegefühle ergeben, die unser ganzes gegenwärtiges Leben unterminieren.

Irgendwann kommen wir alle einmal an einen Punkt, an dem wir irgendetwas bedauern. »Wenn ich meinen Job in der Firma damals nicht gekündigt hätte, könnte ich jetzt schon stellvertretender Geschäftsführer sein.« »Hätte ich aus Liebe geheiratet und nicht des Geldes wegen, ginge es mir jetzt bestimmt um einiges besser.« Je älter wir werden, desto mehr erweitert sich auch der Blickwinkel, aus dem wir unsere früheren Entscheidungen sehen, was auch die Folgen unserer Fehler einschließt. Die meisten von uns würden alles dafür geben, die Zeit zurückdrehen und eine bessere Entscheidung als damals treffen zu können.

Aber wie entsteht eigentlich Reue? Das Erste, was mir dazu einfällt, ist, dass Reue etwas mit entgangenen Erfahrungen zu tun hat. Oft haben wir ja im Nachhinein das Gefühl, wir hätten die Chance verpasst, etwas Wunderschönes oder Bedeutendes zu erleben. Reue kann sich auch auf einen Traum beziehen, den man sich nicht verwirklicht hat. Wenn Sie zum Beispiel gern Ballerina geworden wären, sich aber die Ausbildung nicht haben leisten können. Oder Sie haben davon geträumt, Profifußballer zu werden, ohne genügend Kraft in den Beinen zu haben. Natürlich hätte es Möglichkeiten gegeben, an Ihren Fähigkeiten und Talenten zu arbeiten, Zeit und Lebensumstände haben dann aber dazu geführt, dass der Traum ins Hintertreffen geraten ist.

Von einer anderen Art Reue werden häufig Menschen ergriffen, die Angst vor Risiken haben. Vielleicht, weil ihr Selbstvertrauen nicht reicht, um fest genug an sich zu glauben. Vielleicht fürchten sie auch die Verantwortung, die mit Entscheidungen und der für den Erfolg notwendigen

Arbeit einhergeht. Solche Leute bereuen später oft, den einfacheren Weg gegangen zu sein und so nie herausgefunden zu haben, wozu sie wirklich im Stande gewesen wären. Viele fallen dann in ein tiefes emotionales Loch oder ergehen sich in Selbstmitleid, Verärgerung beziehungsweise Niedergeschlagenheit. Und manche verbringen den Rest ihres Lebens als verbitterte Zyniker.

Eine weitere Form von Reue kann entstehen, wenn wir daran zurückdenken, wie wir bestimmte andere Menschen behandelt haben. »Ich hätte meine Tochter nicht immer so anschreien müssen, als sie noch klein war.« »Als mein Nachbar damals erkrankt ist, hätte ich ihm viel mehr Unterstützung geben können.« »Hätte ich mich bloß mehr um meinen Neffen und sein Alkoholproblem gekümmert.«

Die meisten Reuegefühle haben irgendetwas mit der Familie zu tun. Bei meiner Arbeit geht es jedenfalls häufig darum, alte Zwistigkeiten unter Verwandten beizulegen. Wie oft wird aus einem kleinen Streit eine jahrelange Familienfehde! Beziehungen gehen auseinander, bloß weil keiner bereit ist einzulenken, weil keiner sagt: »Es tut mir leid.« Oft ist es auch so, dass der Streit, der ursprünglich nur zwischen zwei Menschen bestand, auf die ganze Familie übergreift. Es ist nämlich alles andere als lustig, zwischen einem Bruder und einer Schwester beziehungsweise einer Mutter und ihrem Sohn zu stehen, die miteinander überkreuz sind. Gar nicht zu sprechen von den ganzen Peinlichkeiten und der Traurigkeit an den Feiertagen. Wen lädt man zu Thanksgiving ein? Wen besucht man an Weihnachten oder Chanukka? Wenn es den Streithähnen nicht gelingt, ihre Differenzen auszuräumen, bleibt selten mehr als Misstrauen, Unhöflichkeit und Vereinsamung. Ich habe schon Tausenden von Menschen Botschaften verstorbener Angehöriger übermittelt. Dabei bereuen auf beiden Seiten des Schleiers fast alle, dass ihre Engstirnigkeit und ihr Starrsinn den Familienfrieden gestört haben.

Die gute Nachricht lautet: Wir können etwas tun, um uns von derartigen Reuegefühlen zu befreien und unserem Leben eine Wende zum Positiven zu geben. Zunächst einmal müssen wir uns vor Augen führen, dass sich die Vergangenheit unserer Kontrolle entzieht. Sie ist unwiederbringlich vorbei. Leben können wir immer nur in der Gegenwart. Jetzt ist der Moment, unsere Verhältnisse zu beurteilen, Werte und Ziele neu zu definieren und Entscheidungen zu fällen, die uns dem Leben, das wir führen möchten, näherbringen.

»Aber es steht doch so in der Bibel!«

Die hübsche, junge Jenny Haustead war der Inbegriff einer amerikanischen Ehefrau und Mutter. Ihr ganzer Stolz galt dem hundert Jahre alten Familienerbe in einer Kleinstadt in South Carolina, in der sie aufgewachsen war. Jenny hätte Covermodel für *Ladies Home Journal* sein können, so wohlerzogen, charmant, blond und attraktiv war sie mit ihren klaren blauen Augen. Immerhin brachte sie es auf der Highschool zur *homecoming queen.* Jenny hatte einen exquisiten Modegeschmack und wurde sogar von Fremden oft gefragt, in welchen Boutiquen sie sich einkleidete. Auch ihre Frisur war immer tipptopp. Alles in allem die Perfektion in Person. Jenny war fest davon überzeugt, dass es vor allem darauf ankäme, stets einen guten Eindruck zu machen, weil man ja von den meisten nach dem Äußeren beurteilt wird. Ihre beiden Söhne Doug und Bobby unterrichtete sie selbst und ließ auch keinen einzigen Sonntagsgottesdienst aus. Von außen betrachtet war das Leben, das Jenny führte, ideal. Doch bald sollte es den Bach heruntergehen.

Wir spulen sechzehn Jahre vor, sehen Jenny und ihre Familie wieder. Das folgende Reading zeigt, wie viel Schmerz Sturheit und Reue bereiten können.

Ich sah eine Frau Mitte fünfzig. Sie saß am Gang in der sechsten Reihe links vor mir. Während der ganzen Veranstaltung hatte ich bereits einige Botschaften für Leute empfangen, die in derselben Sitzreihe Platz genommen hatten wie sie. Und dabei hatte jedes Mal der Geist eines jungen Mannes hinter einer bestimmten Frau am Ende der Reihe gestanden. Mitteilen schien er mir nichts zu wollen; er starrte mich einfach nur an und schien sich zu fragen, ob es mir gelingen würde, seine Anwesenheit wahrzunehmen.

Schließlich bekam ich das Gefühl, ihn ansprechen zu müssen. Ich sah die Mittfünfzigerin an und fragte sie: »Ist Ihnen ein blonder junger Mann bekannt, der im Alter von ungefähr sechsundzwanzig Jahren verstarb?«

»Nicht, dass ich wüsste«, antwortete sie.

Der junge Mann schien sich zu freuen, dass ich ihn wahrgenommen hatte. Ich spürte, wie aufgeregt er war, und hatte das Gefühl, dass er geradezu darauf brannte, eine Botschaft loszuwerden, die ihm schon lange auf der Seele lag. Gedanklich nahm er Kontakt mit mir auf.

»Können Sie mit dem Namen Jen beziehungsweise Jenny etwas anfangen? Dieser junge Mann hat ihn eben erwähnt. Er spricht auch vom Segeln. Ich glaube, er heißt Bob. Oder auch Rob.«

»O mein Gott, ja. Das mit dem Segeln! Das muss mein Neffe Robert sein, Bobby, der Sohn meiner Schwester Jenny. Ist er etwa da? O mein Gott, Bobby, es tut mir ja so leid.« Die Frau brach in Tränen aus.

»Sagt Ihnen vielleicht auch der Name Chris oder Christine etwas?«

»Ja, ich selbst heiße Christine.«

»Sie träumen öfter von Bobby, kann das sein?«, fragte ich.

»Ja, aber es sind eher Albträume. Hätte ich doch bloß …«

»Er sagt, Sie wären nicht da gewesen, als er starb. Sie wären im Osten gewesen und hätten es nicht rechtzeitig ins Krankenhaus zurück geschafft.«

Christine war geschockt. Das, was ich ihr da gerade gesagt hatte, wussten nur ganz wenige. Sie senkte den Blick und legte eine Hand über die Augen.

»Er möchte Sie wissen lassen, dass er nicht allein war, als er starb. Darüber scheinen Sie sich Sorgen zu machen.«

Die Frau schaute zu mir hoch. »Er war nicht allein? Gott sei Dank. Bobby, ich bedauere es so, dass ich nicht für dich da war.«

»Kennen Sie auch seine Mutter?«, fragte ich.

»Aber sicher, sie ist doch meine Schwester. Was sagt er denn?«

Das Gefühl, das mir Bobby jetzt übermittelte, war sehr stark. »Ich spüre, dass Bobbys Mama das, was ich hier gerade mache, nicht besonders mögen würde. Diese Art der Kommunikation scheint ihr gar nicht zuzusagen. Es widerspricht ihrem Glauben. Kann das sein?«

»O ja, sie ist sehr religiös.«

»Sie sollen ihr doch bitte etwas ausrichten, sagt Bobby. Er hätte ihr komplett verziehen und sie brauche sich nicht länger mit Reuegefühlen zu quälen. Sie hätte genug daraus gelernt, aber jetzt müsse sie loslassen. Er sei sehr stolz auf sie, und sie wäre doch viel zu klug, um sich mit religiösen Ängsten und zu kurz gegriffenen Glaubensvorstellungen abzugeben.«

»Ich werde es ihr sagen.«

Interessanterweise zeigte mir Bobby jetzt eine Bibel.

»Sind Sie mit der Heiligen Schrift und insbesondere mit dem dritten Buch Mose 18,22 vertraut?«, fragte ich.

»Leider ja. Das war die Hauptstelle, mit der Jenny auf Bobby losging, weil er schwul war. Sie gehörte zu den Wiedergeborenen Christen und glaubte felsenfest, ihr Sohn lebe in Sünde und verstoße gegen den Willen Gottes.«

Christine fügte hinzu: »Sie versuchte, ihn umprogrammieren zu lassen, bestellte einen Exorzisten, alles, was man sich so vorstellen kann. Aber Bobby war und blieb eben Bobby. Er konnte sich nicht verändern. Und er war doch auch so ein toller junger Mann. Dummerweise wurde er dann beim Sex mit seinem Volleyballtrainer erwischt. Das war der Punkt, an dem Jennys Welt wie ein Kartenhaus in sich zusammenfiel. Schließlich drohte sie ihm an, dass er enterbt würde, falls er seinen sündigen Lebenswandel nicht aufgebe. Natürlich blieb er dabei. Und von da an war er für sie gestorben.«

Ich traute meinen Ohren nicht. »Wie lange ist das jetzt her?«

»Ungefähr sechzehn Jahre«, antwortete Christine. »Danach sind bei Jenny alle Dämme gebrochen. Sie nahm an jeder Antischwulendemo teil, die von ihrer Kirche veranstaltet wurde. Und Bobby erkrankte schwer, musste schließlich sterben.«

»Nach seinem Tod, teilt er mir mit, habe sich Jenny aber allmählich eines Besseren besonnen.«

»Das stimmt, da hat sie angefangen nachzudenken. Hat die Bibel gewälzt, Religionswissenschaftler hinzugezogen und bald auch mitbekommen, dass sie einem Irrtum aufgesessen war.«

Christine sprach weiter. »Je mehr Jenny dazulernte, desto mehr bekam sie das Gefühl, von ihrer Kirche betrogen worden zu sein. Ihr wurde klar, dass Bobby kein Sünder war. Sondern dass sie ihn nur verurteilt hatte, weil ihre Kirche es so wollte. Seither wusste sie nicht mehr ein noch aus vor lauter Reue. Sie wollte alles wiedergutmachen und etwas tun, was in Bobbys Sinne wäre. Ihm zum Gedenken.«

»Was hat sie denn getan?«, fragte ich.

»Jenny ist heute Anti-Aids-Aktivistin und hält im ganzen Land Veranstaltungen ab, auf denen sie Liebe predigt statt Hass.«

»Ist sie immer noch Mitglied dieser Kirchengemeinde?«

»Nein, natürlich nicht. Sie ist inzwischen einer neuen beigetreten, einer, in der Schwule und Lesben nicht diskriminiert und verurteilt werden. Sie fühlt sich Gott jetzt näher als je zuvor, sagt sie.«

Bobby vergoss Tränen der Liebe. Aber eine Botschaft hatte er noch: »*Sag Mama, dass ich sie sehr lieb habe,* soll ich von ihm ausrichten.«

Wie Jenny bekommen es die meisten von uns mit Reuegefühlen zu tun, wenn ein Angehöriger stirbt, ohne dass wir uns verabschieden oder Wiedergutmachung leisten konnten. Mit unbeantworteten Fragen nach dem »Was wäre gewesen, wenn …« weiterleben zu müssen ist schwer.

Aber wie schon gesagt: Wenn es uns nicht gelingt, positiv mit Reue umzugehen, kann sie das ganze restliche Leben überschatten. Tausende von Briefen aus aller Welt habe ich erhalten, in denen mir Menschen davon erzählten, dass sie buchstäblich Tag für Tag unter ihren Reuegefühlen leiden. Sie geben sich alle Mühe, einen halbwegs normalen Alltag zu führen, doch solange es ihnen nicht gelingt, gesund und konstruktiv mit der Ausgangssituation umzugehen, bleibt der Schmerz. Sie können ihn höchstens überdecken.

Wir müssen uns auch über die Folgen klarwerden, die eintreten, wenn wir die Reue ins Jenseits mit hinübernehmen. Daher sollen wir uns von dieser emotionalen Blockade noch im Diesseits befreien und sie im Hier und Jetzt aus dem Weg räumen. Denn wenn wir den Gefühlen der Reue nicht zu Leibe rücken, solange wir noch leben, werden sie Teil unserer Existenz in der geistigen Welt und verfolgen uns weiter.

Da die Welt der Verstorbenen vor allem geistiger Natur ist, verstärken sich dort alle Gefühle und Gedanken. Und auch auf die Gefahr hin, dass ich mich wiederhole: Jede Art von emotionalem Müll, den wir mit hinübernehmen, nimmt übergroße Formen an. Das Verhalten zu Lebzeiten wird in der geistigen Welt um ein Vielfaches verstärkt. Und ich sage es immer wieder: Jeder nimmt Sie dort genau so wahr, wie Sie sind. In der geistigen Welt können Sie weder Gedanken noch Gefühle geheim halten. Alle Ihre Charakterzüge und Persönlichkeitsmerkmale liegen dort offen zu Tage, mental und emotional sind Sie also quasi vollkommen nackt. Wenn Sie das einmal begriffen haben, werden Sie wohl noch zu Lebzeiten versuchen, eventuellen Starrsinn aufzugeben und die Entscheidungen, die Sie treffen, aus einer ganz neuen Perspektive heraus zu betrachten. Denn wenn Sie tot sind, werden die Probleme, die Sie auf der Erde nicht bearbeitet haben, leider nicht weniger. Daher kann ich Ihnen nur raten, alle Streitigkeiten möglichst schnell beizulegen.

Stellen Sie sich nur einmal vor, wie grauenhaft es für Geistwesen in den höheren Sphären sein muss, ihren irdischen Reuegefühlen verhaftet zu bleiben. Wie oft höre ich Äußerungen von ihnen wie *Hätte ich das bloß schon gewusst, als ich noch am Leben war. Dann hätte ich mich ganz anders verhalten.* Dabei gehen die Gefühle, die Geistwesen zum Ausdruck bringen, oft über das reine Bedauern hinaus. Sie flehen uns Erdenmenschen geradezu an, zu verzeihen und Mitgefühl walten zu lassen, damit sie ihre emotionale Bürde loswerden und auf die nächste Entwicklungsstufe gelangen können.

Und genau aus diesem Grund vertraue ich darauf, dass Sie, liebe Leser, aus dem Kummer, den Schmerzen und der Reue anderer lernen und davon profitieren. Sie müssen nicht leiden, wenn Sie diese Welt verlassen. Sie können frei sein.

Das folgende Beispiel meiner Arbeit zeigt genau, welche Art von Schmerz ich meine. Der Verstorbene bedauerte sehr, wie er sich zu Lebzeiten aufgeführt hatte. Doch leider war ihm erst viel zu spät bewusst geworden, wie viele Menschenleben er zerstört hatte.

Der Mann vom Kreditinstitut

Eines schönen Sommerabends hielt ich eine Veranstaltung im Südosten der Vereinigten Staaten ab. Viele Leute waren gekommen, circa vierzig Prozent davon Männer und sechzig Prozent Frauen. Diesbezüglich hat es im Laufe der Jahre übrigens drastische Veränderungen gegeben. Als ich mit den offenen Gruppen anfing, waren in der Regel achtzig Prozent der Teilnehmer weiblichen Geschlechts, bei den übrigen handelte es sich meistens um Ehemänner, die von ihren Frauen zu den Veranstaltungen mitgeschleppt wurden.

Ich wollte gerade eine kleine Pause verkünden, als ein Geist in einem grauen Anzug auftauchte und mit Nachdruck auf eine bestimmte Teilnehmerin deutete. Er stellte sich als Earl vor.

»Entschuldigen Sie bitte«, wandte ich mich an die Betreffende, eine Frau schätzungsweise Mitte siebzig. »Kannten Sie vielleicht einmal jemanden mit dem Vornamen Earl?«

Die Frau sah mir direkt ins Gesicht.

»Nicht, dass ich mich erinnern könnte.«

»Er erwähnt irgendeine Firma, wahrscheinlich eine Investmentbank.«

Die ganze Haltung der Frau veränderte sich, als ich dies erwähnte. »Ach, diesen Mistkerl meinen Sie! Ja, ich habe gelesen, dass er ins Gras gebissen hat. In der Hölle möge er schmoren!«

Das Publikum war entsetzt über diese gefühllose Bemerkung. Durch den Saal ging ein Raunen. Der Mann, der rechts neben der Frau saß, flüsterte ihr etwas ins Ohr.

Währenddessen stand Earl vor mir und schüttelte den Kopf. *Sie will mir nicht zuhören. Dabei bin ich in der Hoffnung gekommen, ihr begreiflich machen zu können …*

Ich schaute die Frau an und fragte: »Wie heißen Sie bitte?«

»Trudy«, brachte sie aufgebracht hervor.

Der Mann neben ihr versuchte sie zu beruhigen.

»Dieser Earl sagt gerade zu mir: *Ob Sie die nette Dame wohl bitten könnten, mir zu verzeihen? Es tut mir alles dermaßen leid.*«

Ohne mit der Wimper zu zucken, schimpfte Trudy: »Er sollte sich was schämen! Dieser Betrüger! Er hat uns alles genommen. Unsere gesamten Rücklagen fürs Alter. Alle Ersparnisse. Einfach futsch! Und ich bin nicht einmal die Einzige, der er das angetan hat, da gibt's noch ganz viele andere.«

Der Mann neben Trudy legte ihr einen Arm um die Schulter.

Earl wirkte aufrichtig zerknirscht, als er berichtete, was geschehen war. *Zusammen mit einigen Partnern war ich Inhaber einer Art Investmentfirma. Mein Job war es, die Investoren zu suchen. Die Aufgabe der anderen bestand dann darin, das Geld anzulegen. Ich war schon immer gut darin, Interesse bei Leuten zu wecken.*

»Er sagt, er habe ein Händchen für Menschen.«

Trudy unterbrach mich harsch mit den Worten: »Da kann er ja wirklich mächtig stolz drauf sein. Aber was wird aus uns, Earl?«

»Er sagt, es tue ihm unendlich leid, Trudy. Er bedauert das alles zutiefst. Aber zu der Zeit habe er selbst nicht gewusst, dass das Geld schlecht angelegt war. Das zu prüfen hätte nicht zu seinen Aufgaben gehört. In jedem Augenblick seines gegenwärtigen Daseins spürt er die Schmerzen, die er Ihnen und den anderen zugefügt hat. Immer wieder stellt er sich die Frage, was er hätte besser machen können. Fix und fertig ist er, weil er so viele Existenzen zerstört hat. Er wünscht sich sehnlichst, dass Sie ihm glauben. Er wollte wirklich niemandem schaden. Aber das Wissen, über das er heute verfügt, war ihm damals noch nicht zugänglich. *Ich muss das wiedergutmachen*, sagt er gerade.«

Earl erklärte, dass er sich gegenwärtig in einer Art Therapiestation befinde.

»Jetzt zeigt er mir seine aktuellen Lebensumstände. Die Atmosphäre, in der er sich aufhält, ist ziemlich düster und schwer von all den Energien seiner Habgier. Er ist nicht allein. Bei ihm sind andere, die eine ähnliche Einstellung haben und ein vergleichbares Verhalten an den Tag legen. Viel Dunkel, großes Elend.«

»Hört sich für mich ganz wie die Hölle an«, warf Trudy selbstgefällig ein.

»So könnte man das wohl sagen.«

Ich bemühte mich nach Kräften, der Gruppe vor mir alles wiederzugeben, was ich sah und fühlte.

»Im Jenseits erfährt Earl, wie sehr ihn seine Ängste, seine Gier und all seine unersättlichen Wünsche geblendet haben. Er hatte in dem Glauben gelebt, Geldscheffeln sei das Größte überhaupt. Diese Überzeugung hat er nie in Zweifel gezogen. Jetzt erlebt er die Welt, die er sich erschaffen hatte, und fühlt sich buchstäblich in Fesseln gelegt von seinem eigenen Gewinnstreben, seinem überbordenden Materialismus. Nicht nur, dass seine Seele jetzt unter seinen Gedanken und Handlungen leidet, nein, er muss die ganzen Qualen der Leute, die er betrogen hat, am eigenen Leib erfahren. Und das macht ihm ziemlich zu schaffen.«

Das Publikum hatte die ganze Zeit über gespannt gelauscht.

Jetzt wandte ich mich wieder der älteren Dame zu. »Trudy, Sie wissen von diesem Mann zwar nur die Dinge, die er Ihnen angetan hat. Trotzdem sollten Sie auch an das große Ganze denken, das da am Werk war.«

Earl sprach jetzt von seiner Kindheit. »Er möchte mir seine Lebensgeschichte erzählen. Er wurde als Junge ständig geschlagen und seinen beiden Brüdern gegenüber benachteiligt. Deshalb mangelte es ihm schon von klein auf an Selbstvertrauen. Wann immer er das aber gezeigt hätte, sagt er, hätten seine Brüder ihn fertiggemacht. Er habe so sehr versucht, seinem Vater und seinen Brüdern zu beweisen, dass er auch jemand war. Er wollte doch einfach nur von ihnen geliebt und akzeptiert werden.

»Warum erzählen Sie mir das alles?«, empörte sich Trudy. »Was mit dem war, interessiert mich nicht die Bohne.«

»Manchmal müssen wir aber den persönlichen Hintergrund eines Menschen kennen, um seine Motive verstehen zu können«, wandte ich ein. »Glauben Sie nicht, dass es Ihnen vielleicht doch möglich wäre, etwas Mitgefühl für ihn aufzubringen? Er hat ja auch versucht, Ihnen und Joe zu helfen.«

Als ich Joe erwähnte, schien Trudy aus allen Wolken zu fallen. Trotzdem bellte sie zurück: »Joe kann gut auf seine Hilfe verzichten. Und jetzt braucht er sie schon überhaupt nicht mehr.«

Da schickte mir Earl einen ganz neuen Gedanken. »Kennen Sie einen gewissen Dr. Watkins?«

»Der Arzt meines Vaters?«, antwortete der Mann, der neben Trudy saß. Er heiße Steven, sagte er, und sei ihr Sohn. Bislang hatte er meine Ausführungen mit spürbarer Skepsis zur Kenntnis genommen.

»Earl sagt, Ihr Vater habe im Krankenhaus gelegen und sei um ein Haar gestorben, weil die Ärzte nicht in der Lage waren, die richtige Diagnose zu stellen. Kann das sein?«

»Woher wissen Sie das?«, fragte Steven zurück.

»Dieser Dr. Watson ist einfach so in das Krankenzimmer Ihres Vaters hereinmarschiert, stimmt's?«

Steven wurde kreideweiß im Gesicht.

»Dieser Dr. Watson ging davon aus, er befinde sich im siebten Stock. Dabei war er in Wirklichkeit im sechsten. Als er zu Ihrem Vater ins Zimmer stürmte, war er noch der Meinung, er ginge zu einem ganz anderen Patienten. Als er ihn dann aber untersuchte, fand er die Ursache seiner Beschwerden sofort heraus. Ihr Vater litt an einer allergischen Lungenreaktion, was keiner der anderen Ärzte erkannt hatte.«

Die Zuschauer waren verblüfft, viele hielten den Atem an.

Steven sagte: »Wir haben uns gefragt, wie es wohl sein konnte, dass da ein vollkommen Fremder an Dads Krankenbett trat und innerhalb von wenigen Minuten die richtige Diagnose stellte. Da konnten wir uns partout keinen Reim drauf machen. Wir haben es uns dann schließlich so erklärt, dass unsere Gebete eben erhört wurden und dass uns dieser Arzt vom Himmel geschickt wurde.«

Das Publikum applaudierte.

»Genau so war es auch«, bestätigte ich. »Earl hatte dafür gesorgt, dass Dr. Watkins im falschen Stockwerk ausstieg und Ihren Vater untersuchte.«

»Das ist doch nicht möglich!«, rief Steven aus.

»Ich kann mir das schon vorstellen«, entgegnete Trudy. »Er hat uns schließlich unser gesamtes Geld abgeschwatzt. Warum sollte er dann nicht auch in der Lage sein, einen Arzt nach seiner Pfeife tanzen zu lassen.«

Alle lachten.

Ich spürte, dass Trudys harte Schale die ersten Risse bekommen hatte. Endlich begriff sie, dass Earl im Grunde kein schlechter Mensch war, sondern eher ein Opfer seiner Lebensumstände.

Sie sah erst ihren Sohn, dann mich an und meinte: »Sagen Sie Earl, er braucht sich keine Sorgen mehr zu machen. Ich verzeihe ihm.« Nach kurzem Zögern fügte sie hinzu: »Würden Sie ihm wohl bitte noch etwas ausrichten?«

»Gern.«

»Bedanken Sie sich in meinem Namen dafür, dass er mir Joe zurückgegeben hat.«

»Er hat Sie gehört, Trudy.«

Ich bat das Publikum, Earl Liebe und Vergebung mit auf den Weg zu geben, damit er die Düsternis verlassen und ins Licht gehen konnte. Trudy versicherte ich noch, wie stolz ich auf sie war, weil sie Earl vergeben hatte. Und dann ging's endlich in die wohlverdiente Pause.

Das große Geheimnis

Viel häufiger, als es mir lieb ist, muss ich mit ansehen, dass bereits in kleinen Kindern der Same für Hass, Missbrauch und Verwahrlosung gelegt wird. In den ersten Lebensjahren entwickelt der Mensch ein Gefühl für sich selbst und es werden die Grundlagen für sein gesamtes späteres Tun gelegt. Kinder sind darauf angewiesen, dass die Erwachsenen sich um sie kümmern und sie beschützen. Wenn diese Erwachsenen aber selbst keine Vorstellung von Gut und Böse, Richtig und Falsch haben, weil ihnen ihre eigenen Eltern kein solches Unterscheidungsvermögen beigebracht haben, kann das Ergebnis nicht anders als niederschmetternd ausfallen. Zu sehen, wie schlecht die Menschen einander behandeln, kann einem mitunter schier das Herz brechen.

In den Jenseitsgesprächen, die ich mit Geistwesen führe, nehme ich sie wahr, wie sie als Menschen waren. Ich erkenne ihr früheres Wesen, und das ist manchmal ziemlich schmerzlich. Trotzdem empfinde ich großes Mitgefühl für sie. Einen anderen Menschen zu be- oder verurteilen fällt uns nie schwer, da es uns in eine Position der Macht versetzt. Doch wenn wir uns selbst als die Person lieben, die wir sind, und auch andere genauso lieben, wie sie sind, gibt es eigentlich kaum einen Grund, überhaupt jemanden zu ver- oder beurteilen.

Es entzückt mich immer wieder, wie gut uns die Verstorbenen helfen können, unseren Horizont zu erweitern.

Aber überzeugen Sie sich selbst.

»Würden Sie mir wohl verraten, wie Sie heißen?«, bat ich die hübsche Blondine, die direkt am Gang saß.

»Eigentlich Cassandra. Aber alle nennen mich Sandy.«

Gleich als ich mich in Sandys Energiefeld einfühlte, bemerkte ich, dass ihre Aura aus mehreren ganz unterschiedlichen Schichten bestand. Vom Hals an aufwärts nahm ich die schönsten Gold-, Blau und Rosatöne wahr. Ein Zeichen dafür, dass sie über ein großes Liebesvermögen verfügte, das sie, so sie sich nur dafür entschied, auch auf dem Gebiet der Spiritualität walten lassen konnte.

Wenn ich von meinen Geistführern aufgefordert werde, die Aura eines Menschen zu scannen, dann für gewöhnlich, damit ich mich davon überzeugen kann, ob und wenn ja in welchem Maße er noch an alten Mustern, einer früheren Verletzung oder einem emotionalen Trauma festhält. Denn wenn solch eine Wunde nicht heilen kann, kommt es in der Folge häufig zu einer Beeinträchtigung des physischen, mentalen, spirituellen oder emotionalen Körpers des Betreffenden. Im Falle von Sandy nun konnte kein Zweifel daran bestehen, dass bei ihr keineswegs alles in Ordnung war. Da gab es etwas in ihrer Aura, das ich leider viel zu oft wahrnehme. In ihrer Taillengegend, zwischen dem Herzen und dem Nabel, sah ich viel trübes Braun und Grau. Die Farben waren von einer sehr niedrigen und ausgesprochen trägen Schwingung. Eigentlich sollte diese Körperregion überwiegend grün und gelb sein und damit von bedeutend höherer Schwingungsfrequenz. Als ich die trüben Farben bei ihr sah, war mir sofort klar, dass Sandy emotional vollkommen zugemacht hatte. Irgendetwas war geschehen, was bei ihr große Angst vor ihren Gefühlen ausgelöst hatte.

Ich sprach sie darauf an. »Ich glaube, Sie sind ein Mensch mit hohen Idealen, fürchten sich aber, irgendjemanden emotional an sich heranzulassen. Könnte man das so sagen?«

»Irgendwie schon.« Nervöses Lachen. »Nicht ganz auszuschließen jedenfalls.«

Ich stimmte mich noch intensiver auf sie ein. »Vor langer Zeit sind Sie einmal von einem Menschen verletzt worden, dem Sie sehr vertraut hatten. Er hat Ihr Vertrauen missbraucht. Stimmt das?«

»Keine Ahnung. Passiert das nicht jedem mal?«

»Keineswegs«, widersprach ich. Dann bemerkte ich zu ihrer Linken einen Energiewirbel, der sich schließlich zur Gestalt eines Mannes verdichtete. Ich hatte das Gefühl, dass es sich dabei entweder um Sandys Vater oder aber um einen Onkel von ihr handelte. Der Mann übermittelte mir einen Eindruck.

»Was sagt Ihnen der Name Alfred?«

Sandy schlug die Augen nieder.

Dieser Mann namens Alfred war der Letzte, mit dem sie gerechnet hätte. Vor allem aber auch der Einzige, von dem sie nie wieder etwas hatte hören wollen. Dicke Tränen traten ihr in die Augen. Gleichzeitig lief sie rot an.

Da sie nichts sagte, wiederholte ich meine Frage: »Kennen Sie einen Mann namens Alfred?«

»Ja, der Bruder meines Vaters hieß Alfred. Mein Onkel.«

Ich spürte, wie schwer es ihr fiel, über ihn zu sprechen.

»Er möchte der Familie einen herzlichen Gruß ausrichten und sagt, dass der Dezember sehr wichtig für ihn war.«

»Im Dezember ist er gestorben.«

Alfred ging jetzt dazu über, mir Bilder einzugeben.

»Er zeigt mir eine Taschenuhr und eine Treppe. Können Sie damit etwas anfangen?«

Sandy schien vollkommen perplex. Sie starrte mir direkt ins Gesicht und ich wusste genau, dass ich einen Nerv bei ihr getroffen hatte.

»Dieser Scheißkerl!«, schrie sie.

Solche Reaktionen bin ich eigentlich nicht gewöhnt, aber auch im Falle von Trudy haben wir ja schon gesehen, dass sich eine tiefe Verletzung durchaus in solchem Zorn niederschlagen kann.

Mental fragte ich Alfred: »Würden Sie mir bitte sagen, warum Sie gekommen sind?«

Telepathisch antwortete er: *Damit ihr Herz endlich heilen kann. Ich ganz allein trage die volle Verantwortung und muss jetzt unbedingt alles wiedergutmachen.*

Sandy beobachtete mich genau. »Was ist? Sagt er was über die Taschenuhr und die Treppe?«

»Nein.«

Ich hatte das untrügliche Gefühl, dass sich Alfred in Grund und Boden schämte. »Er sagt, es tue ihm leid. Sie hätten wahrscheinlich keinerlei Verständnis für ihn, meint er, aber es tue ihm wirklich von Herzen leid.«

»Es tut ihm leid? Wollen Sie mich veräppeln? Kapiert er denn nicht, dass er mir das ganze Leben versaut hat? Ich hab noch nie eine normale Beziehung gehabt …« Sandy verstummte.

Im Publikum herrschte gespannte Stille.

Sandy hob den Kopf. »Alle Männer, die ich mir aussuche, verprügeln mich entweder oder missbrauchen mich sonst irgendwie. Und das alles habe ich nur dem lieben alten Onkel Alfred zu verdanken.«

Ich war verwundert, wie offen sich Sandy vor all den Fremden äußerte, wusste zugleich aber auch, dass diese Sitzung nicht nur für sie selbst von heilsamer Wirkung sein konnte, sondern auch für andere Anwesende, die sich mit Sandys Erfahrungen identifizierten.

Sagen Sie ihr doch, wie leid es mir tut, bat Alfred nun schon zum wiederholten Male.

Und wieder versuchte ich, mit dieser Botschaft zu Sandy durchzudringen. Doch vergeblich. Sie wollte nichts davon hören.

Stattdessen fragte sie mich: »Wissen Sie eigentlich, was es mit dieser Taschenuhr und der Treppe auf sich hat?«

Mir war sofort klar, dass sie darüber sprechen würde, ob wir es nun erfahren wollten oder nicht.

»Als ich klein war, sind meine Eltern jeden Samstagabend ausgegangen. Und Onkel Alfred hat dann immer den Babysitter für meinen Bruder und mich gespielt. Sobald mein Bruder dann eingeschlafen war, fragte mich Onkel Alfred, ob ich nicht Lust hätte, seine Taschenuhr aufzuziehen. Klar, sagte ich. Wenn ich ein braves Mädchen wäre, würde ich sie im Schränkchen unter der Treppe finden. Verstehen Sie? Onkel Alfred hat mich dann immer berührt …« Sandy verstummte erneut.

»Wie lange ging das so?«, fragte ich. »Und haben Sie nie mit irgendjemandem darüber gesprochen?«

»Fünf Jahre – und nein: Ich habe nie jemandem davon erzählt. Wie ich das heute bereue! Aber es sollte doch ein Geheimnis bleiben. Und ich blödes Huhn habe mich mein ganzes Leben lang daran gehalten.«

»Hat es denn niemand bemerkt oder wenigstens mal einen Verdacht geäußert?«

»Weiß nicht. Spielt aber auch keine Rolle mehr«, antwortete Sandy voller Verbitterung.

Inzwischen übermittelte mir Alfred weitere Gedanken. »Sie möchten doch bitte verstehen, sagt er, dass er als Kind selbst sexuell belästigt wurde. So ist Liebe für ihn gleichbedeutend mit Missbrauch geworden.«

»Das ist mir so was von wurscht! Wenn er es selbst erlebt hat, hätte er doch erst recht die Finger von mir lassen müssen.«

Mit Missbrauch umzugehen ist extrem schwierig. Und auch der Heilungsprozess ist keine leichte Sache.

»Na, vielleicht ist das hier ja wenigstens ein Anfang. Immerhin haben Sie begonnen, darüber zu sprechen. Und je besser es Ihnen gelingt, den ganzen Schmerz, der Ihnen angetan wurde, aufzudecken und zu verarbeiten, desto eher können Sie das alles auch hinter sich lassen.«

Sandy saß jetzt ganz ruhig auf ihrem Stuhl und schien sich meine Worte durch den Kopf gehen zu lassen.

Derweil schickte mir Alfred weitere Gedanken. »Er bedauert so sehr, dass er Ihnen wehgetan hat, und wünscht sich nur, dass Sie zumindest versuchen könnten, ihm zu verzeihen.«

»Ich weiß nicht, ob mir das möglich sein wird. Hätte ich mich damals doch bloß jemandem anvertraut. Aber ich wusste einfach nicht, wie. Trotzdem werfe ich mir dieses Schweigen heute oft vor.«

»Sie waren ein kleines Mädchen. Hören Sie auf, sich so zu quälen.«

In diesem Moment übermittelte mir Alfred das Bild eines Wagens, der durch die Luft flog.

»Ist Alfred vielleicht bei einem Autounfall ums Leben gekommen?«

»Ja, er hatte getrunken und kam von der Straße ab.«

»Kann es sein, dass sein Wagen von einer Klippe gestürzt ist?«

»Ja, genauso war's.«

Plötzlich kam mir ein ungewöhnlicher Gedanke, den ich Sandy nicht vorenthalten wollte. »Hören Sie. Ihr Onkel sagt, er sei gar nicht angetrunken gewesen, als es zu dem Unfall kam.«

»Aha. Und?«

»Er sagt, er habe sich so dafür geschämt, dass er Ihnen das angetan hat, dass er nicht weiterleben konnte und wollte. Er hat sich absichtlich mit dem Wagen von der Klippe gestürzt.«

»Wie bitte?«, rief sie schockiert.

»Sie sollten unbedingt wissen, sagt er, dass Sie nicht die Einzige sind, die damals Schaden erlitten hat. Er ist heute hier, um Ihnen sein Herz zu öffnen und Sie um Verständnis zu bitten.«

Bei meinen letzten Worten brach Sandy zusammen. Bitterliche Tränen rollten über ihre Wangen. Diese Tränen hatten sich schon seit Jahren in ihr aufgestaut. Und mit jedem Schluchzer, den sie von sich gab, verschwanden ihre braunen und gräulichen Energien ein bisschen mehr.

Es gibt viele Arten von Reue, angefangen bei den kleinen Dingen, die man bedauert, etwa ein vergessener Geburtstag oder eine Aktie, die man nicht rechtzeitig abgestoßen hat. Gewichtiger wird die Sache schon, wenn es darum geht, ein bestimmtes Jobangebot ausgeschlagen zu haben oder nicht eingeschritten zu sein, als ein Freund einen rassistischen Witz erzählte. Den schlimmsten Formen von Reue sind wir beispielhaft in den Geschichten aus meiner Arbeit begegnet, die ich in diesem Kapitel erzählt habe.

Reue kann so an uns nagen, dass sie zu Missverständnissen und Verurteilungen führt, die ein Leben lang nicht ausgeräumt werden können, und dass wir ständig unter Stress stehen oder uns grämen. Reue setzt sich in der Aura fest und verursacht auf den unterschiedlichsten Ebenen vielerlei Probleme. Könnten wir nur erkennen, wie stark unser Denkvermögen, unsere Entscheidungen und auch unsere spirituelle Einsichten von Reue überschattet werden können, würden wir gewiss alles ganz bewusst loslassen, worüber wir keine Kontrolle haben, und schleunigst Frieden mit uns schließen.

Selbst die schlimmsten Verfehlungen lassen sich verzeihen. Denken wir nur an Sandy. In ihrem Fall genügte allein schon der Umstand, dass sie sich für ein neues Bewusstsein öffnen konnte, um sie dazu zu bewegen, von ihrer Reue abzulassen. Dadurch, dass es ihr gelang, Mitgefühl für ihren Onkel aufzubringen, der Ähnliches erleben musste wie sie, konnte sie endlich beginnen, die Wunde heilen zu lassen, die ihrer Seele geschlagen wurde. Letztlich fand Sandy den Mut, sich zu vergeben, zu lieben und neues Selbstvertrauen zu fassen. Und das sind die wichtigsten Voraussetzungen dafür, rundum gesunden zu können.

DREI

LIEBE ODER ANGST

Wenn die Macht der Liebe die Liebe zur Macht überwindet, wird die Welt ihren Frieden gefunden haben.
Jimi Hendrix

Nach meinem intensiven mysteriösen Traum war jetzt eine Woche vergangen, und er hing mir immer noch nach. Abend für Abend hatte ich vor dem Einschlafen meditativ versucht, daran anzuknüpfen. Ich hätte so gern gewusst, ob mir diese nächtlichen Bilder nicht doch eine Botschaft übermitteln wollten, die mir entgangen war. Da war ich mir eigentlich fast sicher. Einer der frustrierendsten Aspekte meiner Arbeit besteht darin, dass ich zwar in der Lage bin, die irdischen Dimensionen zu überschreiten und Botschaften zu empfangen, aber leider immer nur für andere und nicht für mich selbst. Darüber klagen übrigens die meisten medial Veranlagten. Daher muss ich mich darauf verlassen, dass mir wichtige Erkenntnisse meiner Geistführer und verstorbenen Lieben im Traum übermittelt werden. Und das ist auch tatsächlich oft der Fall. Und obwohl es mir also bislang nicht mehr gelungen war, in jenen Traum zurückzufinden und seine Bedeutung zu entschlüsseln, blieb ich weiterhin offen. Irgendetwas würde sich mir schon noch offenbaren.

Ich versuchte mir die wichtigsten Sequenzen des Traums in Erinnerung zu rufen. Ich wusste noch, dass ich mich in irgendeiner Art von Krankenhaus befunden hatte. Ferner hatte ich einen wunderschönen Sonnenuntergang gesehen, der sich dann in die hübschesten Blumenarrangements verwandelt hatte. Schließlich war da der geheimnisvolle Mann. Aber was hatte er mir bloß sagen wollen?

Der Sonnenuntergang mutete mich vertraut an. So einen musste ich auch im Wachzustand schon einmal gesehen haben. Konnte es sich um die Art von Sonnenuntergang handeln, wie ich ihn an klaren Winterabenden manchmal von meinem Haus aus sah? Oder war es eher einer, den ich aus früheren Zeiten kannte? Keine Ahnung. Aber wie gesagt, er kam mir vertraut vor.

Warum hatte ich mich in einer krankenhausähnlichen Umgebung befunden? Sollte das ein Symbol für Heilung sein? Aber ich wollte den Traum auch nicht überanalysieren, denn Träume haben ja immer auch viel mit der emotionalen Verfassung zu tun, in der man sich befindet. Ich erinnerte mich noch an das überwältigende Gefühl von Liebe und Fürsorglichkeit, das ich empfunden hatte. Reine Liebe, die mich beglückte. Darüber hinaus musste der Traum auch von irgendeinem Neuanfang gesprochen haben, insbesondere wegen der Blumenarrangements.

Nur der geheimnisvolle Mann gab mir Rätsel auf. Was hatte er mir sagen wollen? An diesem Punkt kamen mir Zweifel, ob ich den Traum nicht vielleicht zu sehr beim Wort nahm.

Träume sind gewöhnlich symbolischer Natur. Stellte dieser Mann möglicherweise einen Teil von mir dar? Ich konnte mich partout nicht von diesem Traum lösen. Er ließ mich einfach nicht los. Ich beschloss, mich ihm zu einem späteren Zeitpunkt erneut zu widmen. Dann würde mir vielleicht ein Licht aufgehen, und neue Gedanken oder Gefühle würden kommen.

Der wichtigste emotionale Eindruck, den mir der Traum vermittelt hatte, war Liebe. Darauf wollte ich mich auch weiterhin konzentrieren. Denn die Liebe ist diejenige Kraft, diejenige Energie, aus der wir alle bestehen. Sie ist es auch, die es mir ermöglicht, die Kluft zwischen der geistigen und unserer materiellen Welt zu überwinden. Wir alle sind Liebe. Liebe ist gleichbedeutend mit dem Leben selbst. In meinen Workshops verwende ich oft Satze wie »Gott ist Liebe« und »Liebe ist Gott.« Denn für mich sind Gott und die Liebe eins. Wir können das eine nicht vom anderen trennen. Gott sagt stets Ja, nur unsere Egos verneinen immer.

Wie der Banker aus dem letzten Reading schnell feststellen musste, ist Geld absolut nicht alles. Viele von uns klammern sich aber auch an die Liebe, als sei sie ihr Besitz. Liebe aber kann man nicht besitzen. Liebe ist allumfassend, sie lässt sich mit der Enge unseres menschlichen Bewusstseins nicht in Einklang bringen. Ich finde es immer wieder interessant, wenn ich Paare beobachte, die versuchen, dem Partner ihre jeweiligen Vorstellungen von Liebe überzustülpen. Ein Beispiel: Die Frau tut alles, um ihren Mann so zu manipulieren, dass er sich ihrem Idealbild der Liebe anpasst. Damit bereitet sie aber nur den Boden für künftiges Liebesleid. Denn ihr Partner wird ihren Idealvorstellungen nie entsprechen können. Viel besser wäre es, wenn sie ihn genau so lieben könnte, wie er ist, und es fertigbrächte, sich an der Einzigartigkeit dieser speziellen Beziehung zu erfreuen.

Wir finden zueinander, um die Liebe auf verschiedenen Ebenen und in vielen ihrer Aspekte zu erleben, denn sie ist ja nichts Statisches, sondern entwickelt sich immer weiter. Die Liebe ist zugleich chaotisch und geordnet, schwer fassbar und doch Bestandteil von allem, was ist. Schwierig wird es nur, wenn wir versuchen, sie zu begrenzen oder zu kategorisieren.

Das Gegenteil von Liebe ist Angst. Gäbe es keine Liebe, wäre alles Angst. Die Abwesenheit von Liebe empfinden wir als unnatürlich. Denken Sie an den letzten Streit, den Sie mit jemandem hatten. Ihr Blutdruck stieg, Ihre Körpertemperatur veränderte sich, Sie fühlten sich angeschlagen und unausgeglichen. Sehr unangenehm! Bedauerlicherweise aber gibt es auf der Welt weit mehr Angst als Liebe. Viel zu viele Menschen bekriegen einander auf unterschiedlichen Ebenen, und das Ergebnis davon ist erhebliche Disharmonie. Wenn Gott gleich Liebe ist, dann ist die Angst ein Götze, und wer an sie glaubt, leistet Götzendienst.

Das Herz ist voller Liebe

Wenn sich zwei Menschen auf seelischer Ebene verbindlich zueinander bekennen, ist die Verbindung zwischen ihnen außerordentlich stark. Ihre Liebe überwindet den Schleier zwischen den Welten und geht weit über den Tod der menschlichen Hülle hinaus. Von all den Tausenden meiner Readings ist mir das folgende noch besonders gut in Erinnerung.

Eines Freitagabends leitete ich einen Workshop im kalifornischen North Hollywood. Während die Teilnehmer allmählich eintrudelten, verließ ich den Seminarraum noch einmal kurz, um mich vorzubereiten. Vor den Veranstaltungen werde ich nur selten von Geistwesen besucht, aber gelegentlich kommt es schon mal vor. Als ich gerade dabei war, meine Energie die Wirbelsäule hinauf ins Kehlchakra fließen zu lassen, vernahm ich plötzlich eine Frauenstimme. *Bitte helfen Sie meinem Frankie. Er ist vom Weg abgekommen,* sagte sie. Gedanklich bat ich die Dame, mir ihren Namen zu nennen. *Karen,* antwortete sie. Sie sei Frankies Frau.

Ich habe eigentlich ständig etwas zu schreiben bei mir, damit ich mir alles notieren kann, sollte der Geist eines Verstorbenen durchkommen und eine Botschaft übermitteln wollen. So auch an diesem Abend. Ich schrieb mir die Namen Frankie und Karen auf. Dann teilte ich Karen mit, dass ich sofort für sie bereit sei, sobald ich mit den Botschaften anfangen würde. Für sie schien das in Ordnung zu sein, also wandte ich mich wieder meinen Vorbereitungen zu.

Als ich ungefähr eine Stunde später die ersten Botschaften empfing, meldete sich Karen wieder. *Ich bin jetzt hier. Bitte helfen Sie meinem Frankie!*

»Ist hier ein gewisser Frankie?«, fragte ich in die Runde. »Seine verstorbene Frau hieß Karen.«

In der letzten Sitzreihe hob ein Mann die Hand.

»Ich heiße Frank. Meine Frau Karen ist schon vor Jahren von mir gegangen.« Er stand auf. Ebenso die Frau, die neben ihm gesessen hatte.

»Ich bin Ann, Karens Schwester«, stellte sie sich vor.

An Franks Seite sah ich Karen sich materialisieren. Sie hatte langes braunes Haar und eine ganz weiche Haut. Pfirsichhaut. Sie trug ein langes fließendes Gewand in Weiß und Rosa. Interessanterweise hatte sie eine weiße Rose in der Hand, zupfte die Blütenblätter einzeln heraus und ließ sie über ihren Mann regnen. Die Gedanken, die sie mir dabei schickte, waren von großer Intensität.

»Frank, Ihre Frau möchte Sie wissen lassen, dass sie Sie ständig im Auge hat und auch immer bei Ihnen ist. Gerade erwähnt sie einen Ort mit dem Namen Moonshine. Wahrscheinlich ein Lokal. Kennen Sie das?«

»O ja«, antwortete er, offensichtlich überrascht, dass ich davon wusste. »Da haben wir uns kennengelernt.«

»Sie waren wohl öfter mit Freunden zum Tanzen dort.«

»Als wir noch im College waren, genau. Und im Moonshine haben wir uns, wie gesagt, kennengelernt. Das ist ja toll!«

Frank war vollkommen von den Socken. Aber ich bemerkte auch, dass ihm das Ganze doch leicht surreal vorkam.

»Sie sagt mir, dass Sie schon immer ein richtiger Gentleman waren, und dann nennt sie noch einen Namen. Crunch oder Cruncher. Können Sie sich darauf einen Reim machen?«

Ann schlug voller Verblüffung die Hand vor den Mund.

Derweil ergriff Frank wieder das Wort. »Ja, an dem Abend, an dem wir uns kennengelernt haben, war da so ein Kerl, den nannten sie Cruncher. Total besoffen war er und setzte Karen sehr zu. Er wich nicht von ihrer Seite und da bin ich sozusagen dazwischengegangen.«

»Und zwar richtig, bestätigt sie gerade.«

»Genau. Ich habe ihm eine Bierflasche über den Schädel gezogen. Dann kam die Polizei und nahm ihn mit.«

Lachen im Publikum.

»Eben zeigt mir Karen, dass Sie hinter Ihnen steht, während Sie auf einem weißen Metallstuhl auf der hinteren Terrasse sitzen.«

»Ja, da halte ich mich sehr gern auf. Aber das ist ja unglaublich, dass Sie das alles wissen!«

»Jetzt wedelt sie mit dem Zeigefinger in Ihre Richtung und sagt: *Du solltest doch nicht …*«

»Okay, okay, ich rauche da jeden Morgen und jeden Abend mein Zigarettchen.«

Als Frank sein kleines Laster eingestand, mussten einige Zuschauer kichern.

»Wie sie sagt, kann sie jeden Ihrer Gedanken hören. Und so oft trocknet sie Ihnen die Tränen.«

Da fing Frank an zu weinen. »Sie war doch mein Leben, mein Ein und Alles«, schluchzte er.

»Ja, ihr geht es ganz genauso«, entgegnete ich. »Aber trotzdem – oder gerade deswegen – möchte sie Ihnen jetzt helfen, wieder ins Leben zurückzufinden. Sie machen ihr das aber ganz schön schwer. Schwelgen immer nur in Erinnerungen an sie und kommen keinen Schritt voran. In Ihrem Herzen ist kein Platz für irgendetwas Neues. Sie hätten ihr das Leben geschenkt, soll ich Ihnen sagen.«

»Nein, das habe ich eben nicht. Ganz im Gegenteil. Ich hätte für sie da sein sollen. Und als sie ihre Medizin brauchte, hätte ich sie im Haus haben müssen.«

In diesem Moment drohte Frank zusammenzubrechen. Ann tätschelte ihm tröstend den Rücken.

»Eines Tages, sagt sie, finden Sie bestimmt wieder eine Frau, die Sie lieben können.«

»Nie im Leben! Für mich gibt es keine andere. Mein Herz … als Karen starb, hat sie es mitgenommen.«

Viele der Anwesenden stöhnten leise auf, so nahe ging ihnen Franks Kummer. Seine Reaktion war nicht ungewöhnlich, ich hatte sie schon Hunderte von Malen erlebt. Wann immer der verstorbene Teil seinem Lebenspartner sagt, dass er irgendwann eine neue Liebe finden wird, lautet die Antwort in den allermeisten Fällen »Nein, nie!« Aber mein Job ist es nur, die Botschaft zu überbringen. Ich zwinge keinen, sie auch zu glauben.

»Sie hat Ihr Herz nicht ganz mitgenommen. Und die Liebe ist unerschöpflich«, fügte ich hinzu. »Sie sagt, Sie hätten Angst. Ihr gesamtes Leben bestehe nur aus Ängsten.«

Frank schaute blicklos durch mich durch. »Ich möchte nicht noch einmal jemandem so wehtun.«

Da schaltete sich Ann ein. »Er geht ja nicht mal mehr aus dem Haus. Seit zwei Jahren nun schon. Das ist total verrückt!«

In diesem Moment gab mir Karen einen ganz neuen Gedanken ein. »Können Sie sich vorstellen, wer mit Marcie gemeint sein könnte?«

Frank blickte zu Boden. »Nee … keine Ahnung.«

»War Karen jemals unfreundlich zu dieser Marcie? Es muss wohl schon sehr lange her sein, sagt sie. Sie hätte sich nicht so gemein aufführen sollen. Das würde sie jetzt gern wiedergutmachen. Es scheint ihr ein dringendes Bedürfnis zu sein.«

»Ich kenne keine Marcie.«

Karens Schwester flüsterte Frank zu: »War das nicht die aus dem College?« Nach einem kurzen Wortwechsel schauten mich beide an, um mehr Informationen zu erhalten.

»Karen wünscht sich, dass Sie einmal ins alte Moonshine zum Tanzen gehen. Um ihretwillen. Es wird auch bestimmt ein schöner Abend, verspricht sie.«

»Ich gehe nicht mehr aus«, entgegnete Frank.

»Karen bittet Sie aber doch so darum. Sie sagt, dieser Abend würde Ihr ganzes Leben verändern. Das scheint sie sehr ernst zu meinen. Und Sie wüssten ja, dass sie gewohnt ist, ihren Willen durchzusetzen.«

»Vorsicht!«, sagte er lächelnd. »Aber gut, ich tue ihr den Gefallen.«

Keine weiteren Botschaften.

Einige Monate später kam meine Assistentin Kelley zu mir ins Büro und brachte mir die Post. Darunter war auch ein Umschlag, der ganz so aussah, als enthielte er irgendeine Einladung. Und tatsächlich. Auf der innen liegenden Karte las ich:

Lieber James,
von Herzen möchte ich mich dafür bedanken, dass Sie mir mein Leben zurückgegeben haben. Wenn ich es an jenem Abend nicht selbst erlebt hätte, würde ich es bis heute nicht glauben. Wochen nach Ihrer Veranstaltung folgte ich Karens Rat und habe unseren alten Club, das Moonshine aufgesucht. Dort bin ich Marcie wieder begegnet, einer früheren Freundin aus meiner Collegezeit. Kaum hatte ich sie gesehen, fing mein Herz auch schon an, ganz laut zu pochen. Jahrzehntelang hatte ich nicht mehr an sie gedacht. Aber jetzt war mir vollkommen klar, dass es genau diese Marcie war, über die Karen gesprochen hatte. Beiliegend finden Sie eine Einladung zu unserer Hochzeit. Ich würde mich sehr freuen, wenn Sie es einrichten könnten zu kommen.
Mit freundlichen Grüßen
Frank

Die Einladungskarte hatte die Form eines Herzens. Als ich sie öffnete, las ich:

Mein Herz ist wieder ganz.
Marcie und Frank geben ein Fest zu Ehren der unerschöpflichen Liebe. Über Dein/Ihr Kommen wären wir sehr froh.

Angst wirkt sich ganz unterschiedlich aus. Manche werden, wie Frank, von ihren Ängsten geradezu gelähmt. Die Energie der Angst zieht uns so weit runter, dass uns das Leben extrem schwierig vorkommt, kaum zu bewältigen. Dann wird alles, was wir tun, von der Beschränktheit und Entmutigung überschattet, die aus der Angst herrühren.

Wie wir gesehen haben, war Frank vor lauter Furcht und Niedergeschlagenheit kaum mehr fähig, einen Fuß vor die Tür zu setzen, bis er die Liebe seiner Frau Karen wieder spürte. Und erst mit dieser Liebe im Rücken war er dann auch wieder in der Lage, neue Liebe und ein neues Glück zu erfahren.

»Hab keine Angst, mein Liebes«

Wie das nächste Reading zeigt, müssen manche bis zum Tod warten, bevor sie in vollem Umfang erkennen können, wie negativ sich nicht nur ihr Leben, sondern sogar ihr Denken auf andere auswirken kann. Wenn Sie jetzt weiterlesen, möchte ich Sie daher dringend bitten, auch einmal zu überlegen, inwiefern Sie selbst sich von Ängsten einschränken lassen.

Von dem Moment an, in dem er anfing, das Laufen zu lernen, hatte Martin Katz Angst. Das hatte er von seinen Eltern. Wenn er gegen einen Tisch tappste, hielten sie ihn schnell fest, damit er bloß nicht hinfiel und sich den Kopf anschlug. Wenn es draußen schneite, musste er im Haus bleiben, weil die Eltern Angst hatten, er könnte sich erkälten und »sich den Tod holen«, wie seine Mutter es ausdrückte. Die meisten Eltern sind um die Sicherheit ihrer Kinder besorgt, aber in Martins Fall war es extrem. Der Junge wuchs mit einer Vielzahl von Ängsten auf, nicht zuletzt mit der vor dem Tod. Ja, man kann sagen, Martins Leben bestand eigentlich nur aus Angst.

Er wuchs in einem kleinen Brownstone-Apartment in Brooklyn, einem Stadtteil von New York, auf. Bevor seine Mutter zur Arbeit ging, brachte sie ihn zur Schule, nachmittags holte sie ihn auch immer ab. Wenn sie dann aus irgendeinem Grund nicht ganz pünktlich sein konnte, durfte er das Schulgelände so lange nicht verlassen, bis sie eintraf. Eines Nachmittags war die Mutter bei Schulschluss wieder einmal nicht da und er musste stundenlang auf sie warten. Seine Mutter entschuldigte sich, sie hätte unvorhergesehen eine weitere Schicht übernehmen müssen. Da Martin aber so ein ängstlicher kleiner Junge war, waren ihm die Stunden des Wartens wie eine Ewigkeit vorgekommen. Ständig musste er an Monster denken. Bestimmt würden sie ihn bald holen kommen. Trotz seiner obsessiven Ängste gelang es Martin irgendwie, halbwegs normal aufzuwachsen. Eines Tages schloss er die Ehe mit einer wunderbaren Frau namens Charlotte. Mit ihr hatte er zwei Kinder.

Ich hatte Gelegenheit, Martin kennenzulernen, als ich in privatem Rahmen ein Reading für eine kleine Gruppe abhielt. Als ich die neun Anwesenden so betrachtete, fiel mir eine Frau auf, die sich deutlich von den anderen abhob. Sie hatte lange, dünne, braune Haare und trug eine riesige Brille. Ständig hippelte sie auf ihrem Stuhl hin und her. In so einer Situation sind viele nervös, aber bei ihr kam mir die Aufregung schon arg übertrieben vor.

Ich sah ihr ins Gesicht und fragte sie: »Ist alles in Ordnung?«

»Ja, ich glaub schon. Ich hab so etwas nur noch nie gemacht und bin daher ein bisschen nervös.«

Ich erläuterte, wie der Kommunikationsprozess mit den Geistwesen funktionierte; dass ich meine Energie erhöhte, während die Geister ihre etwas senkten und dass wir uns irgendwo in der Mitte treffen würden. Auch erklärte ich den Anwesenden noch, dass es keinen Grund gäbe, sich zu fürchten. Dann führte ich sie durch eine Meditation, damit sie ein wenig relaxen konnten und ihre Nervenspannung nachließ. Extreme Nervosität stellt für meine Arbeit ein großes Problem dar, weil sie den Fluss der konzentrierten Energie blockiert, auf dem der Jenseitskontakt beruht. Im Anschluss an die Meditation waren alle zur Ruhe gekommen, eigentlich auch die Frau mit dem dünnen Haar. Aber bei ihr hatte ich trotzdem noch das Gefühl, dass ihr die Angelegenheit nicht ganz geheuer war.

Fünfundvierzig Minuten und etliche Geistbotschaften später fühlte ich mich imstande, mich ihr zuzuwenden.

»Wie heißen Sie bitte?«

»Stephanie.«

Hinter ihr trat ein männliches Geistwesen unruhig von einem Fuß auf den anderen. Er war genauso hippelig wie sie und ich fragte mich, ob sie seine Nervosität wohl mitbekommen würde. So etwas kommt nämlich durchaus vor. Bei den Veranstaltungen spüren die Leute im Publikum häufig die spezielle Energie, die im Raum liegt, wenn sich ein Geist allzu sehr aufregt.

Telepathisch forderte ich das Wesen hinter Stephanie auf: »Jetzt sind Sie dran.«

Ich spürte, wie überrascht er war. Dann bedankte er sich.

»Stephanie, hinter Ihnen steht ein Mann. Er ist äußerst nervös und gibt seinen Namen mit Marty, Martin oder so ähnlich an. Können Sie damit etwas verbinden?«

»Ja, das könnte mein Vater sein. Wir haben ihn immer Martin genannt. Oder Papa. Aber ich versteh nicht. Er hat doch gar nicht an ein Leben nach dem Tod geglaubt. Vor Dingen wie die, die wir hier tun, hatte er immer eine Heidenangst.«

»Er möchte Ihnen liebe Grüße ausrichten und sagt, er habe jetzt gar keine Angst mehr vor dem Tod. Er sagt, er wäre komplett auf dem Holzweg gewesen. Und jetzt kommt er sich ganz dumm vor, weil er immer so ängstlich war. Heute weiß er, dass der Tod etwas ganz Natürliches ist – und gar nicht wehtut!«

Während ich diese Botschaft an seine Tochter weiterleitete, bombardierte er mich weiter. *Ich bin da! Ich hab's geschafft!,* sollte ich ihr unbedingt noch ausrichten.

Stephanie rollten die Tränen die Wangen runter. Obwohl sie jetzt bereits mehreren Botschaften beigewohnt hatte, flößte ihr das Ganze immer noch große Ehrfurcht ein.

»Wie war es denn so?«, fragte sie.

»Was meinen Sie?«, hakte ich nach.

»Sein Tod. Mein Vater hatte doch so eine große Angst davor. Was hat er jetzt darüber zu sagen?«

»Dass es eben vollkommen natürlich war. Er erinnert sich noch, dass er im Krankenhaus lag und fernguckte. Und als Nächstes sah er dann auch schon seinen Bruder Max, der ein paar Jahre vor ihm gegangen war. Hinzu traten sein Vater und seine Mutter, beide wirkten sehr jugendlich. Und er sei ganz überrascht gewesen, weil sie gar nicht so besorgt aussahen wie früher, als sie noch am Leben waren. Er wusste wohl nicht so genau, wo er sich eigentlich befand, aber dann sagte Max, er solle aufstehen. Das könne er doch gar nicht, gab Ihr Vater zurück. Er sei krank und könne nicht aufstehen. Das stimme doch gar nicht, meinte sein Bruder daraufhin. Krank sei er nur im Kopf. Und er solle sich mal lieber darauf konzentrieren, wie gut es ihm gehe.«

Martin hatte mir viele Gedanken auf einmal übermittelt. So schnell, dass ich kaum mitgekommen war.

»Er sei dann tatsächlich aufgestanden, sagt Ihr Vater, und habe sich plötzlich in einem wunderschönen Garten befunden. Rings um ihn alles Leute, denen er zu Lebzeiten mal begegnet war. Wie er betont, sei es das erste Mal gewesen, dass er sich frei und vollkommen furchtlos gefühlt habe. Es sei ganz so gewesen, als wäre er einem Gefängnis entflohen. Dann ging seine Mutter auf ihn zu und entschuldigte sich, dass sie ihm so viel Angst vor dem Leben eingeflößt hätte.«

Stephanie saß wie verzaubert da.

»Ich kann mir kaum vorstellen, dass das wirklich mein Vater sein soll«, flüsterte sie.

»Die Angst mache die Menschen kaputt, sagt er. Sie nehme einem die Neugier und beschneide die Kreativität. Alles ist möglich, soll ich Ihnen ausrichten.«

Dann teilte mir Martin noch etwas ganz Verrücktes mit. »Assoziieren Sie irgendetwas mit ›Jurastudium‹?«

»O ja. Mein Vater hat immer davon geträumt, Anwalt zu werden. Er wollte für Gerechtigkeit kämpfen und das Leben der Menschen spürbar verbessern. Aber er hat sich das Studium nicht zugetraut. Hielt sich für nicht intelligent genug. Stattdessen wurde er Vertreter für Herrenoberhemden. Und wenn es etwas gibt, was er wirklich bereut hat, dann, dass er es nicht wenigstens versucht hat. Er hat sich so oft gefragt, was wohl gewesen wäre, wenn er nicht immer so viel Angst gehabt hätte.«

»Heute weiß er, dass ein sehr guter Rechtsanwalt aus ihm hätte werden können, wenn er nur mehr an sich geglaubt hätte. Aber jetzt gäbe es ja eine zweite Chance, seinen Traum zu verwirklichen.«

Ich verstand zwar nicht, worauf Martin mit dieser letzten Bemerkung hinauswollte, gab sie aber trotzdem an Stephanie weiter.

»Ich weiß schon.« Sie fing an zu schluchzen. »In zwei Tagen findet meine Abschlussprüfung in Jura statt. Bevor ich heute Abend herkam, hatte ich noch vor, mich abzumelden, weil ich so große Prüfungsangst hatte und unsicher war, ob ich das Examen bestehen könnte. Aber jetzt weiß ich es besser. Meine Angst ist wie weggeblasen. Papa hat mir neue Hoffnung gegeben.«

Nicht nur Hoffnung, sondern auch Freiheit, sagte er und ich übermittelte es. *Weil du dich jetzt nämlich endlich genug liebst, um das schreckliche Familienerbe der Angst ein für alle Mal abstreifen zu können.*

Bei diesen Worten nahm Martin seine Tochter im Geist in die Arme und gab ihr einen Kuss.

Überzeugungen beruhen nicht nur bei Martin, sondern auch bei anderen Menschen auf Erziehung, Erfahrungen und sozialen Wertvorstellungen. Auf der Grundlage dieser Überzeugungen nehmen wir die Welt wahr. Wir schätzen uns, unseren Selbstwert sowie unseren gesellschaftlichen Stellenwert anhand dessen ein, was ich die »Bänder mit den alten Vorstellungen« nenne. Und weil so viele Botschaften auf diesen Bändern auf Angst beruhen, betrachten wir die Welt mit den Augen der Angst. Aus dieser verzerrten Perspektive nehmen dann Meinungen und Standpunkte Gestalt an. Doch Angst steht jedem Erkennen unseres wahren Selbst im Weg. Und weil es so schwer ist, im unnatürlichen Zustand der Angst zu verbleiben, sich unzulänglich zu fühlen, unsicher, ungeliebt, missverstanden, zornig und traurig, wenden wir uns Alkohol, Drogen, Glücksspiel, Sex zu oder was es sonst noch an vermeintlichen Fluchtmöglichkeiten gibt. Diese selbstzerstörerischen Verhaltensweisen dienen alle dem Zweck, die unnatürlichen, beunruhigenden Gefühle nicht empfinden zu müssen.

Einen der interessantesten Beiträge über menschliche Interaktion und Verhalten, die ich je gesehen habe, gab es einmal in der TV-Sendung *Intervention* auf A&E. Darin ging es um Familien, die zusammenkamen, um dem selbstzerstörerischen Verhalten eines Angehörigen Einhalt zu gebieten. Wie sich zeigte, bestand die einzige Möglichkeit, erfolgreich zu dem Süchtigen durchzudringen, in der geballten Macht der Liebe. Denn die Macht der Liebe ist die stärkste Heilkraft, die man sich nur vorstellen kann.

Die wenigsten haben eine Idee davon, wie sich ihre Glaubenssysteme auf ihren Alltag, aber auch auf andere auswirken – bis es zu spät ist. Um die Folgen der Angst in vollem Umfang verstehen zu können, bedarf es oft eines entscheidenden Erlebnisses. Das kann die Diagnose einer lebensbedrohlichen Erkrankung sein, ein Unfall oder ein Nahtoderlebnis, manchmal aber genügt auch schon ein einziger heller Moment, um zu der Erkenntnis zu gelangen.

So viele von uns werden von Angst getrieben. Und obwohl Angst sicher ein Motivator sein kann, der uns zum Handeln bewegt oder dazu, Dinge zu unternehmen, die wir normalerweise nie tun würden, reduziert sie gleichzeitig doch auch unsere Schwingungsenergie. Hinzu kommt, dass wir dazu neigen, unsere Ängste zu projizieren; nicht nur, wie wir es bei Martin gesehen haben, auf unsere Kinder, sondern auch auf andere. Und damit treten wir in einen Teufelskreis ein, in dem alles das, was wir aussenden, auch zu uns zurückkommt.

Ein Freund von mir hat mir einmal von einem Onkel erzählt, der seinen Beruf hasste und ihn trotzdem zwanzig Jahre lang nicht aufgab, weil er solche Angst hatte, keinen neuen zu finden und zu verarmen. Er schaute sich zwar nach anderen Stellen um, aber mit wenig Erfolg. Keine schien ihm besser als die Position, die er innehatte. Da sein Blick dermaßen von Angst getrübt war, konnte er die Chancen, die sich ihm boten, nicht wahrnehmen. Nach zwanzig Jahren war besagter Onkel weit vor seiner Zeit gealtert und litt unter schweren Depressionen. Die ganzen Spannungen hatten ihn starr werden und jeden Mut verlieren lassen. Er lebte nicht mehr, er vegetierte nur noch. Die Angst blockierte alles an Gutem, was sich hätte entwickeln können, und so blieben ihm nur die Früchte der Angst: Hass, Zorn, Groll und Verbitterung.

Wenn wir unsere Realität nur mit unseren fünf Sinnen, unserer Umwelt gemäß und nach dem, was wir gelernt haben, definieren, kommen wir zu der Überzeugung, dass nur das existiert, was wir unmittelbar wahrnehmen können. In Wahrheit ist das Erdenleben aber nichts als eine zeitweilige Illusion. Alles Materielle ist vergänglich. Die einzige wahre Konstante ist die Liebe – jene Kraft, die alles umfasst und erschafft. Die Liebe kennt weder Urteil noch Kritik, sie ist einfach nur.

Es sind die Eigenschaften der Liebe, die Menschen und Konstellationen in unser Leben ziehen. Wenn wir etwas aus Liebe tun, vermehrt sie sich, aber wenn wir etwas des Geldes wegen tun oder etwa, um berühmt zu werden, können wir es zwar möglicherweise erreichen, unser Herz und unsere Seele aber werden leer und unerfüllt bleiben. Leben wir dagegen im Geiste der Liebe, so berührt sie uns mit all den ihr innewohnenden positiven Eigenschaften, als da wären Freude, Glück, Mitgefühl und Fröhlichkeit.

Nehmen Sie sich ruhig einmal ein paar Minuten Zeit, um einige der Entscheidungen, die Sie in Ihrem Leben bisher getroffen haben, Revue passieren zu lassen. Beruhten sie auf Liebe oder auf Angst? Wenn Sie glücklich sind und ausgefüllt, ist das ein Zeichen dafür, dass sie im Geist der Liebe leben. Sollten Sie sich jedoch irgendwie leer, besorgt oder unsicher fühlen, spricht dies dafür, dass Angst in Ihrem Leben die Regie übernommen hat und Sie sich in irrigen Vorstellungen ergehen. Fangen Sie jetzt sofort an, alle Entscheidungen ganz bewusst zu treffen. Wenn Sie sich hinterher Sorgen über die möglichen Folgen machen, haben Sie aus Angst gewählt, wenn Sie aber etwas tun, was Sie glücklich macht, haben Sie Ihre Entscheidung im Geiste der Liebe getroffen. Und mit Liebe ist alles möglich, wie Sie gleich sehen werden.

Wahre Engel

Während einer meiner medialen Demonstrationsveranstaltungen wurde uns ein Geschenk zuteil, das nicht nur die eigentliche Empfängerin beglückte, sondern alle dreihundert Personen, die sich an diesem Abend versammelt hatten. Von den Äußerungen, Erfahrungen und den geradezu magischen heilsamen Einsichten eines speziellen Geistwesens wurde jeder Einzelne von uns tief berührt.

Die Veranstaltung war schon halb vorbei, als ich im Rücken einer Rothaarigen, die ganz hinten im Saal saß, immer noch zwei Geistwesen registrierte, eine Krankenschwester und einen Arzt, die schon den ganzen Abend über anwesend waren und sehr geduldig warteten, dass sie drankamen. Wenn ich Angehörige eines Heilberufes bei jemandem sehe, sind sie normalerweise aus einem von zwei Gründen da. Entweder wollen sie dem Betreffenden bei einem gesundheitlichen Problem helfen, oder aber sie kommen als Geistführer, um einen im medizinischen Bereich Tätigen mit Energie zu versorgen. An diesem Abend war Letzteres der Fall.

»Dürfte ich bitte zu Ihnen kommen?«, fragte ich die Rothaarige.

»Ja, natürlich.«

Krankenschwester und Arzt bedankten sich und traten etwas in den Hintergrund. Ein weiteres Geistwesen erschien, eine Frau mit honigblondem Haar, roten Lippen und blauen Augen. Ihr Mund wurde von einem engelsgleichen Lächeln umspielt. Auch sie dankte mir, dass ich bereit war, sie zu Wort kommen zu lassen.

»Neben Ihnen steht eine Dame, ihr Name ist Maureen. Können Sie sich vorstellen, wer das ist?«

»Der Name sagt mir im Moment nichts.«

Irgendwie wusste ich, dass die Frau deshalb nichts mit dem Namen anfangen konnte, weil sie total auf einen bestimmten Verstorbenen fixiert war, mit dem sie unbedingt sprechen wollte. Dass sich Leute dermaßen versteifen, erlebe ich bei meiner Arbeit häufiger. Dann nehmen sie die Geistwesen, die sich tatsächlich zeigen, nicht wahr, einfach weil sie so sehr auf jemand anders hoffen. Erst nach einer Weile (manchmal sogar erst auf dem Heimweg) besinnen sie sich dann auf die Person, die versucht hat, Kontakt mit ihnen aufzunehmen. Dies könnte auch hier der Fall sein, dachte ich mir. Maureen hatte ihr aber offenbar etwas sehr Wichtiges zu sagen, weshalb sie mir einen weiteren Gedanken schickte.

»Kennen Sie die Regency School?«

Als es bei ihr klick machte, nahm die Frau einen vollkommen anderen Gesichtsausdruck an. Dann brach sie in Tränen aus und konnte minutenlang nicht sprechen. Einer meiner Assistenten ging zu ihr.

»Maureen sagt, dass Sie an dieser Schule gearbeitet habe, weil sie Kinder so mag und es für ihre Mission auf Erden hielt, die Kleinen zu beschützen. Deshalb ist sie heute Abend hier. Sagt Ihnen das etwas?«

Die Rothaarige sah mich an: »Das ist Maureen, die Frau, die mir einmal das Leben gerettet hat.«

In diesem Moment legte Maureen ihr die Hände auf die Schultern.

»Sie sagt, sie sei Ihr Schutzengel.«

»Maureen war Schülerlotsin an der Regency School, auf die ich ging. Sie hat uns immer freundlich zugelächelt und uns auch manchmal kleine Geschenke gemacht, Trillerpfeifen, Lutscher und so. Wie haben wir sie geliebt! Wir Kinder haben uns immer schon auf sie gefreut. Und wenn sie dann kam, haben wir uns gern zu ihr gesetzt. Wenn sie dann mal einen Moment Zeit hatte, hat sie immer mit uns gespielt. Manche von uns fühlten sich von ihr mehr geliebt als von ihren eigenen Eltern.«

»Wie sie sagt, wollte sie euch Kindern zeigen, was Liebe ist, damit ihr später als Erwachsene auch in der Lage wärt, Liebe zu geben und zu empfangen.«

»Verstehe«, antwortete die Rothaarige. »Die größte Liebe hat sie mir geschenkt. Ach, wenn ich mich doch bloß irgendwie revanchieren könnte.«

»Wofür möchten Sie sich denn revanchieren?«

»Es war an einem Dienstag und die Schule war gerade zu Ende. Ich ging die Straße entlang, als ich plötzlich auf der anderen Seite meine Mutter sah. Was ungewöhnlich war, weil ich normalerweise den Bus nach Hause nahm. Also war ich sehr überrascht. Ich hab mich so gefreut, dass ich ohne nach rechts und links zu gucken über die Straße rannte. Dann hörte ich noch einen lauten Schrei – und das Nächste, was ich weiß, ist, dass ich im Rinnstein lag. Da war ein Rettungssanitäter und Mutter, die meine Hand hielt. Ich fragte sie, was eigentlich geschehen war. Sie sagte, gerade in dem Moment, in dem ich über die Straße rennen wollte, habe ein Bus die Haltestelle verlassen. Der Fahrer muss mich übersehen haben. Jedenfalls hat mich Maureen schnell gepackt und in Sicherheit gebracht. Dabei wurde sie vom Bus erfasst und starb noch an der Unfallstelle. Ich hätte mich immer so gern einmal bei ihr bedankt.«

»Nun, jetzt ist der richtige Moment dafür gekommen.« Ich war ganz begeistert.

Da schaute die Rothaarige zur Decke und sagte aus vollem Herzen: »Danke, Maureen. Vielen, vielen Dank.«

Alle Anwesenden waren tief berührt.

»Maureen sagt: *Keine Ursache, Liebes. Du hast mich sehr stolz gemacht. Nicht nur, weil ein überaus liebevoller Mensch aus dir geworden ist, sondern auch, weil du ja selbst schon viele Menschenleben gerettet hast.*«

Als ich der Rothaarigen diese Botschaft übermittelte, entgegnete sie bescheiden: »Aber doch längst nicht so wie Maureen.«

»Was hat sie denn damit gemeint, als sie sagte, auch Sie hätten schon viele Menschenleben gerettet?«, fragte ich, weil mich die Gemeinsamkeiten zwischen den beiden Frauen interessierten.

Sie lächelte. »Ich arbeite in der Intensivstation der Frühgeborenenabteilung.«

Abschließend wandte ich mich mit den Worten »Liebe – das Geschenk des Lebens« an die Gesamtheit der Anwesenden.

Die Liebe kennt keine Grenzen. Sie ist weder besitzergreifend noch eifersüchtig. Und sie ist bedingungslos. Liebe hat kein Netz und keinen doppelten Boden. Und wie Sie anhand der Beispiele dieses Kapitels gesehen haben, hält die Liebe auch nichts zurück. Wenn wir alle beschließen könnten, in Liebe zu leben, statt in Angst, gäbe es keine Schuldzuweisungen, keine Kriege und keine Verletzungen. Und da wir alle nach dem Bilde Gottes erschaffen wurden und Gott die Liebe ist, sollten wir danach streben, in allem, was wir tun, sagen und sind, Liebe zu verströmen.

TEIL ZWEI

»… das füg auch keinem andern zu …«

VIER

DAS SCHULDSPIELCHEN

Da nimmt man sein Leben in die Hand und was geschieht? Etwas ganz Schreckliches: Da ist nämlich plötzlich niemand mehr, dem man die Schuld in die Schuhe schieben kann.
Erica Jong

Bedauerlicherweise ist es vielen nicht gegeben, liebevoller zu sein. Nur deshalb können überhaupt Konflikte entstehen. Zwischen Angehörigen, Freunden, Verbänden, Gemeinschaften und sogar Regierungen. Wir schieben lieber jemand anderem die Schuld in die Schuhe, als dass wir selbst die Verantwortung für unser Handeln übernehmen. Und dieses Spielchen kommt uns auch noch vollkommen normal vor: Wenn ich recht habe, *musst* du ja im Unrecht sein. Jemanden zu beschuldigen ist viel einfacher, als zu versuchen, ihn vom Standpunkt der Liebe und der Vergebung aus zu verstehen.

Dieses Verhalten lernen wir schon sehr früh im Leben. Wenn Kinder zum Beispiel etwas tun, von dem sie ganz genau wissen, dass es nicht richtig ist, und dabei erwischt werden, neigen sie dazu, anderen die Schuld zu geben, weil sie Angst vor den Konsequenzen haben, die die Mutter ziehen könnte. Und wenn ein Kind nur oft genug damit durchkommt, wird es so programmiert, dass es lernt: Um einer Strafe zu entgehen, ist es vollkommen in Ordnung, einen anderen zu beschuldigen.

Menschen, die anderen die Schuld an ihren Lebensumständen geben müssen – und wollen –, weil es eben viel leichter ist, jemand anderen für die eigenen Enttäuschungen und geplatzten Träume verantwortlich zu machen, sind mir schon viele begegnet. Wer gibt denn auch schon gern zu, dass er die falschen Entscheidungen getroffen hat?

Doch wer mit einer solchen Einstellung durchs Leben geht, sieht sich schnell als ewiges Opfer. Und empfindet seine Opferhaltung auch als vollkommen normal. *Ich armer Tropf!* Es ist dann genau wie bei dem kleinen Kind, das versucht, sich der Strafe zu entziehen. Wenn etwas schiefläuft, will man's nicht gewesen sein. Dann betrachtet man sich als Opfer der Umstände und macht andere für den Schlamassel verantwortlich, in dem man sich befindet.

»Ihr habt mich nie genug geliebt«

Genau um diese Opferhaltung geht es im folgenden Reading. Die Frau, die dabei im Mittelpunkt stand, machte ihre Eltern verantwortlich für das, was aus ihr geworden war, und für ihre Lebensumstände.

Adrienne Zeil gehörte zu den Teilnehmerinnen einer Frauenkonferenz, die 2005 im kalifornischen Desert Hot Springs stattfand und bei der ich zu Gast sein durfte. Anwesend waren insgesamt vierzig Frauen mit ganz unterschiedlichem wirtschaftlichem, sozialem und politischem Hintergrund. Einige von ihnen hatten einen Trauerfall zu beklagen, andere waren auf der Suche nach spirituellen Impulsen und wieder andere hatte einfach nur die Neugier hergeführt.

Als ich die Frauen, die da vor mir saßen, so betrachtete, drängte sich mir der Eindruck eines 1967-er Impalas auf, was ich dem Publikum auch nicht vorenthielt.

»Der Wagen fährt einen Berg hoch, zu einer Hütte. Steigung und Kurven machen ihm ganz schön zu schaffen. Zwischendurch muss er sogar immer mal wieder anhalten.«

Die Frauen lachten.

Eine von ihnen, ein zierliches Persönchen, ergriff das Wort. »Mir kommt dieses Bild ziemlich bekannt vor«, sagte sie.

Die Frau saß in der zweiten Reihe, hatte schwarze Locken und trug eine Stahlbrille. »Mein Vater besaß einen Impala. Mit dem ist er oft zu unserer Berghütte hochgefahren.«

Ich verließ das Podium und ging zu ihr. »Wie heißen Sie denn?«

»Adrienne, Sie dürfen mich aber gern Addie nennen.«

»Es freut mich, dass Ihnen die Botschaft etwas sagt, Addie.«

»Ist mein Dad denn da? Ich will ihm schon lange etwas sagen. Wir haben uns nämlich nicht voneinander verabschiedet.«

Bei ihren Worten nahm ein Name in mir Gestalt an. »Nathan, Nat ...«

»Genau. So hieß mein Vater.«

»Können Sie auch mit dem Namen Joan etwas anfangen?«

»Das ist vielleicht meine Mutter.«

Ich spürte, dass die Anwesenden zwar beeindruckt waren, zugleich aber auch etwas verunsichert.

»Hinten im Auto scheint ein gewisser Jackson zu sitzen. Sagt Ihnen das was?«

»Sicher. Jackson ist mein Bruder. Wir haben immer zusammen auf der Rückbank gesessen und uns gezankt.

Für meine Eltern war jedes Mal ich daran schuld. Ich hätte angefangen«, meinte Adrienne mit einem nervösen Lachen.

»Ich soll Ihnen von Ihrem Vater ausrichten, dass er Sie sehr lieb hat. Neben ihm steht Ihre Mutter. Sie lächelt.«

»Das kann ich mir kaum vorstellen«, entgegnete Addie bitter. »Zu Lebzeiten kannte mein Vater nicht einmal die Bedeutung des Wortes Liebe.«

Ich schaute Nathan an, der jetzt ganz viel Mitgefühl ausstrahlte.

»Er meint selbst, er hätte Ihnen öfter mal sagen müssen, wie sehr er Sie liebt. Aber als er noch unter uns war, habe er sich selbst nie richtig leiden können. Und deshalb hätte er es auch nicht über sich gebracht, anderen gegenüber von seiner Liebe zu ihnen zu sprechen. Ihre Mutter nickt. Sie sagt, sie hätte Ihren Vater immer genauso eingeschätzt wie Sie.«

Adrienne schien verwirrt. »Das mit Mutter wusste ich ja gar nicht«, sagte sie. »Davon hat sie nie etwas erwähnt.«

Dann ergriff Joan das Wort. »Ihre Mutter sagt, sie und Ihr Vater hätten alles versucht, um Ihnen ein schönes Leben zu ermöglichen. Aber Sie hätten nichts davon wissen wollen.«

»Das stimmt doch gar nicht! Nichts habe ich von ihnen bekommen. Ständig haben sie nur an mir herumgenörgelt. Und kein einziges Mal haben sie mich unterstützt. Immer drehte sich alles nur um Jackson. Er war der Ältere und *er* bekam die ganze Aufmerksamkeit. Dabei hab ich doch nie groß was verlangt. Das Einzige, was ich wollte, war, dass meine Eltern zu mir standen. Es hätte alles so viel besser laufen können für mich, wenn ich nur das Gefühl gehabt hätte, dass sie mich lieben und akzeptieren. Kann ich kurz fragen, warum das so war? Warum sie mich nie unterstützt haben?«

In diesem Moment gab Joan mir erstaunliche Erinnerungen an ihre Tochter ein. »Addie, können Sie sich noch an die Eislaufmeisterschaften erinnern?«

Adrienne senkte den Kopf.

»Wissen Sie noch, was Ihre Mutter damals zu Ihnen gesagt hat?«

»Ja, ich weiß noch, da wollte ich eigentlich gar nicht erst antreten, weil ich dachte, meine Leistungen wären nicht gut genug.«

»Und was hat Ihre Mutter da gesagt?«

»Ich solle die Augen schließen und mir vorstellen, dass ich die Meisterschaft gewinne. Und dann solle ich die Augen wieder öffnen und genau mit diesem Gefühl aufs Eis gehen.«

»Und?«, fragte ich.

»Genauso hab ich's dann auch gemacht. Und hab den Titel tatsächlich gewonnen. Meine Güte, daran habe ich ja schon seit Ewigkeiten nicht mehr gedacht.«

Jetzt gab mir auch Adriennes Vater noch eine Erinnerung ein. »Haben Sie nicht auch einmal ein Stipendium gewonnen?«

»Ach herrjemine. Ich fass es nicht! Ja, stimmt, ein Teilstipendium.«

»Ihr Vater erwähnt da etwas von einer Belohnung zum bestandenen Examen.«

Adrienne lächelte.

»Und? Was könnte er damit meinen?«

Einen Moment musste sie überlegen. Dann schien ihr ein Licht aufzugehen. »Jetzt weiß ich es wieder. Er hat gesagt, er würde vier Jahre lang für den Rest des Schulgeldes aufkommen, wenn ich nur bei der Stange blieb.«

»Und was war dann?«, erkundigte ich mich.

»Ich hielt das nur für einen weiteren Trick von ihm, die Kontrolle über mich zu behalten, und habe sein Angebot deshalb abgelehnt. Ich meine, sein Geld hab ich schon genommen, aber ich hab es für ein Apartment in der Stadt ausgegeben und Kunst studiert, worin ich allerdings leider nie besonders gut war.«

»Addie, Ihre Mutter meint aber, Sie seien künstlerisch sehr begabt. Sie hätten mal was zum Muttertag für sie gemacht, das …«

Addie seufzte und schüttelte dabei den Kopf. »Ja, ein Porträt von ihr. Das war tatsächlich gar nicht so schlecht. Ich hab es später sogar verkauft. Das erste und einzige Werk von mir, für das ich Geld bekommen habe.«

All diese Erinnerungen brachten Adrienne dazu, ihr bisheriges Leben kurz Revue passieren zu lassen und zu überlegen, wie es eigentlich dazu gekommen war, dass sie sich immer als Opfer fühlte. Sie starrte mich an.

»Ich habe selbst nie an mich geglaubt. Das bisschen Stärke, über das ich verfügte, bezog ich daraus, dass ich ständig einen Schuldigen gesucht habe. Indem ich mir sagte, wie schrecklich alle anderen waren, brauchte ich mich nie damit zu befassen, dass ich selbst nie bereit war, die Verantwortung für mich zu übernehmen.«

»Nun, Addie, Ihre Eltern möchten sich bei Ihnen für all die Liebe bedanken, die Sie ihnen immer entgegengebracht haben.«

»Wie das denn? Ich schäme mich so, dass ich ihnen immer die Schuld an allem gegeben habe. Das tut mir jetzt so leid.«

»Sie möchten sich dafür bedanken, dass Sie ihnen Gelegenheit gegeben haben, Ihnen zu helfen.«

»Wie bitte? Wovon reden Sie denn da?«

»Dadurch, dass Sie sich selbst dermaßen einengen, weil Sie nicht an sich glauben, geben Sie Ihren Eltern auch heute noch die Chance, Ihnen zu helfen. Sie können

Ihnen beistehen und Sie darin bestärken, das Licht, das Sie bislang immer unter den Scheffel gestellt haben, in Ihrem eigenen Herzen zu finden. Solange sie noch am Leben waren, schienen sie das nicht vermocht zu haben, oder vielleicht haben sie Sie auch einfach nur nicht erreicht. Jetzt fällt es ihnen jedenfalls wesentlich leichter, Sie zu motivieren. Sie haben den Eindruck, dass Sie ihnen gegenüber heute viel aufgeschlossener sind als früher. Das ermöglicht es ihnen auch, Ihnen beizustehen und Sie daran zu erinnern, wie viel Kraft im Grunde in Ihnen steckt.«

Besonders diese letzte Bemerkung verblüffte Adrienne.

Doch ich war noch nicht fertig. »Ihre Eltern sind der Meinung«, fuhr ich fort, »dass Sie sogar schon angefangen haben, sich Ihrer persönlichen Stärke bewusst zu werden. Es gab da letzte Woche etwas, woran die beiden nicht ganz unbeteiligt waren. Und Sie haben es geschafft! Ihre Eltern sind sehr stolz auf Sie.«

»Ehrlich gesagt, weiß ich im Moment gar nicht, wovon Sie sprechen.«

»Haben Sie sich letzte Woche nicht zu einem Zeichenkurs angemeldet?«

»Doch, schon. Stimmt ja. Ich war in einer Straße unterwegs, durch die ich sonst eigentlich nie komme. Und da sah ich plötzlich im Schaufenster eines Geschäfts für Künstlerbedarf einen Zettel mit Reklame für einen Zeichenkurs hängen. Und ich weiß gar nicht so genau, was dann über mich gekommen ist, jedenfalls bin ich in den Laden reingegangen und habe mich angemeldet. Es hat sich irgendwie richtig angefühlt.«

»Das haben Nat und Joan so arrangiert. Da wäre aber noch etwas, was ich Ihnen sagen soll.«

»Ja? Was denn?«

»Dass Sie auch heute noch jederzeit lernen können, was für ein großartiger Mensch Sie sind. Und dass sie immer bei Ihnen sind.«

»Vielen, vielen Dank, James.« Dann blickte Adrienne auf und sagte noch: »Danke, Mom. Danke, Dad.«

»Ihr Vater will sich auch noch bedanken. Für den Impala. Ich weiß aber nicht, was er damit meint.«

»Letztes Jahr habe ich im Internet nach Dads früherem Wagen gesucht. In New Mexico habe ich ihn dann schließlich aufgetrieben. Und es ist mir sogar gelungen, ihn zurückzukaufen. Heute steht er bei mir in der Garage.«

An dieser Stelle gab es begeisterten Beifall aus dem Publikum.

Am Anfang hatte Adrienne irgendwie aggressiv und zornig gewirkt. Am Ende des Readings war es wunderbar mit anzusehen, wie viel mehr Fröhlichkeit sie jetzt ausstrahlte. Ihre Eltern hatten ihr ein ganz großartiges Geschenk gemacht, das ihre Heilung in Gang setzte. Durch ihre Botschaften halfen sie Adrienne, sich zum allerersten Mal überhaupt aus einer ganz anderen Perspektive zu sehen. Das Ergebnis: Sie war jetzt in der Lage, die nötigen Schritte zu unternehmen, um sich aus dem geistigen Gefängnis zu befreien, in das sie sich selbst verbannt hatte.

Wir sind auf der Erde, um eine Vielzahl von Lektionen zu lernen. Die wichtigste von allen ist jedoch, uns so zu lieben und anzunehmen, wie wir sind. Wären da nur nicht immer diese inneren Kämpfe, die Versuche, sich anzupassen, von den Mitmenschen akzeptiert zu werden. Wenn wir andere oder uns selbst allerdings beurteilen, verkennen wir die Wahrheit, denn Urteile sind gleichbedeutend mit Angst. Indem wir anderen die Schuld an irgendetwas geben und eine Opferhaltung einnehmen, perpetuieren und projizieren wir Angst. Sobald wir etwas mit den Augen der

Angst betrachten, verfangen wir uns in Illusionen und setzen uns selbst Grenzen à la: »Ich bin nicht gut genug. Ich werde nie erfolgreich sein.« Damit verleugnen wir jedoch unsere göttliche Natur.

Opfer treffen ihre Entscheidungen aufgrund einer verzerrten Wahrnehmung. Sie bringen sich in Situationen, die leicht »daneben« sind, und verheddern sich im endlosen Teufelskreis einer Mentalität, die immer wieder dazu führt, dass sie sich selbst schaden und Verletzungen zufügen. Einmal Opfer – immer Opfer. In jeder Hinsicht. Aber wie sollte sich auch etwas ändern können, wenn sie stets das Gefühl der Machtlosigkeit haben?

Bestimmt kennen auch viele von Ihnen Leute, die sich selbst ständig niedermachen. Da ihre negative Haltung abstoßend wirkt, sind sie nicht sehr beliebt, ziehen dafür aber in der Regel andere Opfer an, die dieselbe Mentalität haben. Das Elend ist eben gern in Gesellschaft. Wie aber sollte auch jemand ein erfolgreiches Leben führen können, wenn er ständig von negativen Energien umgeben ist? Mit so einem düsteren Ausblick auf das Leben haben die Opfer immer das Gefühl, schlechte Karten zu haben.

Ich bin der festen Überzeugung, dass aus einer solchen Opferhaltung viele gesellschaftliche Probleme resultieren. Depressionen, Zorn, Unsicherheit, Misstrauen und Gewalt entstammen alle zu einem großen Teil dieser Denkungsart. Gewiss leben viele in unterprivilegierten Verhältnissen und haben keinen Zugang zu den Informationen und Bildungseinrichtungen, über die die besser Situierten verfügen. Wenn Individuen aber, unabhängig von ihrer jeweiligen Lebenssituation, nicht bestrebt sind, sich eine Welt jenseits der ihnen bekannten zu erschließen und sich die Fähigkeiten anzueignen, ihr wahres Selbst zu erkennen, kommen sie nie aus ihren widrigen, beschränkten Verhältnissen heraus. Weil so viele nicht bereit sind, über den Tellerrand des Vertrauten hinauszuschauen – »Was der Bauer nicht kennt …« –, scheuen sie davor zurück, ihre Komfortzone zu verlassen und auch einmal ein Risiko einzugehen. Ihr verengter Blickwinkel führt dazu, dass sie sich selbst Fesseln anlegen. Wenn sich Menschen allerdings permanent weigern, die Verantwortung für die Entscheidungen, die sie treffen, zu übernehmen, ergibt sich daraus leider eine Art Alle-sind-gegen-mich-Mentalität. *Die anderen* sorgen dafür, dass ich keinen besseren Job, kein höheres Einkommen, keine schönere Wohnung und so weiter habe. Auf politischer Ebene wird aus einer solchen Alle-sind-gegen-mich-Haltung schnell ein Krieg.

Diese Mentalität schränkt das Verständnis für die Vielfalt der Welt bedenklich ein und lässt Vorurteile entstehen. Denn Vorurteile bedeuten ja nichts anderes als Entscheidungen, die auf unzureichenden Informationen beruhen.

Oft werde ich gefragt: »Wenn jemand stirbt, wird er dann automatisch mit vollkommenem Bewusstsein und umfassendem Wissen über das gesamte Universum ausgestattet?« Und meine Antwort lautet: »Nein, so direkt nicht.« Es stimmt zwar schon, dass die Geistwesen über eine erweiterte Perspektive verfügen. Wenn sie jedoch zu Lebzeiten einen sehr eingeschränkten Blickwinkel hatten, besonders wenn sie sich immer als Opfer fühlten und dazu neigten, die Schuld an allem immer irgendwelchen anderen zuzuschustern, legen sie diese Haltung auch im Tod nicht so leicht ab. Dann sind die negativen Gefühle, die damit einhergehen, auch im Jenseits noch vorhanden.

»Alles nur deren Fehler!«

Ich möchte Ihnen jetzt von einer Botschaft erzählen, die mir während einer Veranstaltung in Detroit, Michigan, übermittelt wurde, und verbinde damit die Hoffnung, dass Sie die Vorteile erkennen, die es hat, wenn man der Welt mit Aufgeschlossenheit begegnet.

Während dieses speziellen Workshops hatte ich einem meiner Assistenten gerade noch gesagt, wie toll ich die Energie fand, die im Saal herrschte. Die Anwesenden schienen alle besonders aufnahmebereit und willens, ihre Wahrnehmungen und Gefühle in Frage zu stellen. Drei sehr emotionale Readings lagen bereits hinter uns, und das Publikum wartete gespannt, was wohl als Nächstes kommen würde. Sie können sich also bestimmt vorstellen, wie schockiert und entsetzt ich war, als ich die folgenden Botschaften empfing.

Gleich zu Beginn der Veranstaltung hatte ich ein weibliches Geistwesen wahrgenommen, das über einem schlichten weiß-grauen Kleid eine Kittelschürze trug, dazu weiße Socken. Sie hielt sich in der Nähe einer jungen Frau auf, die im Publikum saß. In der Hand hatte die Verstorbene eine Bibel oder ein Gebetbuch. Die meiste Zeit über hielt sie den Kopf gesenkt, als würde sie darin lesen. Von Zeit zu Zeit blickte sie zu mir hoch. Schließlich deutete sie mit dem Finger auf mich und fragte telepathisch: *Wer sind Sie denn? Ich will mit meiner Enkelin sprechen.*

Ich erkundigte mich nach ihrem Namen.

Sophie, antwortete sie.

Ich sah mich in dem Teil des Publikums um, in dem sie stand, und fragte: »Hat jemand von Ihnen vielleicht eine Großmutter mit dem Namen Sophie? Wie sie sagt, wohnte sie früher in einem Ort, der so ähnlich klingt wie Otter oder Otterville.«

Augenblicklich stand die junge Frau auf. »Ja, ich. Meine Großmutter hieß Sophie und sie lebte in Otterville, Ohio. Ist sie etwa hier?«

»O ja, das ist sie.«

Sophie schien überrascht, dass sich ihre Enkelin so schnell zu ihr bekannt hatte. Dann schrie sie mich an: *Der Teufel sind Sie! Zur Hölle mit Ihnen!*

»Ihre Großmutter hält das, was ich hier tue, offenbar für falsch. Kann es sein, dass sie sehr religiös war?«

»Allerdings. Als eingefleischte Baptistin war sie fest davon überzeugt, dass jeder, der ihren Glauben nicht teilte, in der Hölle schmoren würde.«

Bei dieser Bemerkung deutete Sophie auf ihr Gebetbuch.

Die junge Frau fragte: »Gibt es überhaupt eine Hölle? Ob sie mir das wohl sagen kann?«

»Das wisse sie nicht, meint sie, weil sie selbst ja schließlich Jesus als ihren Retter angenommen hätte.«

»Hat sie Jesus denn schon einmal gesehen?«

»Nein, aber angeblich hat sich einer seiner Jünger ihrer angenommen. *Das hier ist sein Himmel*, meint sie. *Leute, die nicht an ihn glauben, kommen woanders hin.*«

Der Enkelin schien der Auftritt ihrer Großmutter ziemlich peinlich zu sein.

»Würden Sie mir bitte Ihren Namen sagen?«, bat ich sie.

»Celeste.«

»Nun, Celeste, Ihre Großmutter vermittelt mir den Eindruck, dass ihre Religion die einzig wahre sei.«

Sophie unterbrach mich. *Ich bin gekommen, weil ich heilfroh bin, das alles hinter mir gelassen zu haben. Das soll die Kleine ruhig wissen. Ich hatte genug davon, immer nur ausgenutzt zu werden.*

»Ihre Großmutter meint, Ihr Vater wäre im Grunde kein schlechter Mensch gewesen. Bloß dass er sich hätte mehr um seine Familie kümmern sollen. War halt ein bisschen ein Faulpelz. Auch für Sie hätte er mehr tun müssen, vor allem in Anbetracht seines Hintergrundes.«

Ich wandte mich an Celeste. »Verstehen Sie, was Ihre Großmutter damit sagen will?«

»Ja. Sie konnte meinen Vater nie leiden, weil er Jude war. Von Anfang an hatte sie etwas dagegen, dass meine Mutter ihn heiratete.«

In meinem Kopf ertönte ein lautes Brüllen. Sophie. *Er war Jude, und die sollen gefälligst unter sich bleiben. Die sind doch an allem schuld.*

Als sie immer lauter schrie vor Zorn, musste ich mir irgendwann sogar die Ohren zuhalten. Dann übermittelte ich Celeste Sophies Botschaft.

»Ihre Großmutter ist sehr ärgerlich. Sie sagt, die ganze Stadt hätten sie sich unter den Nagel gerissen, Banken, Geschäfte, was auch immer. Während der Wirtschaftskrise Ende der Zwanzigerjahre hätten sie ihrem Vater dann das Haus weggenommen.«

Trotz des Raunens, das im Publikum entstand, sprach ich weiter.

»Ihre Großmutter steckt voller Vorurteile. Hat sie auch früher schon dazu geneigt, anderen die Schuld an ihren Lebensverhältnissen zu geben?«

»Für sie war ständig irgendjemand an irgendetwas schuld – vor allem aber die Juden. Sie war ganz und gar kein glücklicher Mensch. Und wir waren im Grunde sogar fast dankbar, als sie endlich starb. Tut mir ja leid, wenn ich das so sagen muss, aber es war wirklich eine Erleichterung.«

Kein Zweifel, Sophie musste noch sehr viel lernen. Ich schickte ihr Mitgefühl und Liebe.

Celeste fragte: »Bist du jetzt glücklicher, Oma?«

»*Glaub schon*, antwortete sie. Und dass sie nie gewusst hätte, wie sehr sie Ihnen auf die Nerven gefallen ist. Das tut ihr sehr leid.«

Celeste lächelte.

Dann gab ich weiter, was Sophie noch zu sagen hatte. *Es ist schön hier, sehr schön sogar. Ich fühle mich hier richtig wohl. Es ist das erste Mal, dass die Leute nett zu mir sind, jedenfalls kommt es mir so vor. Der Himmel ist ganz anders, als ich ihn mir immer vorgestellt habe. Da ist zum Beispiel ein sehr freundlicher, hochgewachsener Herr, der mir immer beisteht.*

»Wer kann das sein?«, fragte Celeste.

»Ihre Großmutter meint, sie wisse es auch nicht so genau. Aber er sei schon seit ihrer Ankunft immer bei ihr. Sie sagt: *Mir ist nie im Leben ein so fürsorglicher Mensch begegnet. Bestimmt ist er ein Engel, den Jesus mir geschickt hat.* Dieser Engel zeige ihr Dinge, die sie von sich aus nie hätte begreifen können. Nur deshalb hätte sie sich heute auch hierher getraut. Sonst hätte sie gedacht, hier sei der Teufel am Werk.«

Das Publikum wurde jetzt ganz still. Alle hörten wie gebannt zu.

»Dieser Engel sei der Meinung, sagt sie, dass es ihr gut tun würde, die Liebe zu spüren, die in diesem Saal herrsche. Außerdem möchte sie ihrer Enkelin versichern, dass es überhaupt keinen Grund gibt, sich vor dem Sterben zu fürchten. Seit sie angefangen habe, mit mir zu kommunizieren, sei es in diesem Raum hier übrigens noch viel schöner geworden. Richtiggehend strahlen würde er jetzt.«

»Aber wer mag denn nur dieser Engel sein?«, fragte Celeste.

»Irgendein Helfer, meint Sophie. Sie müsse jetzt aber gehen, weil auch noch andere Leute zu Wort kommen wollen. Sie sollen immer schön auf sich aufpassen. Sie ist sehr stolz auf Sie.«

Celeste strahlte.

Ich sah, wie Sophie sich umdrehte und auf einen Herrn zuging, der in einiger Entfernung auf sie wartete. Seiner Energie entnahm ich, dass es sich um eine höhere Wesenheit handeln musste, einen von Sophies Geistführern. Er lächelte ihr zu, als wollte er sagen: Das hast du gut gemacht. Als sich die beiden zum Gehen anschickten, fiel mir auf, dass der Mann eine Yamulke auf dem Kopf trug und einen Thalit über den Schultern. Sieh mal einer an, dachte ich bei mir. Sophies Geistführer schien ein Rabbi zu sein.

Sophie war durch und durch Opfer der Umstände. Sie zog es vor, eine Gruppe von Menschen – »die da« – für ihr Unglück(lichsein) verantwortlich zu machen. Sie zog es vor, anderen die Schuld zu geben, statt etwas an den Verhältnissen zu ändern, in denen sie lebte. Diesem Denkmuster auf den Leim zu gehen war für sie ein bequemer Ausweg. Und irgendwann hatte sie sich dann daran gewöhnt, anderen die Schuld zuzuschieben.

Dieser Mentalität bleiben wir so lange verhaftet, bis wir aufwachen und anfangen, die Verantwortung für unser Denken zu übernehmen. Das Leben ist kein Ponyhof, wie wir alle wissen, und mitunter kann es ganz schön schmerzhaft sein. Manchmal hat man nur die Wahl zwischen Scylla und Charybdis, daran aber wächst man gerade. Was immer auch dabei herauskommt, wir selbst haben es verursacht. Deshalb ist jeder Einzelne von uns der Urheber seines Schicksals. Wenn Sie jede Entscheidung, vor die Sie im Leben gestellt werden, und jeden Schritt, den Sie tun, ernst nehmen, wird Ihr Selbstvertrauen wachsen und die Angst vor dem Leben wird immer mehr nachlassen.

Wir alle suchen nach dem einfachen Weg. Doch wenn wir uns dazu verleiten lassen, ihn auch tatsächlich einzuschlagen, verzichten wir freiwillig auf persönliche Weiterentwicklung, auf Lernerfahrungen und Zuwachs an Wissen. Indem wir die Verantwortung für uns und unser Leben übernehmen, sichern wir uns unseren Platz in der Welt. Wir ermessen, wie wir uns selbst wahrnehmen, die anderen und das große Ganze. Und verantwortungsbewusste Individuen ziehen auch andere Menschen an, die ebenfalls die Verantwortung nicht scheuen.

Letzten Endes ist es Ihr Denken, das die Atmosphäre um Sie herum prägt. Kein Außenstehender kann Ihnen irgendwelche Gefühle aufoktroyieren. Dazu müssen Sie schon selbst bereit sein. Nur Sie selbst sind es, der zulassen kann, dass fremdes Gedankengut bei ihm auf fruchtbaren Boden fällt. Sie müssen die Verantwortung für Ihr Tun und Lassen übernehmen. Inwiefern wirkt sich Ihr Handeln auf andere aus? Wer immer nur zornig und vorwurfsvoll ist, wird sich entsprechend verhalten. Denn unsere Handlungen spiegeln die Gefühle wider. Und wer unsicher ist, erregt nicht nur bei sich selbst inneren Aufruhr, sondern auch in anderen.

Selbstvorwürfe

Die Verantwortung für sein Denken und Handeln übernehmen, den inneren Frieden wiederfinden, nachdem man eine vermeintlich falsche Entscheidung getroffen hat – das folgende Reading veranschaulicht, was damit gemeint ist. Und es zeigt auch, wie hoch der Preis sein kann, den man letztlich zahlen muss, wenn man sich selbst nicht treu ist.

Es war in New York während eines der Kurse, die ich einmal im Jahr dort anbiete. Fast zwanzig Minuten lang hatte ich nun schon als Mittler zwischen den Salerno-Brüdern fungiert. Louis, der bereits Verstorbene, warf dem fünfundfünfzigjährigen Anthony, der im Publikum saß, vor, er treibe das gemeinsame Restaurant in den Ruin.

»Louis sagt: *Tony, du warst schon immer total verantwortungslos. Hast ständig Geld aus der Kasse genommen und es nie zurückgezahlt. Du bist schuld, dass der Laden in die roten Zahlen gekommen ist. Und ich hab nie einen müden Heller gesehen.*«

Die Art, wie Louis mit seinem Bruder sprach, ließ in mir Erinnerungen an meine Kindheit in New York und speziell an Little Italy aufkommen. Als Anthony an die Decke blickte und antwortete, musste ich automatisch an Pizza und Zitroneneis denken.

»Willst du mich verarschen, oder was?«, gab Anthony zurück. »Du warst es doch, der immerzu Kohle für seine Mädels brauchte. Du hast denen doch alles in den A... geschoben. *Da* ist die ganze Knete geblieben.«

Da bemerkte ich plötzlich den Geist eines jungen Mannes. Er musste etwa einundzwanzig sein, trug einen Bürstenhaarschnitt und stand direkt neben Anthony. Er übermittelte mir seine Gedanken.

Ich fragte Anthony: »Sagt Ihnen Scramble etwas? Hier ist nämlich ein junger braunhaariger Mann, der dieses Wort erwähnt. Können Sie damit vielleicht etwas anfangen?«

»Nein, keine Ahnung.«

Ich bat den Geist um nähere Informationen. Plötzlich tauchten links neben Anthony zwei weitere junge Männer auf. Sie übermittelten mir: *Eagle squadron. Wir sind vom Eagle Squadron.*

»Kennen Sie das Eagle Squadron?«, fragte ich Anthony.

Und wieder antwortete er: »Nein, keine Ahnung.«

Wenn ich so zwischen der geistigen und der materiellen Welt vermittele, fühle ich mich oft wie ein Luftverkehrskontrolleur. Manchmal arbeite ich gerade mit einer Person und urplötzlich schaltet sich jemand ganz anderes ein. Dann kann es ein Weilchen dauern, bis ich mitbekomme, dass der Geist, der neu hinzugekommen ist, gar nichts mit der Person zu tun hat, mit der ich gerade spreche. Das schien jetzt auch der Fall zu sein.

»Tut mir leid, Anthony, aber die Energie Ihres Bruders hat sich verflüchtigt. An seiner Stelle nehme ich jetzt einige junge Männer wahr, die sagen, sie seien Kampfgenossen von irgendjemandem hier im Publikum. Fühlt sich jemand angesprochen?«

Ein junger Mann in Anthonys Sitzreihe rieb sich schüchtern die Hände und sagte ganz leise: »Ja, ich vielleicht.«

Die Frau, die neben ihm saß, nahm daraufhin spontan seine Hand und flüsterte ihm etwas zu. Unmittelbar hinter ihr nahm ich eine Verstorbene wahr. Sie hatte rotes Haar und war so perfekt geschminkt, als wollte sie gleich groß ausgehen.

Kein Zweifel. Es handelte sich um die Mutter der Zuschauerin und die Großmutter des jungen Mannes neben ihr.

»Madam, hinter Ihnen steht eine Frau. Sie ist ziemlich zurechtgemacht und trägt ein gelbes Kleid.«

»Hört sich ganz nach meiner Mutter an. Sie wäre ohne Make-up nie aus dem Haus gegangen.«

Die Verstorbene hatte eine Botschaft für ihren Enkel.

»Sie erwähnt den Namen *Jason.* Heißt hier irgendjemand Jason?«

»Ja, sagte der junge Mann. »Ich.«

»Ihre Oma möchte Sie wissen lassen, dass sie gekommen ist, um Ihnen Liebe und Kraft zu geben. Sie ist immer für Sie da, sagt sie.«

»Danke.«

Erzählen Sie ihm von dem Foto, fügte das Geistwesen hinzu.

»Ich soll Ihnen sagen, dass sie von dem Foto von sich weiß, das Sie in der Brieftasche haben.«

Jason schien völlig verblüfft. »Ja … stimmt. Ich habe es immer bei mir.« Seine Augen füllten sich mit Tränen.

»Waren Sie bei den Marines? Sie zeigt mir nämlich einen Panzer und Sie tragen eine Uniform. Da haben Sie das Foto Ihrer Großmutter auch bei sich.«

Ich spürte, dass sich Jason zunehmend unwohl fühlte. Er senkte den Blick. Seine Mutter fuhr ihm mit der Hand durchs Haar und flüsterte ihm Trost zu.

Nach ein paar Sekunden hob Jason den Blick wieder, schaute mich an und sagte: »Ja, ich war bei der Second Marine Expeditionary Brigade. Als MG-Schütze.«

Ich nickte. »Ihre Großmutter war auch zu der Zeit schon immer an Ihrer Seite. Sie sagt, Sie hätten das Foto von ihr immer am Fenster Ihres Panzers gehabt.«

»Da hat sie recht. Mit Kaugummi hab ich es befestigt.«

Bei seinen Worten tauchten die drei Geister von vorhin wieder auf. Sie stellten sich neben Jasons Großmutter. Ihre Blicke waren voller Mitgefühl.

Da meldete sich auch die Oma wieder zu Wort. *Bitte, bitte sagen Sie ihm, dass ihm vergeben wurde. Jetzt muss er sich aber auch selbst verzeihen. Niemand hier ist böse auf ihn. In meiner Welt ist alles genau so in Ordnung, wie es ist. Wir hier be- oder verurteilen nicht. Er soll es auch nicht tun. Bitte sagen Sie ihm das.* Das Ganze sei ein Unfall gewesen, fügte sie noch hinzu.

Während ich Jason diese Botschaft übermittelte, fing er leise an zu weinen und schlug die Hände vors Gesicht, um seine Tränen zu verbergen. Dabei gab er merkwürdige, völlig unverständliche Laute von sich.

Dann sprach mich eines der drei männlichen Geistwesen an. Ich gab weiter: »Kennen Sie jemanden, der Keith heißt? Oder einen Johnny Q.? Vielleicht auch einen gewissen Benson? Diese drei Namen bekomme ich jedenfalls gesagt.«

Ruckartig hob Jason den Kopf. »Ja, und ob ich die kenne. Es waren Piloten vom Eagle Squadron.«

Plötzlich sprang er auf und schrie: »Es war doch nicht mein Fehler! Ich hab Clark doch noch gesagt, er solle nicht angreifen. Ich konnte wirklich nichts dafür! Ach, lasst mich doch alle in Ruhe!«

Völlig verstört rannte Jason aus dem Raum, gefolgt von seiner Mutter.

Dann verschwanden auch die drei männlichen Geister und Jasons Großmutter.

Ich war völlig von den Socken. Im Publikum trat absolute Stille ein. Es war gleichsam so, als wäre auf offener Strecke unverhofft ein Zug zum Halten gekommen. Niemand wusste weiter.

Ziemlich ausgelaugt nahm ich auf meinem Stuhl Platz und blickte in die Runde. »Für heute, glaube ich, sollten wir Schluss machen«, sagte ich und sprach ein kurzes Gebet, in dem ich ausdrücklich Jason erwähnte, damit er über Nacht nicht vergessen würde.

Im Anschluss an solche Veranstaltungen signiere ich meistens noch Bücher und stehe auf Wunsch für Fotos mit den Teilnehmern zur Verfügung. So hielt ich es auch diesmal, obwohl mir der Sinn überhaupt nicht danach stand. Einige kamen nach vorn, hielten mir Bücher zum Signieren hin oder wollten sich mir kurz vorstellen. Als ich gerade nach dem nächsten Buch greifen wollte, erkannte ich den Mann, der vor mir stand. Es war Anthony Salerno.

In seinem breiten Dialekt fragte er mich: »So, das war's dann also schon? Mein Bruder hat sich wohl einfach so verpisst?«

»Tut mir leid, Anthony, aber für heute ist Feierabend.«

»Schon in Ordnung.« Er griff in seine Jackentasche, holte eine Visitenkarte heraus und reichte sie mir. So erfuhr ich, dass er mittlerweile Inhaber eines Schreibwarengeschäfts war.

»Könnten Sie mich wohl anrufen und Bescheid sagen, wenn Louis noch mal auftauchen sollte?«

»Na ja, ich glaube eigentlich nicht, dass er sich bei mir meldet. Die Chancen, dass er sich an Sie wendet, sind doch viel größer. Schließlich sind Sie sein Bruder.«

»Verstehe. Aber was ist eigentlich mit diesem Jungen? Dem, der vorhin rausgerannt ist? Ich muss dazusagen, dass ich früher selbst einmal bei den Marines war. Daher weiß ich genau, was die Jungs alles durchmachen. Geben Sie ihm meine Nummer, falls er sich noch einmal meldet und Hilfe braucht.«

»Danke, Anthony. Das ist sehr freundlich von Ihnen.«

Einige Monate später erhielt ich einen Brief mit folgendem Wortlaut:

Lieber James Van Praagh,

mein Sohn Jason und ich waren auf Ihrer New Yorker Veranstaltung im September. Vielleicht erinnern Sie sich sogar noch an uns: Mein Sohn hat damals nämlich fluchtartig den Saal verlassen. Er war völlig aufgelöst. Danach ging es Jason immer schlechter. Er träumte öfter von den drei Soldaten, die Sie erwähnt hatten, und begann leider auch, Schmerztabletten und Antidepressiva zu nehmen. Als ich eines Tages von der Arbeit nach Hause kam, lag er tot auf seinem Bett. Neben ihm ein Abschiedsbrief. (Eine Kopie lege ich bei.) Daraus erfuhr ich, dass

Jason an einer Mission teilgenommen hatte, bei der versehentlich drei seiner Kameraden erschossen wurden. Das hat ihn völlig fertiggemacht. Er konnte sich einfach nicht verzeihen. Ich habe mir oft vorgeworfen, dass ich ihn überhaupt zu Ihrer Veranstaltung mitgeschleppt habe, aber er war doch schon lange so depressiv. Mir ist bewusst, dass Sie nichts dafür können, aber ich möchte Sie doch wissen lassen, was Jason zugestoßen ist.
Mit freundlichen Grüßen
Sherry Troy

Ich war schockiert und tief erschüttert. Wenig später nahm ich Jasons Abschiedsbrief zur Hand und las:

Liebe Mom,
ich kann nicht mehr. Dass ich drei meiner Kameraden auf dem Gewissen habe, ist einfach zu viel. Und ich war nicht einmal Manns genug, die Verantwortung dafür zu übernehmen, sondern habe andere beschuldigt. Ich bedauere von Herzen, eine solche Enttäuschung für Dich gewesen zu sein. Ich liebe Dich,
Jason

Eine Weile konnte ich nur dasitzen, so elend fühlte ich mich. Dann erinnerte ich mich plötzlich an Anthony und daran, dass er mir seine Karte gegeben hatte. Ich suchte sie sofort raus, rief an und erzählte ihm, was geschehen war.

Ungefähr ein Jahr später begegnete ich Anthony auf einer Veranstaltung wieder. »Hallo, James«, sagte er. »Erinnern Sie sich zufällig noch an meinen Bruder Louis und an den Marine, dessentwegen Sie mich einmal angerufen haben?«

»Aber sicher erinnere ich mich, Anthony.«

»Also, es ist so: Louis hatte mit dem, was er damals sagte, schon recht. Ich hab tatsächlich öfter mal in die Kasse gegriffen. Das Geld hab ich auf die hohe Kante gelegt, für schlechte Zeiten sozusagen. Und nach Ihrem Anruf wegen des Jungen hatte ich dann das Gefühl, etwas unternehmen zu müssen. Der Arme war so durcheinander – wie viele andere Soldaten ja auch. Also habe ich mein Erspartes genommen und damit eine Organisation für Veteranen mit posttraumatischen Belastungsstörungen gegründet.«

Im ersten Moment verschlug es mir die Sprache. »Ich bin so stolz auf Sie, Anthony«, sagte ich dann. »Aber es war wohl auch für Sie persönlich gut.«

»Wusste ich doch, dass Sie das sagen würden. Könnte wetten, dass Louis jetzt ganz glücklich ist.«

»Und da ist er bestimmt nicht der Einzige.«

Jason steckte dermaßen voller Selbstvorwürfe, dass es immer mehr mit ihm bergab ging und er schließlich in vollkommener Düsternis endete. Doch etwas können wir alle von ihm lernen, und zwar: Jeder von uns – wirklich ausschließlich er oder sie selbst – verfügt über die Macht, sein Leben vorwärtszubringen. Man muss sich nicht als Opfer seiner Lebensumstände fühlen. Über die Kriegsgeschehnisse hatte Jason keinerlei Kontrolle. Und die Selbstvorwürfe, mit denen er sich überschüttete, fügten seiner Seele eine sehr tiefe Wunde zu. Ich möchte Sie also dringend bitten, mit solchen Selbstkasteiungen aufzuhören und auch aufzuhören, die Menschen, von denen Sie erzogen wurden, Ihre Lehrer, Ihren Vorgesetzten beziehungsweise irgendeine bestimmte gesellschaftliche Gruppierung für die Probleme verantwortlich zu machen, die Sie haben. Sehen Sie stattdessen lieber zu, dass Sie sich eine gesunde Lebenseinstellung bewahren. Denn das ist die einzige Möglichkeit, die Sie haben, aus einem Tief herauszukommen und wieder froh zu werden.

Vielen fällt es schwer, sich ihre Fehler zu verzeihen. Doch beim Loslassen von Schuldzuweisungen und Opferhaltungen spielt Vergebung eine zentrale Rolle. Hätte Jason erkannt, dass er nur ein kleines Rädchen in einem weit größeren Getriebe und dass der Tod seiner Kameraden notwendig und ganz natürlich war, damit sich ihre Seelen weiterentwickeln konnten, wäre er heute noch am Leben. Jason musste sich vergeben lernen. Diese Lektion war aber offenbar zu schwer für ihn. In einem seiner nächsten Leben wird er sie daher bestimmt noch einmal präsentiert bekommen.

FÜNF

VERGEBEN UND VERGESSEN

Vergebung ist eine Lebenshaltung und nichts, was man mal eben so nebenbei tut.
Martin Luther King jr.

Neben der Liebe ist Vergebung das stärkste spirituelle Hilfsmittel. Indem wir beschließen zu verzeihen, können wir unser Schicksal, die Welt und uns selbst verändern. Wenn sich jemand verletzt fühlt und diese Wunde unbehandelt bleibt, besteht die Gefahr, dass sie sich auswächst und zu Ressentiments wird. Immer wieder beobachte ich, dass sich solch unkontrollierter Groll wie Unkraut vermehrt, Verheerendes anrichtet und dem Menschen schier die Luft zum Atmen nimmt. Ich habe schon oft miterlebt, wie erfreuliche, liebevolle Freundschaften in die Brüche gingen und nichts als Verbitterung und Hass zurückließen, nur weil keine der Parteien in der Lage war zu verzeihen.

Doch was ist eigentlich Vergebung?

Ein Geschenk an uns selbst. Die bewusste Entscheidung, sich nicht in Ressentiments oder Rachegedanken zu verlieren. Indem wir verzeihen, kappen wir energetisch unsere gedankliche und emotionale Bindung an den ursächlichen Angriff. Die Verantwortung des »Täters« wird nicht geschmälert, ebenso wenig rechtfertigen wir getanes Unrecht, wenn wir beschließen zu verzeihen. Vielmehr befreien wir uns damit von negativen Gedanken.

Zweifellos ist der Mensch ein Gewohnheitstier. Nur allzu gern halten wir an Dingen fest; Veränderungen sind in der Regel unsere Sache nicht. Dabei sind die Menschen, die uns Verletzungen zufügen, meistens auch die, die uns am nächsten stehen – Partner, Familienangehörige und Kollegen. Wir lieben diese Menschen und bringen ihnen Vertrauen entgegen, weil nichts dagegen spricht, ihnen auch unsere verwundbare Seite zu zeigen. Wir vertrauen darauf, dass sie uns nie etwas antun würden. In gewisser Weise machen wir uns dadurch selbst verletzbar. Denn wir erwarten von diesen Menschen, dass sie so und so sind und fallen aus allen Wolken, wenn sie sind, wie sie sind und nicht so, wie wir es erwarten. Häufig projizieren wir unsere Idealvorstellungen auf unsere Freunde und Angehörigen – Idealvorstellungen, an die sie nicht heranreichen (können). Wenn dann etwas schiefläuft und wir uns verletzt, verraten, zurückgewiesen oder verleumdet fühlen, fällt es uns extrem schwer, ihnen zu verzeihen.

Viele glauben, Vergebung sei gleichbedeutend mit Nachgeben und Unterliegen. Sie meinen, wenn man einem Menschen, der einem etwas angetan hat, verzeihe, gebe man ihm damit einen Freibrief für neuerliche Verletzungen. Wenn man sich weigert zu verzeihen, gibt einem das oft ein Gefühl von Überlegenheit und Macht über den anderen, à la »Ich bin im Recht und du im Unrecht.« Wir wollen diesem Menschen dann eine Lektion erteilen. Wenn wir jedoch an unserem Groll festhalten, gehen wir letzten Endes nur wieder von falschen Voraussetzungen aus: Wir hoffen, dass es der betreffenden Person leidtut und dass sie nie wieder so handelt. So funktioniert das aber leider nur selten. Und selbst wenn, ist die spirituelle Lektion noch lange nicht gelernt. Wenn wir möchten, dass sich an einer bestimmten Beziehung oder Konstellation etwas ändert, müssen wir diesen Wunsch zum Ausdruck bringen. Und falls der andere zu dieser Veränderung dann nicht bereit ist, müssen wir diese Tatsache akzeptieren und loslassen.

Ein anderer Grund dafür, dass es uns so schwerfällt zu verzeihen, liegt in unseren ganz natürlichen Überlebensmechanismen. Unser Ego fühlt sich instinktiv besser, wenn es Zorn empfinden kann. Denn solange wir sauer auf jemanden sind, hat das Ego die Überhand.

Die drei wichtigsten Gefühlszentren im Körper sind Unterbauch, Sonnengeflecht (Solarplexus) und Herz. Wenn wir nicht verzeihen, setzt sich der Groll, den wir empfinden, in mindestens einer dieser Schaltzentralen fest.

Bei meiner hellsichtigen Arbeit nehme ich die Energiezentren des Klienten deutlich wahr und sehe, ob die Energie dort frei fließen kann oder nicht. Das ist etwa so, als würde ich Wasser fließen sehen. Ich fühle mich in den Energiefluss des Menschen ein und nehme jede Blockade wahr, die ihn hemmt. Ich könnte gar nicht sagen, wie oft ich dabei schon bräunliche Flecken in der Magengegend oder schmieriges Grau rund ums Herz gesehen habe. Wenn derartige emotionale Blockaden aber auf Dauer nicht aufgelöst werden, besteht die Gefahr, dass sie sich eines Tages als körperliche Beschwerden beziehungsweise Krankheiten manifestieren.

Wenn sich Vergebung also dermaßen drastisch auf unser geistiges und körperliches Wohlbefinden auswirkt, wie kommt es dann, dass wir uns so schwer damit tun, uns selbst und anderen zu verzeihen? Wenn wir sterben, nehmen wir die überwältigend schwere Last ausgebliebener Vergebung mit und müssen auch im Jenseits noch damit leben. Und dann kann es sein, dass wir geradezu besessen davon sind, die entsprechende Situation nicht beizeiten geklärt zu haben. Hinzu kommt, dass der andere, also derjenige, mit dem wir den Konflikt hatten, weiterhin darunter leidet, dass ihm nicht vergeben wurde.

Die Zwillinge

Im Allgemeinen können sich nur die wenigsten erklären, warum sie gerade in dieser Familie auf die Welt gekommen sind oder warum sie bestimmte Dinge erleben müssen. Erst wenn wir das Leben von einer spirituellen Perspektive aus betrachten, wird uns klar, dass wir uns in diesen Konstellationen befinden, weil wir uns vor unserer Inkarnation auf der Erde dazu entschlossen haben.

Im folgenden Reading geht es um zwei Seelen, die sich schon aus einem früheren Leben kannten und die zurückkamen, um sich eine Lektion in Sachen Vergebung zu erteilen.

»Darf ich kurz zu Ihnen kommen?«, fragte ich und deutete dabei auf eine blonde Frau Ende fünfzig.

Ihre Reaktion war nicht untypisch. Zunächst schaute sie rechts und links neben sich, dann wandte sie sich wieder mir zu und deutete mit dem Finger auf ihre Brust.

»Meinen Sie etwa mich?«, fragte sie erstaunt.

»Ja, genau Sie«, antwortete ich. »Hinter Ihnen stehen zwei Frauen. Die eine ist sehr dünn und schon etwas älter. Sie raucht und möchte sich dafür bedanken, dass Sie ihr Zigaretten mitgebracht haben. Kommt Ihnen das vertraut vor?«

»O mein Gott, das ist Tante Rita. Ich hab heimlich Kippen für sie ins Krankenhaus geschmuggelt. Sie hatte ein Lungenemphysem.«

»Besonders schlau war das ja nicht gerade«, scherzte ich.

»Na ja, sie hatte sowieso nicht mehr lange und ich wollte ihr eine Freude machen.«

Lachen im Publikum.

Auch ich musste lächeln und fuhr fort: »Sie sagt, sie hätte Sie mit aufgezogen. Sie wären wie eine Tochter für sie gewesen.«

Diese Bemerkung schien die Frau im Publikum zu überraschen.

»Würden Sie mir bitte Ihren Namen sagen?«

»Ich heiße Becky.«

In diesem Moment hatte ich das Gefühl, meine Augen würden mir einen Streich spielen. Denn unmittelbar hinter Becky stand nun neben Tante Rita eine weitere Frau, die exakt wie eine jüngere Version Beckys aussah. Von ihrer Energie her wusste ich sofort, dass sie an Krebs gestorben war. Tante Rita schien so etwas wie ein Wiedersehen oder vielleicht auch eine Versöhnung der beiden im Sinn zu haben.

»Becky, hatten Sie vielleicht eine Zwillingsschwester, die an Krebs gestorben ist?«

Mit einem Mal veränderte sich Beckys Haltung total. Sie schien vollkommen dichtgemacht zu haben, so als sei sie in einem Erdloch verschwunden.

»Ja, ich hatte eine Zwillingsschwester. Sie ist vor circa fünf Jahren an Krebs gestorben.«

Ich sah, wie sich die Energie des Geistwesens aufhellte, als Becky die Existenz ihrer Schwester bestätigte. Dann empfing ich Gedanken und Gefühle, die ich sofort an Becky weitergab.

»Pam bedauert das alles sehr. Es tut ihr leid, was zwischen Ihnen vorgefallen ist. Sie bittet Sie um Verzeihung.«

Ich spürte, dass es Becky alles andere als leicht fallen würde, auf Pams Bitte einzugehen.

»Sie sagt, sie hätte sich nicht so verhalten dürfen. Sie hätte Sie anrufen sollen. Und sie hätte Ihnen auch finanziell unter die Arme greifen sollen. So viele nutzlos vergeudete Jahre!«

Becky kamen die Tränen. Sie nahm ein Taschentuch aus ihrer Handtasche. »Dafür ist es jetzt zu spät! Für mich ist meine Schwester schon vor zehn Jahren gestorben. Hat mich vollkommen mittellos dastehen lassen. Sie hat die Sachen meiner Mutter gestohlen. Eine Betrügerin war sie.«

Es war nicht zu übersehen, dass Becky schon seit Jahren an ihren Gefühlen festhielt, aber das schien nur die Spitze des Eisbergs zu sein. Da war noch etwas, etwas, das viel tiefer rührte. Doch zunächst einmal musste das aktuelle Problem angegangen werden.

»Sie sollten Ihrer Schwester verzeihen. Nicht nur um ihretwillen, sondern auch für sich selbst. Der Zorn, den Sie empfinden, hat nämlich bereits angefangen, Ihnen schwer zuzusetzen«, sagte ich. In der Magengegend hatte ich bei Becky eine dunkelgraue Blockade wahrgenommen. »Leiden Sie seit ein paar Monaten unter Verdauungsbeschwerden?«

Becky nickte bestätigend.

Pams Geist übermittelte mir Gedanken und Eindrücke, aus denen hervorging, was sie alles durchgemacht hatte, seit sie in die geistige Welt zurückgekehrt war. Ich versuchte sie Becky so schnell wie möglich zu übermitteln.

»Pams Dahinscheiden schien ihr vollkommen natürlich und sehr real. Dort, wo sie sich jetzt aufhält, ist zwar vieles leichter, in gewisser Hinsicht aber auch nicht. Wie alle, die die Schwelle überschreiten, musste auch sie sich in aller Aufrichtigkeit selbst erkennen. Dort durchschauen sich alle genau. Sie beide sind zwar Zwillinge, unterscheiden sich aber erheblich voneinander.«

»Das kann man wohl sagen.«

»Pam meint, da Sie beide einander in früheren Leben so zugetan und seelisch eng miteinander verbunden waren, haben Sie beschlossen, auf die Erde zurückzukehren, um Ihren karmischen Verpflichtungen nachzukommen und die Lektionen, die Ihren Seelen auferlegt sind, gemeinsam zu lernen. Sie sind beziehungsweise waren hier, um die Persönlichkeit der jeweils anderen sowie ihre Bedürfnisse und Wünsche zu erkennen. In vielerlei Hinsicht hätten Sie beide gegensätzlicher kaum sein können. Doch haben Sie einander auch ergänzt wie zwei Hälften, die zueinandergehören.«

Plötzlich kam mir ein ganz anderer Gedanke. »Waren Sie schon einmal in Südafrika?«

Becky schien perplex.

»Das ist ja komisch, dass Sie das fragen. Schon im Erdkundeunterricht hatten meine Schwester und ich nur den einen Wunsch, dort mal hinzufahren. Unserem Vater haben wir damit ständig in den Ohren gelegen. Merkwürdig!«

»Ihre Schwester möchte Sie wissen lassen, dass Sie beide in einem früheren Leben einer Familie angehörten, die in Johannesburg Diamanten schürfte. Sie schien ziemlich wohlhabend gewesen zu sein.«

»O mein Gott«, sagte Becky, »ich glaub's ja nicht!«

Pam übermittelte mir das Bild eines Diamanten.

»Gab es in diesem Leben vielleicht mal Auseinandersetzungen über einen oder mehrere Diamanten, die sie Ihnen vorenthalten hat oder so?«

Nicht nur Becky, sondern auch die Verstorbene neben ihr schien kurz davor, in Ohnmacht zu fallen.

»Ach du liebes bisschen. Das ist ja irre. Sie hat das Diamantenarmband meiner Mutter gestohlen – unter anderem.«

»Das bedauert sie zutiefst und wünscht sich von Herzen, dass sie ihr verzeihen. *Aber das sind doch nur leblose Dinge,* sagt sie und würde Ihnen gern erklären, was es damit auf sich hat. Sie sollen die Gründe verstehen, die sie dazu veranlasst haben und die offenbar irgendwie mit Ihrer gemeinsamen Geschichte in diesem früheren Leben zusammenhängen.«

»Wie meinen Sie das?«

»Damals in Johannesburg waren Sie der Familienvater und Pam eine Ihrer vielen Töchter. Ihre Lieblingstochter sogar. Sie haben sie wohl immer in die Mine mitgenommen und jeden Abend einen kleinen Diamanten für sie beiseite gelegt. Wenn sie groß sei, haben Sie ihr versprochen, würden Sie ihr daraus ein wunderschönes Armband fertigen lassen, würdig einer Königin. Doch was geschah? Eines Morgens wachte sie auf und Sie waren fort. Mitsamt aller Diamanten und dem gesamten Familienbesitz. Bis an ihr Lebensende hat sie nach Ihnen gesucht, aber leider vergebens. Sie starb einsam und völlig verarmt. Als Sie beide dann als Zwillingsschwestern wiedergeboren wurden, haben Sie vereinbart, einander nie mehr im Stich zu lassen.«

Diese Informationen schienen zu viel für Becky. Nach einem tiefen Seufzen gab sie zu: »Ich wollte immer nur mit Pam zusammen sein. Mein ganzes Leben lang. Wir standen uns so nahe. Aber eines Tages war sie dann plötzlich weg und ich war außer mir vor Zorn. Und dann musste ich auch noch feststellen, dass sie das Diamantenarmband meiner Mutter hatte mitgehen lassen.«

Ich bat Becky, das Ganze einmal von einer höheren spirituellen Warte aus zu betrachten. »Sie beide hätten in diesem Leben Teilen und Verzeihen lernen sollen. Doch stattdessen haben Sie die Verhältnisse aus Südafrika damals reproduziert, wenn auch mit umgekehrten Vorzeichen. Diese Lektion werden Sie nun wohl irgendwann noch einmal wiederholen müssen.«

Meine Erklärung verblüffte Becky. »Ich fühle mich so schlecht. Pam, es tut mir wirklich leid. Kannst du mir bitte verzeihen?«

»Das hat sie doch schon längst getan«, versicherte ich ihr. »Sie liebt Sie sehr. Im Übrigen sollen Sie sich bitte mit Michael in Verbindung setzen, ihrem Sohn.«

»Wirklich? Ob er denn auch bereit ist, mit mir zu sprechen?«

»Pam sagt ja. Sie ist Michael verschiedentlich im Traum erschienen und hat ihn aufgefordert, nach Ihnen zu suchen. Sie möchte nämlich, dass Sie ihre roten Schuhe bekommen, die noch bei ihr im Schrank liegen. In einem davon werden Sie auf das Armband stoßen.«

Alle Anwesenden – ich auch – waren wie verzaubert. Was für eine Liebe, die nicht nur den Tod überwindet, sondern noch so viel mehr. Mit Tränen in den Augen schaute Becky mich an. Sie wirkte, als hätte sie gerade ein ganz neues Leben für sich entdeckt. Und genau so war es ja auch.

Bei meiner Arbeit mit den Geistwesen kommt es häufiger vor, dass Verstorbene einen Angehörigen im Publikum bitten, jemand Bestimmtem zu verzeihen. Dafür gibt es auch gute Gründe. All die Jahre, in denen Becky die Ressentiments gegen ihre Schwester gepflegt hatte, waren nicht spurlos an ihr vorbeigegangen, sie hatten ihre emotionale, mentale und physische Gesundheit in Mitleidenschaft gezogen. Ihr Verdauungssystem war in Unordnung geraten, sie fühlte sich gestresst und ausgelaugt. Wenn wir solchen negativen Gefühlen genug Energie zuführen, wird das auf lange Sicht nie ohne gesundheitliche Folgen bleiben, die im schlimmsten Fall sogar lebensbedrohlich sein können. Im Prozess des Verzeihens besteht der wichtigste Teil darin, alles Negative, was wir mit der betreffenden Person beziehungsweise Situation assoziieren, loszulassen und durch Liebe zu ersetzen. Denn die Liebe ist die stärkste Heilkraft, die es auf unserem Planeten überhaupt gibt. Und wie Sie anhand der folgenden Geschichte sehen werden, gehen Verzeihen und Liebe immer Hand in Hand.

Das größte Geschenk

Als ich gerade nach Los Angeles gezogen war, verdingte ich mich zunächst als Springer in der Verwaltung des Midway Hospitals. Da ich nie den Wunsch verspürt hatte, im medizinischen Bereich zu arbeiten, habe ich mich oft gefragt, warum ich mich trotzdem darauf einließ, und vor allem: warum ich so lange dabei blieb. Im Rückblick kann ich heute sagen, dass mir die Arbeit im Krankenhaus reichlich Gelegenheit gab, etwas dazuzulernen. Und wie Sie gleich sehen werden, habe ich dort auch eine der wichtigsten Lektionen meines ganzen Lebens gelernt. Dabei ging es um Vergebung. Und die Lektion, von der ich spreche, erfüllte mich mit tiefer Freude.

Mittwochs war ich in der Klinik meistens im Archiv beschäftigt, was ich als ziemlich langweilig empfand. Und doch freute ich mich Woche für Woche auf den Mittwochnachmittag. Denn um vierzehn Uhr kam dann immer ein bestimmter ehrenamtlicher Helfer. Die Ehrenamtlichen im Midway Hospital (wie auch an anderen Krankenhäusern) waren und sind ein ganz wunderbarer Trupp. Energiegeladene Senioren, die sich um den Besucherservice und den Kiosk kümmerten, im Büro aushalfen und überhaupt dem Personal unter die Arme griffen, wo immer Not am Mann war. Da sich die Klinik in einer überwiegend von jüdischen Mitbürgern bewohnten Gegend befand, im sogenannten Fairfax District, waren auch unsere Ehrenamtlichen fast alles Juden. Während meiner Zeit dort kam ich vielen von ihnen sehr nahe. Einem aber besonders. Er hieß Art. Art kam, wie gesagt, jeden Mittwochnachmittag und half mir oft stundenlang, Ordner mit Etiketten zu versehen. Dabei haben wir uns immer lebhaft unterhalten. So ging das über mehrere Monate.

Doch irgendwann im November blieb Art am Mittwoch aus. Als er auch in der Woche darauf nicht kam, erkundigte ich mich bei meiner Vorgesetzten nach ihm.

»Ja, wissen Sie das denn nicht?«, antwortete sie. »Art liegt doch im dritten Stock. Ist jetzt selbst Patient hier.«

In der Pause fuhr ich in die dritte Etage und machte mich auf, nach Art zu suchen. Im Zimmer 307 fand ich ihn schließlich. Er saß in einem Rollstuhl und begrüßte mich jovial wie immer mit den Worten »Hallo, Jimmy, mein Junge!«

»Was ist denn mit dir, Art?«, fragte ich verwundert, denn besonders leidend wirkte er auf mich eigentlich nicht.

»Das böse Wort mit K«, antwortete er und musste husten. Dann flüsterte er mir zu: »Jimmy, würdest du mir wohl einen Gefallen tun?«

»Aber sicher doch, Art. Jeden!«

Er tat mir so leid. Wie ich im Laufe unserer Zusammenarbeit erfahren hatte, besaß Art keine Verwandten, jedenfalls nicht in den Staaten. Die meisten seiner Angehörigen waren schon tot oder lebten in Europa. Daher fühlte ich mich wie eine Art Ersatzenkel für ihn, und er war mein Ersatzopa.

»Jimmy, du kennst doch bestimmt Ben Silver, der im Kiosk arbeitet?«

»Ja, natürlich.«

»Ob du wohl so lieb sein könntest, ihn herzubringen?«

Ich nickte. Art musste wieder husten. Ich klopfte ihm auf den Rücken und wiederholte mein Versprechen, Ben zu ihm zu schicken.

In der Woche darauf schaute ich im Kiosk nach, ob Ben Dienst hatte. Und tatsächlich, er war da. Ich ging auf ihn zu und sagte: »Art würde Sie gern einen Moment sehen. Ob Sie wohl kurz mitkommen könnten?«

Ben schien irritiert. »Aber ich kenne Art doch kaum. Was will er denn von mir?«

Darauf wusste ich keine Antwort. Daher zuckte ich nur die Schultern und sagte: »Ich glaub, es ist ihm sehr wichtig.«

Ich hatte Art jetzt einige Tage nicht gesehen und war entsetzt. Ganz dünn war er geworden, nur noch ein Schatten seiner selbst. Ich hätte ihn beinahe nicht wiedererkannt. Das war nicht mehr der fröhliche Art, den ich kennengelernt hatte. Sein Zimmer roch nach Tod. Dazu kam das Piepsen der Monitore, das Pfeifen des Beatmungsgerätes über seinem Mund. All das verstörte mich. Auch Ben war unbehaglich zumute.

Wir näherten uns dem Krankenbett. Art schien zu schlafen, also beugte ich mich zu ihm herab und sprach ihn ganz leise an. Er schlug die Augen auf, wollte sich wohl umschauen, und versuchte sich dann auf mich zu konzentrieren. Aber offenbar erkannte er mich nicht.

»Hallo, Art, ich bin's doch, Jimmy.«

Er schaute mich an, als hätte er mich nie zuvor gesehen. Dann plötzlich ein Funke des Wiedererkennens. »Jimmy. Ja, Jimmy. Hast du es getan? Hast du ihn mitgebracht?«

»Aber sicher doch, Art. Er steht direkt neben mir.«

Jetzt trat auch Ben näher. »Hallo, Art. Ich bin's, Ben. Schön, Sie zu sehen. Wie geht's?«

In diesem Moment griff Art nach Bens Hand und hielt sie ganz fest. Er fing an zu weinen. »Ben, sind Sie das auch wirklich?«

»Aber ja doch, Art. Was kann ich denn für Sie tun?«

»Sind Sie Jude, Ben?«

Angesichts der Tatsache, dass fast alle Freiwilligen hier in die Synagoge gingen, war das eine merkwürdige Frage. Warum mochte Art sie wohl stellen?

»Sicher«, antwortete Ben. »Natürlich bin ich Jude. Aber warum fragen Sie?«

Ich zog einen Besucherstuhl ans Bett, damit Ben sich setzen konnte, und gab mir alle Mühe, das Flüstern der beiden alten Herren zu verstehen.

»Was wollen Sie sagen, Art? Ich kann Sie kaum verstehen. Versuchen Sie doch bitte, etwas lauter zu sprechen.«

»Sie müssen unbedingt wissen, wie sehr ich es bedaure. Es tut mir so leid. Bitte verzeihen Sie mir. Ich kann nicht gehen, bevor Sie mir nicht verziehen haben«, flehte Art.

»Wovon sprechen Sie denn überhaupt?«

»Sie müssen mir verzeihen!«

»In Ordnung. Ich verzeihe Ihnen. Aber was denn bloß? Was könnten Sie denn wohl getan haben, was ich Ihnen verzeihen müsste?«

Mithilfe der Maschine, an die er angeschlossen war, nahm Art ein paar tiefe Atemzüge. Dann sagte er: »Es tut mir so leid. Im Krieg lebte ich in Polen.«

Bens Blick war jetzt hellwach.

Art hatte den Kopf gesenkt und starrte auf die Bettdecke. »Ich war in der SS. Habe Juden getötet. Viele. Das habe ich mir nie verzeihen können. Ich habe großes Unrecht begangen und das tut mir so leid.« Seine Augen füllten sich mit Tränen.

Ben und ich waren gleichermaßen geschockt.

»*Sie* müssen mir verzeihen! Bitte!«

Ben löste seine Hand aus Arts Griff und lehnte sich zurück. In seiner Miene spiegelte sich ungläubige Fassungslosigkeit.

Dann flüsterte er: »Meine Mutter, mein Vater, mein Onkel, meine Tante und mein Vetter – alle im KZ ermordet. Für Leute wie Sie hatte ich immer nur Verachtung übrig.«

Jetzt senkte auch Ben den Kopf. Er fing an zu weinen. Sekunden vergingen. Dann hob er den Kopf wieder und griff nach Arts Hand.

»Art, mein armer Freund, ich verzeihe Ihnen. Ja, ich vergebe Ihnen und auch den Menschen, die Ihren Geist verblendet haben. Denn wenn ich Ihnen jetzt nicht verzeihen könnte, wäre ich auch so ein Verbrecher, wie Sie einer waren, als ihr meine Familie getötet habt. Ja, es sei Ihnen verziehen.«

Minutenlang herrschte Stille. Dann stand Ben auf, tätschelte ein letztes Mal Arts Hand und ging. Ich trat an Arts Bett und strich dem alten Mann mit dem Finger über die Augenbraue. Ich wusste, dass er nicht mehr lange unter uns weilen würde.

»Lebe wohl, Art«, sagte ich.

Noch einmal öffnete er die Augen, sah mir ins Gesicht und flüsterte: »Auf Wiedersehen, Jimmy. Und vielen Dank.«

Der Akt des Verzeihens ist eine der schwierigsten Lektionen, die wir auf Erden lernen können, impliziert er doch, das eigene Ego zurückzustellen und vollkommen die Kontrolle abzugeben. Doch man kann sich kaum vorstellen, wie positiv es sich auswirkt, in allen Lebensbereichen, selbst wenn es so kurz vor dem Tod geschieht wie bei Art. Sobald wir verziehen haben, öffnet sich ein Tor zu Glück und Gesundheit und damit gehen Erfüllung, Freude und Mitgefühl einher. Für beide, für Art wie für Ben, stellte der Akt des Verzeihens die Befreiung ihrer Seelen von den Ungeheuerlichkeiten dar, die ihr ganzes Leben überschattet hatten.

»Bis wir uns wiedersehen«

Viele Teilnehmer meiner Workshops und anderen Veranstaltungen sind durcheinander und von Traurigkeit erfüllt, wenn sie davon sprechen, dass sie nicht anwesend waren, als ein geliebter Mensch starb. Weil sie nicht bereit oder in der Lage sind, sich das zu vergeben, machen sie sich anschließend oft jahrelang das Leben unnötig schwer. Wieder und wieder werde ich gefragt: »Weiß meine Frau (beziehungsweise mein Mann, meine Schwester, meine Mutter und so weiter) auch wirklich, dass ich fest vorhatte, dabei zu sein, wenn sie geht? Hat sie mir vergeben?«

Diesbezüglich offenbart die folgende Geschichte einige wichtige Erkenntnisse. Sollten Sie sich in einer geistig oder emotional ähnlichen Verfassung befinden, wünsche ich mir von Herzen, dass sie geeignet ist, Ihnen wieder zu innerem Frieden zu verhelfen, sodass Sie sich vergeben können.

Seit dreizehn Jahren nehme ich regelmäßig an einer Konferenz unter dem Titel »Das Leben feiern« teil und halte dort auch immer den Hauptvortrag. Bei der speziellen Veranstaltung, von der ich jetzt sprechen möchte, bestand das Publikum aus mehr als tausendfünfhundert Personen. Mitten in dem Teil, den ich immer den Botschaften aus dem Jenseits widme, tauchte plötzlich ein Geistwesen in einem grünen T-Shirt und Khakihosen auf. Seine Witwe, sagte der Mann, befinde sich im Saal und er müsse ihr auf der Stelle etwas mitteilen. *Sie geht kaputt und ich muss sofort eingreifen, damit sie mit ihrem Denken nicht noch weiteren Schaden anrichtet.*

Er gab mir die Vision eines Krankenhauses ein, die ich dem Publikum nicht vorenthielt.

»Hier ist ein Mann, dessen Frau sich in großen Schwierigkeiten befindet. Er gibt mir einen Hinweis auf das St. Joseph's Hospital. Ist hier jemand, der damit etwas verbindet?«

Ich schaute in die Menge. Dann erhob sich eine Frau mit kurzen braunen Haaren von ihrem Stuhl. Sie trug eine dunkle Brille und ein rosafarbenes Oberteil.

»Damit könnte ich gemeint sein. Ich habe meinen Mann verloren. Er lag im St. Joseph's Hospital.«

»Er sagt, seine Golfschläger würden noch bei Ihnen in der Garage stehen.«

Die Frau war sich jetzt ganz sicher, dass es um sie ging, und antwortete spontan: »Richtig! Erst heute früh habe ich noch überlegt, ob ich sie nicht verschenken sollte.«

Der Geist des Mannes übermittelte mir ein Gefühl, als stünde ich unter Drogen. Ganz schwer kam ich mir vor und lethargisch. In seinem Blut nahm ich mit einem Mal lauter kleine braune Flecken wahr und spürte, wie er sich gefühlt haben musste, bevor er verschied.

»Ich bekomme den Eindruck, dass er unter starken Medikamenten stand, als er seine körperliche Hülle verließ. Stimmt das?«

»Ja, das ist richtig.«

»Sein Blut ist voller brauner Flecken, was für mich in der Regel auf Krebs oder aber auch eine Blutkrankheit hinweist.«

»Er hatte Prostatakrebs.« Jetzt nannte mir die Frau ihren Namen – sie hieß Shelley – und wurde dann äußerst emotional.

»Wie Ihr Mann sagt, gleitet Ihnen Ihr Leben zunehmend aus den Fingern. Würden Sie das bestätigen?«

»Ja, ich glaube, so könnte man das wohl ausdrücken. Ich vermisse ihn so sehr. Bitte sagen Sie ihm das.«

»Das können Sie selbst tun, Shelley. Er hört alles, was Sie denken.«

Sie nickte.

»Sie haben in letzter Zeit offenbar ziemlich schlechten Umgang. Wie mir Ihr Mann mitteilt, sind Sie von einem dieser Leute kürzlich sogar bestohlen worden.«

Shelley senkte den Blick. Allem Anschein nach wusste sie, wovon ich sprach.

»Ihr Mann sagt, Sie selbst hätten diese Leute in Ihr Leben gezogen, weil Sie das Gefühl hätten, nichts Besseres verdient zu haben. Sie mögen sich wohl nicht besonders, oder?«

»Stimmt schon. Es gab da vor Kurzem einen Mann, auf den ich mich eingelassen habe, weil er mir so leidtat. Er war obdachlos und so habe ich ihn bei mir wohnen lassen. Als ich dann einmal nach Hause kam, war er verschwunden – und hatte einiges von mir mitgenommen.«

Unmutsbekundungen im Publikum.

Shelleys Mann beeilte sich, mir weitere Informationen zu übermitteln. »Warum geben Sie sich eigentlich die Schuld am Tod Ihres Mannes?«, fragte ich sie.

»Ob er mir wohl jemals verzeihen kann?«

»*Was denn?,* fragt er Sie.«

»Dass ich nicht da war, als er starb. Aber ich hab es einfach nicht mehr so schnell ins Krankenhaus geschafft. Da war er mir bestimmt sehr böse. Weiß er denn überhaupt, wie leid es mir tut? Hundeelend fühle ich mich. Ich kann und kann es mir einfach nicht verzeihen, dass ich am Ende nicht bei ihm war.«

Mit einem Mal empfand ich größtes Mitgefühl für die arme Frau. So viele Hinterbliebene quält das schlechte Gewissen, weil sie nicht da waren, als der geliebte Mensch dahinging. Aufgrund meiner langjährigen Erfahrung kann ich jedoch mit größter Sicherheit sagen, dass das Sterben der göttlichen Führung unterliegt. Mit anderen Worten: Wenn es vorgesehen ist, dass Sie dabei sind, *werden* Sie dabei sein. Ist es für die Seele des Betreffenden aber besser, wenn er beim Hinübergehen allein ist, wird er allein sein. Vergessen Sie nicht: Was Geburt und Tod betrifft, so werden alle Entscheidungen auf seelischer Ebene getroffen, auch wenn wir das nur selten durchschauen. Wie sage ich so oft? Wir sind allein, wenn wir diese Welt betreten, und müssen sie auch allein wieder verlassen.

Ich sah Shelley an und gab die Gedanken ihres Mannes an sie weiter: »Sie sollten bitte zur Kenntnis nehmen, meint er, dass es nicht das Geringste zu verzeihen gibt. Bitte, bitte, machen Sie sich nicht so fertig, nur weil Sie nicht bei ihm waren. Er ist jetzt reiner Geist und empfindet daher alles bedeutend intensiver. Er spürt Ihren Selbsthass, und das ist ganz schrecklich für ihn, denn er liebt sie doch so sehr. Er möchte Ihnen helfen zu begreifen, dass Ihre Gefühle nicht nur völlig gegenstandslos sind, sondern dass sie sogar dazu führen, dass es ihm schlechter geht.«

Ich wandte mich an die Gesamtheit der Anwesenden und erklärte: »Wenn es Ihnen in dieser Angelegenheit nicht gelingt, sich von Schuld freizusprechen, kann das dazu führen, dass Sie dadurch auf eine niedere Ebene absinken und dann auch unzureichend entwickelte Elemente anziehen. Genau so, wie es Shelley ergangen ist.«

Wieder an sie gewandt, fügte ich hinzu: »Bitte respektieren Sie den Wunsch Ihres Mannes und hören Sie endlich auf, sich niederzumachen, weil Sie in der Stunde seines Todes nicht bei ihm waren.«

»Ja, das werde ich«, versprach Shelley.

Jahre später hielt ich in einer großen Buchhandlung eine Signierstunde ab. Plötzlich stand Shelley vor mir und erinnerte mich an die Botschaft von ihrem Mann, die ich ihr übermittelt hatte. »Ich bin Ihnen ja so dankbar, dass Sie mich damals auf die rechte Spur gesetzt und mich wieder ins Leben zurückgeführt haben. Nach der Konferenz setzte ich mich hin und schrieb meinem Mann einen Brief. Und so konnte mein Heilungsprozess beginnen.«

Seither, sagte Shelley dann noch, fühle sie sich unendlich frei. Sie treffe bessere Entscheidungen und habe inzwischen schon viel Schönes und Liebevolles erlebt.

»Nach der Veranstaltung habe ich das Zimmer an eine Frau vermietet, die heute zu meinen engsten Freundinnen zählt. Wir haben uns sogar zusammen selbstständig gemacht.«

Shelley wandte den Kopf und blickte zu dem Mann hoch, der neben ihr stand. »James, darf ich Ihnen Todd vorstellen?«

Todd und ich gaben uns die Hand.

»Wir haben uns über den Laden kennengelernt, den ich mit meiner Freundin habe. Wir sind jetzt schon einige Monate zusammen und wollen nächstes Jahr wahrscheinlich sogar heiraten.«

»Da wird sich Ihr Mann aber sehr freuen«, sagte ich und schaute ihr dabei fest in die Augen.

Shelleys Leben hatte sich deshalb so verbessern können, weil es ihr schließlich doch gelungen war, sich etwas zu verzeihen, das weit jenseits ihrer Kontrolle lag.

Ich werde oft gefragt, wie das mit dem Verzeihen eigentlich praktisch vonstatten gehe. Ob man dazu unbedingt mit der betreffenden Person sprechen müsse und dergleichen. Nun, verzeihen kann man auf vielerlei Art und Weise. Wie Shelley können Sie einen Brief schreiben, in dem Sie Ihre Gefühle darlegen. Ob der Adressat noch lebt oder bereits verstorben ist, spielt dabei keine Rolle. Sie können ihm aber auch ein Geschenk besorgen, an dem er Freude haben dürfte. Oder Sie malen sich genau aus, wie Sie die Beziehung heilen möchten. Ich zum Beispiel meditiere oft und stelle mir dabei eine wunderschöne heilsame Kristallkugel vor, die aus meinem Herzen kommt und die betreffende Person beziehungsweise Konfliktsituation umgibt. So können die Heilenergien ihr Ziel ohne Umweg direkt erreichen.

Ist es aber auch möglich zu vergessen, wenn man vergeben hat? Manche sagen: Vergeben ja – vergessen aber nie. Wer vergibt, lässt den anderen Mensch so sein, wie er ist, mit allen Fehlern und Schwächen. Und so mag es sein, dass wir den Konflikt selbst zwar nicht vergessen, aber doch die Auswirkungen, die er auf die Beziehung hatte. Vergessen heißt, jegliche Rachegelüste aufzugeben. Es ist ein Akt der Ermutigung, der Unterstützung und Stärkung, der es dem anderen ermöglicht, wieder eine liebevolle, fürsorgliche Beziehung zu Ihnen, Dritten und der Welt aufzubauen, in der die jeweiligen Gaben, Talente und Fähigkeiten respektiert und geteilt werden (können).

Sich selbst zu vergeben ist eines der größten Geschenke, die Sie sich machen können. Und wenn Sie sich danach wieder ganz im Reinen mit sich fühlen, werden Sie geheilt sein. Dann kann der Teil von Ihnen, der an Ressentiments festgehalten und sich mit Vorwürfen überschüttet hatte, wieder ganz werden. Indem Sie sich vergeben, kehren Sie zu Ihrem wahren Selbst zurück. Und dann haben Sie auch Ihr Reaktionsvermögen wieder unter Kontrolle.

Beim Zubettgehen dachte ich über dieses Kapitel nach, über Vergebung. Und da kam mir eine Freundin in den Sinn, mit der ich gewisse Schwierigkeiten hatte. Vor dem Einschlafen bat ich um die Kraft, ihr und mir zu verzeihen. Es geschah etwas Unerwartetes. Ich träumte nämlich nicht etwa von der Frau, an die ich am Vorabend gedacht hatte, sondern da war plötzlich wieder der geheimnisvolle Mann. Ich hatte schon häufiger versucht, dieses Traumbild zu entschlüsseln. Was ich aber nicht wissen konnte: Ich stand kurz davor, eine ganz neue Sichtweise auf die geistige Welt und mich selbst zu gewinnen.

SECHS

KARMA

Das Wichtigste im Leben ist, dass man lernt, Liebe zu verströmen und zu empfangen.
Morrie Schwartz

Im Traum hat man bekanntlich keinerlei Zeitgefühl. Vielmehr nimmt man die Traumsequenzen als einzelne kurze Momente wahr. Mir träumte, ich sei immer noch in jenem Krankenzimmer in der Klinik. Die Gestalt des Mannes, den ich auch beim letzten Mal schon gesehen hatte, kam auf mich zu. Jetzt konnte ich sein Gesicht erkennen. Ich hatte es schon einmal gesehen, wusste aber nicht mehr, wann und wo. Er lächelte mir zu. Jetzt bemerkte ich auch, dass er nicht allein war. Hinter ihm standen noch andere. Sie schienen zu feiern, denn sie wirkten alle froh und glücklich. Ich konnte es kaum erwarten, mich ihnen anzuschließen. Ich spürte, dass mir eine Botschaft übermittelt werden sollte, war mir aber nicht sicher, was für eine. Tief in meinem Inneren wusste ich, dass ich diese Menschen alle von irgendwoher gut kannte und dass wir auf die eine oder andere Weise karmisch miteinander verbunden waren.

Und dann geschah es. Plötzlich stand ich selbst in dem Krankenzimmer und blickte auf das Bett. Eine Frau lag darin. Sie unterhielt sich mit dem Mann und den anderen Leuten. Plötzlich verließ sie ihren Körper und gesellte sich zu ihnen. Vor meinen Augen war sie gestorben. Noch im

Traum fragte ich mich, warum wohl. Ich hatte den Eindruck, dass mir diese Szene aus einem ganz bestimmten Grund gezeigt wurde, so, als wollte mir jemand etwas damit sagen. Aber ich wusste immer noch nicht, was. Das Gesicht der Frau konnte ich nicht genau erkennen, aber irgendwie kam auch sie mir bekannt vor. Darüber hinaus hatte ich das Gefühl, zwischen uns bestehe eine schöne karmische Verbindung. Aber wer war sie bloß? Dann war der Traum plötzlich vorbei. Und ich hatte doch immer noch so viele Fragen.

In den vergangenen dreißig Jahren hat die Idee des Karmas zunehmend auch Eingang in die amerikanische Mainstream-Kultur gefunden. Die meisten haben es aber trotzdem immer noch nicht so richtig verstanden, denn im Allgemeinen wird Karma mit Bestrafung gleichgesetzt. Karma hat aber nicht das Geringste mit Strafe zu tun. Im Mittelpunkt stehen – ausgehend von einem alten Hindu-Glauben – vielmehr die Folgen menschlichen Handelns. Die Idee des Karmas findet sich in vielen religiösen Strömungen, unter anderem eben im Hinduismus, aber auch im Jainismus, bei den Sikhs, im Buddhismus, im Spiritualismus und zahlreichen New-Age-Philosophien. Sogar in der Bibel begegnet man dem Gedanken: »Denn was der Mensch sät, das wird er ernten« (Gal 6,7). Die Erklärungen für das Karma variieren zwar von Religion zu Religion etwas, die dahinterliegende grundsätzliche Überlegung ist jedoch immer dieselbe. Es geht um das Prinzip von Ursache und Wirkung. Mit anderen Worten: Die Erfahrungen, die eine Seele in diesem oder einem künftigen Leben machen muss, werden durch alles determiniert, was sie tut.

Karma wird immer auch im Zusammenhang mit einer anderen Vorstellung gesehen, die ebenfalls schon sehr alt ist: der Reinkarnation. Mit Ausnahme der Christen glaubt der größte Teil der Menschheit an die Wiedergeburt. Aus der christlichen Lehre verschwand diese Idee beim Konzil von Nicäa. Über die Gründe, die dazu führten, lässt sich trefflich spekulieren; ich denke aber, dass die Reinkarnation den Kirchenvätern damals einfach nicht ins Konzept passte. Ihnen war an der Kontrolle ihrer Schäfchen im Hier und Jetzt gelegen, keinesfalls aber daran, dass diese sich einbilden könnten, ihre Sünden in einem späteren Leben ausbügeln zu dürfen.

Im Laufe der Jahrhunderte sind die religiösen Aspekte der Karmalehre als Moralgesetze missverstanden worden. Doch in Wahrheit hat Karma mit Moral nicht das Geringste zu tun; es geht dabei ausschließlich um das universelle Naturgesetz von Ursache und Wirkung. Oder einfacher ausgedrückt: So was kommt von so was. Wie man in den Wald hineinruft, so schallt es heraus. Alles, was man tut, zeitigt Folgen. Alles, was geschieht, hat eine Ursache. Wenn Sie zum Beispiel bei Rot über die Ampel gehen und von einem Fahrzeug erfasst werden, dann ist das Karma. Wenn wir uns dessen in vollem Umfang bewusst sind, resultiert daraus die Erkenntnis: Jeder ist für sein Leben selbst verantwortlich, und das umfasst alles, was wir in Gedanken, Worten und Taten hervorbringen.

In meiner persönlichen Auffassung vermischen sich Aspekte verschiedener Karma-Lehren mit den Erkenntnissen, die mir die geistige Welt vermittelt hat. In der geistigen Welt ist Karma nicht mit Urteilen oder Bewertungen verbunden.

Karma ist etwas vollkommen Neutrales, lediglich ein Hilfsmittel, ein Tool zum Lernen und Erfahrungenmachen. Alle Entscheidungen, die wir treffen, beruhen entweder auf Liebe oder auf Angst. Die Liebe ist reine, hochschwingende Energie, Angst dagegen eine fragmentierte

Energie niedrigerer Frequenz – Merkmale, die wir gemeinhin auch als positiv beziehungsweise negativ bezeichnen.

Wenn eine Seele ihre Reise auf die Erde antritt, steht ihr eine Vielzahl von Lektionen bevor, die sie zu lernen hat. Und sie muss lernen, jede Erfahrung von allen Seiten her zu beleuchten. Für manche geht es zum Beispiel um Selbstlosigkeit. In diesem Fall wird ihr Höheres Selbst beziehungsweise ihr seelisches Bewusstsein sie vielleicht in Situationen bringen, in denen sie mehr geben und tun müssen, als ihnen lieb ist. Andere kommen etwa in Positionen, die mit unglaublichem Wohlstand verbunden sind. Immer aber besteht die Lektion, um die es geht, darin, herauszufinden, wie sich der Mensch in einer spezifischen Situation verhält. Lässt der Reiche die Notleidenden an seinem Wohlstand teilhaben, oder hält er auf Biegen und Brechen an seinem Vermögen fest, aus Angst, das Geld könne ihm ausgehen? Gelingt es dem Unterprivilegierten, sich zu überwinden und sich durchzusetzen, allen Widrigkeiten zum Trotz?

Oft wird Karma auch mit Bestimmung oder Schicksal verwechselt. Das sind aber ganz unterschiedliche Dinge. Bestimmung oder Schicksal lassen sich verändern, das Karma aber nicht. Ein Beispiel: Ein Mensch ist eigentlich dafür bestimmt, als Sänger erfolgreich und berühmt zu werden. Er muss aber das Karma eines früheren Lebens abarbeiten und sich von Süchten lösen. Wenn er sich dann in diesem Leben wieder dafür entscheidet, Alkoholiker zu werden, hat er seine karmische Lektion eben noch immer nicht gelernt. Durch seine Entscheidung hat er Einfluss auf sein Schicksal genommen. Hätte er dagegen seine Sucht bekämpft, also seine karmische Lektion gelernt, hätte er seiner Bestimmung entsprechen können. *Beweisen* lässt sich Karma zwar nicht. Eines ist jedoch sicher: Dinge geschehen auf der Grundlage der Entscheidungen, die wir treffen. Und indem wir ständig neues Karma erschaffen, haben wir auch die Möglichkeit, unsere Zukunft aktiv in die Hand zu nehmen. Wie sage ich immer: Jeder von uns ist selbst für sein Handeln und die Folgen verantwortlich. Alles hat seinen Preis.

Zufall oder Karma?

Sechs Richtige im Lotto; an eine Freundin denken und ihr am selben Tag noch plötzlich über den Weg laufen; in einem Geschäft, das man aufs Geratewohl betritt, das ideale Geschenk finden – die meisten halten solche Dinge für Zufall. Ich aber glaube nicht an Zufälle. Auch wenn wir es uns noch so sehr wünschen: Nichts geschieht ohne Grund. Die Ursache ist Karma und keinesfalls Glück (beziehungsweise Pech).

Ich war kürzlich ein paar Tage in New York und habe dort ein paar sehr merkwürdige Dinge erlebt. Einmal sah ich aus dem Fenster meines Hotelzimmers mitten in Manhattan und es regnete wie aus Eimern. Es war schon elf Uhr vormittags, und um zwölf war ich mit einer Freundin zum Mittagessen verabredet.

»Meinen Sie, ich könnte ein Taxi bestellen?«, fragte ich an der Rezeption. »Ich bin nämlich schon ziemlich spät dran.«

»Bei diesem Wetter?« gab der Mann am Empfang zurück, »keine Chance! Höchstens an der Sixth Avenue unten, vielleicht haben Sie da Glück.«

»Danke.« Ich trat in den Regen heraus und marschierte los.

Unterwegs bat ich den verstorbenen Mann der Freundin, mit der ich verabredet war, gedanklich, er möge mir doch bitte ein Taxi vorbeischicken, war mir aber selbst nicht ganz sicher, ob er das aus den luftigen Höhen, in denen er sich aufhielt, überhaupt würde bewerkstelligen können. An der nächsten Ecke hielt ich für alle Fälle mal die Hand hoch – und siehe da: Direkt neben mir hielt ein Taxi. Ich war ebenso dankbar wie verblüfft. Hastig öffnete ich die Wagentür und stieg ein. Ich lobpries den Fahrer und bedankte mich, dass er angehalten hatte. Das hab ich mir schon lange so angewöhnt: nach Möglichkeit jedem, dem ich begegne, ein bisschen Sonnenschein zu schenken.

»Wo kommen Sie denn ursprünglich her?« fragte ich den Taxler, um das Gespräch zu eröffnen.

»Aus Jaipur«, antwortete er mit einem indischen Akzent.

Dann erzählte ich ein bisschen von mir und den Dingen, die ich in New York so vorhatte. Auch er kam dann ins Plaudern, sagte, er hätte bisher den Großteil des Tages am Flughafen gestanden und auf Fahrgäste gewartet. »Heute sind viele besonders grantig«, meinte er.

Ich machte einen Witz über die New Yorker und wir mussten beide lachen.

Als wir am Ziel angekommen waren, sagte ich: »Vielen Dank, dass Sie mich unbeschadet und sicher hier abliefern. Was bin ich Ihnen schuldig?«

Er drehte sich zu mir um und strahlte mich an. »Gar nichts. Sie haben mir den Tag gerettet. Ich fühle mich jetzt schon viel besser, also betrachten Sie sich bitte als eingeladen.«

So etwas war mir noch nie untergekommen. Und schon gar nicht in New York.

»Vielen Dank«, sagte ich. »Das ist sehr freundlich von Ihnen. Und ich weiß Ihre Geste auch wirklich zu schätzen. Aber das Taxifahren ist Ihr Beruf und …«

Ich griff in meiner Jackentasche nach dem Portemonnaie. Mist, ich hatte es im Hotel vergessen. Jetzt stand ich ohne einen müden Heller da. Was tun? Bei dem Gedanken, wie ich das dem Taxifahrer beibringen sollte, schoss mir die Schamesröte ins Gesicht. Plötzlich fiel mein Blick auf ein Bündel Geldscheine, die um eine Scheckkarte gelegt waren – mitten auf dem Rücksitz.

Ich schickte ein stummes Gebet zum Himmel: »Vielen, vielen Dank. Selbstverständlich gebe ich das Geld zurück.« Ich entnahm dem Bündel einen Zwanzig-Dollar-Schein und bezahlte den Fahrer. Sobald ich wieder im Hotel war, rief ich bei der Bank an und meldete den Fund.

Alles reiner Zufall?

Am nächsten Tag ließ mich mein Laptop im Stich. Ich brauchte eine neue Batterie. Diesmal fragte ich an der Rezeption: »Gibt es hier in der Gegend vielleicht irgendwo einen Computerladen?«

»Ecke Madison/Einundsechzigste Straße.«

Ich lief auf die Madison zu. Doch mitten auf dem Weg dorthin verlor ich vollkommen die Orientierung. Ich bat meine Geistführer um ein Zeichen, ob ich noch in der richtigen Richtung war ... und stellte plötzlich fest, dass ich unmittelbar vor dem Gebäude stand, in dem HarperCollins seinen Sitz hat, jener wundervolle Verlag, in dem auch die amerikanische Originalausgabe des Buches erschienen ist, das Sie gerade in der Hand halten. Da wusste ich auch wieder, dass ich richtig war. Zufall – oder hatte mir die geistige Welt tatsächlich ein Zeichen gegeben?

Als ich dann wieder in Los Angeles war, hatte ich in Santa Monica eine Verabredung mit einem Produzenten namens Tom Burnell. Die Anschrift lautete 1520 Olympic Boulevard. Da ich mich in dieser Gegend nicht besonders gut auskenne, gab ich die Adresse in mein Navigationsgerät ein. Während der anderthalbstündigen Fahrt von Orange County nach Santa Monica saß mein Freund Brian neben mir auf dem Beifahrersitz und leistete mir Gesellschaft. Als wir uns unserem Fahrtziel näherten, trötete das Navi: »Ziel erreicht. Rechts anhalten.« Wir schauten uns um. Das konnte doch nicht der verabredete Ort auf dem Olympic Boulevard sein! Stattdessen waren wir vor einem Fernsehstudio gelandet. Aber nicht irgendeinem, sondern ausgerechnet vor E!TV, der Station, die auch die Sendung *Chelsea Lately* produzierte.

»Ich fass es nicht!«, quietschte ich. »Genau da muss ich morgen hin.« (Und zwar als Gast der Show.) Das Restaurant, in dem ich mit Tony Burnell verabredet war, lag noch zwanzig Blocks entfernt.

Auch das wieder nur ein Zufall? Wie aber soll ich mir erklären, dass mich mein Navi ausgerechnet an den Ort gelotst hatte, an dem ich mich am nächsten Tag einfinden sollte?

Eines der ersten Medien, die ich persönlich kennengelernt habe, Dolores North, hat mir vor Jahren einmal etwas gesagt, woran ich mich bis heute erinnere und was ich auch allen meinen Schülern weitergebe: »Wenn Sie auf dem Weg sind, der für Sie bestimmt ist, klappt plötzlich alles wie am Schnürchen. Auf diese Weise lässt Sie das Universum wissen, dass die Richtung stimmt. Sind Sie jedoch nicht auf dem richtigen Weg, liegen plötzlich überall Stolpersteine und Hindernisse herum. Auch in diesem Fall hat das Universum wieder seine Hand im Spiel: Halt!, will es Ihnen sagen. Stop! Schau dich um und überlege, ob das wirklich deine Bestimmung ist.« Seit sich Dolores' Äußerungen immer und immer wieder als wahr herausgestellt haben, gestehe auch ich ein, dass jeder von uns seine Bestimmung hat. Wir können ihr entweder folgen, oder aber wir weichen vom Weg ab und schlagen eine völlig andere Richtung ein. Das unterliegt einzig und allein dem freien Willen. Das alles freilich ändert nichts daran, dass wir unsere Lektionen zu lernen haben, leichtere und auch schwierige. Schließlich sind wir auf die Erde gekommen, um spirituell zu wachsen. An den Lektionen selbst führt also kein Weg vorbei.

Bleibt die Frage: Kann sich die geistige Welt in unseren Alltag einmischen, um uns einen Stups auf unser Schicksal zu geben, können Geistwesen auch schlimme Dinge verhindern? Einige habe ich gefragt und die Antwort ist ziemlich eindeutig: Ins Karma eines Menschen können sie nicht eingreifen, denn das ist der natürliche Lauf der Dinge, der für den Lernprozess der Seele erforderlich ist. Was sie allerdings schon können, ist, die Seele dahingehend zu beeinflussen, dass sie ihre Entscheidungen in Liebe trifft. Die Entscheidungen selbst aber nehmen sie uns nicht ab.

Viele Menschen fragen mich, warum in ihrem Leben alles so kompliziert ist. Lernen ist nie einfach, gebe ich dann meistens zurück. Die Situationen und Menschen, die uns das größte Kopfzerbrechen bereiten, sind zugleich unsere wichtigsten Lehrer. Um mit Anfeindungen klarzukommen oder eine schwierige Lebenslage überwinden zu können, sind wir gezwungen, tief in unsere Seele einzutauchen und Stärken zu mobilisieren, die wir vorher möglicherweise gar nicht kannten. Da der Zweck unseres Daseins auf Erden darin besteht, zu wachsen und größtmögliches Verständnis zu entwickeln, wünschen uns die Geistwesen zwar Erfolg, doch mit Antworten auf die Prüfungsfragen, die uns bewegen, können sie uns nicht dienlich sein. Sie kennen die Verhältnisse hier bei uns zwar sehr gut und sind auch in der Lage, uns die Richtung zu weisen, an uns ist es aber, für alle Möglichkeiten aufgeschlossen zu sein und unsere Entscheidungen aus Liebe zu treffen. Aus dem folgenden Reading geht das in aller Deutlichkeit hervor.

Die Führung durch einen Bruder

Es war auf einer meiner sehr beliebten spirituellen Kreuzfahrten. Ich hatte gerade eine Gruppenmeditation abgeschlossen, als ich rechts im Publikum einen rothaarigen Mann bemerkte, der sehr geduldig dasaß. Hinter ihm nahm ich blitzende weiße Lichtpunkte wahr. Medial veranlagte Menschen bezeichnen diese gewöhnlich als Geisterlichter (diese konnten sogar schon gefilmt werden). Für mich sind sie immer ein Zeichen, dass sich gleich ein Geistwesen manifestieren wird.

»Sir, darf ich kurz zu Ihnen kommen?«, sagte ich und ging auf den Rothaarigen zu.

»Sicher.«

»Wie heißen Sie bitte?«

»Gregory Hobbs.«

Dass ich meistens nach dem Namen frage, hat im Wesentlichen zwei Gründe. Zum einen muss ich die Stimme des Menschen hören, um mich in sein Energiefeld einschwingen zu können. Darüber hinaus ist es eine Möglichkeit, seine Aufmerksamkeit auf die Dinge zu fokussieren, die ich ihm zu sagen habe.

Nachdem Gregory seinen Namen genannt hatte, erschien hinter ihm ein groß gewachsener Mann von rötlicher Gesichtsfarbe, der ihm sehr ähnlich sah.

»Hatten Sie einen älteren Bruder?«

»Ja. Russell.«

Plötzliche Schmerzen in der Brustgegend verrieten mir die Todesursache.

»Hatte er einen tödlichen Herzanfall?«

»Ja«, antwortete Gregory überrascht.

»Wie er sagt, kommunizieren Sie mit ihm – Sie scheinen ihn zu beschimpfen. Stimmt das?«

Gregory rutschte unbehaglich auf seinem Stuhl hin und her. Er wirkte peinlich berührt. »Ja, so könnte man das wahrscheinlich ausdrücken.«

Russell gab mir eine Flut von Gedanken ein. »Er meint, er wäre Ihr großer Bruder und hätte früher immer auf Sie aufgepasst. Fast wie ein Vater hätte er sich um Sie gekümmert. Ist das richtig?«

»Ja, schon. Er war älter als ich und hat mich immer rausgehauen. Neulich habe ich ihn beschimpft, weil ich einen Unfall hatte und nur um Haaresbreite dem Tod entkommen bin. Da hab ich so was gesagt wie: ›Hey, Bruderherz, hättest du mich denn nicht warnen können? Ich dachte, du wärst mein Schutzengel.‹«

Russell hielt entgegen: *Ich habe dich doch gewarnt. Aber du wolltest ja nicht auf mich hören.*

Ich fragte Gregory: »Haben Sie vor ein paar Monaten das rote Blinken auf dem Armaturenbrett nicht bemerkt, das darauf hinweist, dass die Bremsen nachgesehen werden müssen?«

Nach kurzem Überlegen sagte Gregory: »Ja, stimmt. Doch, das habe ich schon gesehen.«

Sein Bruder gab mir weitere Visionen ein. »Und hat Ihnen bei der Inspektion nicht auch der Mechaniker etwas von den Bremsen gesagt?«

»Doch«, antwortete Gregory betreten.

»Das ist ja jetzt komisch«, fuhr ich fort. »Man zeigt mir ein Großplakat. Darauf steht: ›Bremsen nicht vergessen.‹«

Gregory schüttelte den Kopf und murmelte: »Ja, genau. Ich stand an einer roten Ampel und guckte so nach rechts. Da hing tatsächlich eine Werbung, bei der es irgendwie um Bremsen ging.«

»Ihr Bruder hat dafür gesorgt, dass Sie das Plakat bemerken.«

Gregorys Gesichtsausdruck konnte ich entnehmen, dass er auch schon wusste, was als Nächstes kommen würde.

»Ihr Wagen ist abgestürzt, weil Sie zu schnell waren und die Bremsen versagten. Richtig?«

»Sie haben's erfasst.«

»Ihr Bruder sagt, bei Ihrer Lektion gehe es um Verantwortungsbewusstsein. Er konnte nicht dafür sorgen, dass Sie die Bremsen reparieren ließen, und so mussten Sie eben mit den Folgen Ihrer Nachlässigkeit leben. Sie hatten die Wahl. Das war Ihr Karma. Er hat versucht, Ihnen zu helfen, aber mehr konnte er nicht tun. Sie mussten selbst aus Schaden klug werden.«

Gregory ging ein Licht auf. Endlich schien er es kapiert zu haben. Er schaute zur Decke und sagte: »Danke, dass du immer noch auf mich aufpasst, Bruderherz. Ich liebe dich!«

Gruppenkarma

Es gibt nicht nur individuelles, sondern auch Gruppenkarma, das etwa Familien, Ethnien, Nationen, Wirtschaftszweige betreffen kann, aber auch viele andere soziale Netzwerke. Jeder von uns beschließt, in einer bestimmten Familie zur Welt zu kommen, und zwar, weil unsere Seelen karmisch miteinander verbunden sind. Wie sagt man doch so schön: Deine Freunde kannst du dir aussuchen, die Familie nicht. Nun, in Wirklichkeit suchen wir uns unsere

Familie sehr wohl aus! Zwischen den einzelnen Lebensspannen finden wir heraus, dass es da noch wichtige karmische Kollektiverfahrungen gibt, die wir durchmachen müssen, um uns spirituell weiterentwickeln zu können. Deshalb entscheiden wir, welche Rolle wir einnehmen, um der betreffenden Gruppe möglichst viele Chancen zu verschaffen, die jeweiligen Lektionen bereitzustellen. Einfach ausgedrückt: Mit den Seelen, die wir im weitesten Sinn als unsere Familie betrachten (dazu gehören auch Freunde), waren wir schon mehrfach gemeinsam hier auf Erden, um die verschiedensten Lektionen zu lernen. Dabei waren Sie in einem Ihrer früheren Leben möglicherweise der Vater, in einem anderen das Kind und in einem dritten vielleicht der Enkel. Auf die Rolle, die man jeweils hat, kommt es aber gar nicht so sehr an. Vielmehr geht es um das Lernen in der Gruppe und darum, dass Sie die verschiedenen Rollen einnehmen, um zu lernen und sich zu einem »runderen« und erfahreneren Wesen entwickeln zu können. Überhaupt ist Erfahrung immer der beste Lehrer.

Ich weiß von vielen Familien, in denen ohne ersichtlichen Grund Mutter und Tochter, zwei Brüder oder auch Vater und Sohn partout nicht miteinander klarkommen. Die Beteiligten wissen in solchen Fällen nur selten, woran das liegen könnte, tief im Inneren aber ahnen sie es: Ihre Seelen sind auf die Erde zurückgekehrt, um an der Beziehung zu arbeiten und zu lernen, einander besser zu verstehen.

Wenn ich zu erklären versuche, was ich genau unter Gruppen- beziehungsweise kollektivem Karma verstehe, bediene ich mich gern anschaulicher Beispiele und Übungen. Bei der ersten geht es darum, die Energie einer Gruppe von Menschen wahrzunehmen. Wenn ich auf dem Podium oder einer Bühne vor einer Gruppe stehe, weiß ich innerhalb von Sekunden, um was für ein Publikum es sich handelt. Ich weiß, ob die Leute aufnahmebereit, aufgeschlossen, lustig oder ernst sind, ob sie trauern, skeptisch sind oder einfach nur neugierig. Woher ich das weiß? Weil ich die Energie spüre, die die Gruppe ausstrahlt. Jeder von uns hat seine eigene, deutlich identifizierbare Energie. Doch wenn wir uns zu mehreren zusammenfinden, beispielsweise als irgendein Publikum, entsteht unweigerlich eine bestimmte Gruppendynamik. Erinnern Sie sich an Partys, auf denen Sie waren. Haben Sie sie als gelungen oder als langweilig empfunden? Die Gruppendynamik ist es, die die Atmosphäre erzeugt. Aufgrund der Energie, die im Raum herrscht, spüren Sie, ob die Menschen, die sich darin aufhalten, glücklich sind oder unglücklich und niedergeschlagen.

Mein zweites Beispiel ist ein Vergleich. Stellen Sie sich das Gruppenkarma als einen großen Topf Suppe vor. Jedes Individuum steht für eine der enthaltenen Gemüsesorten. Jede für sich ist ein wichtiger Bestandteil der Suppe und entscheidet mit darüber, ob sie schmeckt oder nicht. Wenn sich die Gemüsesorten geschmacklich nicht harmonisch ergänzen, sondern »beißen«, wird das Ergebnis bestimmt kein kulinarischer Hochgenuss.

Wir Menschen sind auch auf der Erde, um unsere karmischen Aufgaben als Teil einer bestimmten rassischen, ethnischen, religiösen oder auch minoritären Gruppe zu bewältigen. Indem Sie sich in diesen speziellen Zusammenhang stellen, werden Sie mit Situationen konfrontiert, die Sie sonst nicht kennenlernen würden. In Bezug auf Wachstum und größeres Verständnis einer Seele ist also nicht nur individuelles Karma am Werk, sondern immer auch die Interaktion in der Gruppe.

Ich glaube auch, dass wir in einem bestimmten Land geboren werden, weil wir auf irgendeine Weise karmisch mit ihm verbunden sind. Das einzelne Land selbst hat ebenfalls karmische Verpflichtungen, denen es nachkommen muss, um sich weiterentwickeln zu können. Als Einwohner des betreffenden Landes sind wir Teil seiner Entwicklung. Vergessen wir nicht: Nicht nur Menschen können Gutes oder Böses tun, dasselbe gilt auch für Nationen. Jedes Tun einer Nation ruft eine Art Welleneffekt hervor, und jedes Land hat die Chance, das Richtige zu tun.

Den Schlüssel zum Verständnis nationalen Karmas bieten die Motive der jeweiligen Regierungskräfte. Nehmen wir George W. Bush. Es wurde viel über seine Präsidentschaft spekuliert und über die Frage, welches Karma er wohl für die Vereinigten Staaten erzeugt hat. Welches waren seine Motive für den Irak-Krieg? Gab es keine besseren Alternativen? Waren Bushs Beweggründe wirklich lauter? War dieser Krieg gut für die Menschheit oder schlechtes Karma, gespeist von Habgier und Konflikten aus früheren Leben? Ging es tatsächlich um die Unabhängigkeit des irakischen Volkes oder doch vielleicht eher um die Kontrolle der Ölvorkommen?

Betrachten wir die Sache ruhig einmal astrologisch. So viel kann man sagen: Bushs Geburtshoroskop (seine Radix) hat es in sich. Im Zeichen des Krebs geboren ist er sehr sensibel. Die Familie spielt für ihn eine bedeutende Rolle. Andererseits weist ihn sein Horoskop als impulsiv und engstirnig aus. Karmisch betrachtet ist seine Vergangenheit von vielerlei Kämpfen und Auseinandersetzungen geprägt. Wie andere metaphysische Analysetools auch, stellt das Horoskop eine Möglichkeit dar, Erkenntnisse über die Persönlichkeit eines Menschen und sein Auftreten zu gewinnen. Ein Bereich dieser Radix verrät die karmischen Neigungen der betreffenden Seele. Bushs Horoskop zeigt, dass er auf die Welt zurückgekommen ist, um eine Machtstellung einzunehmen, und dass er reichlich Gelegenheit hatte, sich weiterzuentwickeln, sich auf die höheren Aspekte seines Seins zu besinnen, als da wären Verständnis, Mitgefühl und Sensitivität. Ganz offensichtlich hatte er die Wahl, sein Karma von früher abzuarbeiten und zu transformieren. Leider hat er sich anders entschieden, und das hat zahlreiche Menschen das Leben gekostet.

America's Sweetheart

Vor Jahren habe ich einmal ein Reading für eine berühmte Fernsehschauspielerin gemacht, die ich hier Melanie nennen möchte. Sie hatte die Hauptrolle in einer TV-Serie, die viele, viele Jahre lief und auch heute noch in der ganzen Welt gern ausgestrahlt wird. Melanie war Mutter zweier Kinder. Bei der Geburt ihrer ältesten Tochter hatte sie instinktiv das Gefühl, dies würde eine der härtesten karmischen Lektionen ihres Lebens. Sobald das Mädchen dann sprechen konnte, legte es ein forderndes, ungebärdiges Wesen an den Tag und tat alles, um die Aufmerksamkeit auf sich zu ziehen.

Bevor das Reading begann, vertraute mir Melanie an: »James, als sie geboren wurde, sah ich sie an und dachte: Die kenne ich. Und sie wird mir das Leben ganz schön schwer machen. Ich muss unbedingt herausfinden, was sich da zwischen uns abspielt.«

Augenblicklich erschien mir der Geist einer Frau mit langen, grauweiß melierten Haaren. *Früher hab ich das getan, was Sie jetzt tun,* gab sie mir ein.

»Hier ist eine Frau in einem farbenfrohen kaftanartigen Gewand aus einem fließenden Stoff. Irgendwie wirkt sie auf mich überlebensgroß. Wie sie sagt, hat sie früher das getan, was ich heute tue. Ihr Name ist Dina oder Dana.«

»O mein Gott, das muss Dede sein, mein Medium.«

»Nun, sie äußert sich mit ziemlichem Nachdruck.«

»Das ist typisch für sie. Hat nie ein Blatt vor den Mund genommen.«

»Sie möchte Sie wissen lassen«, fuhr ich fort, »dass Sie jetzt Ihre Geistführerin ist. Sie passt auf Sie auf und achtet darauf, dass Ihnen nichts passiert.«

»Danke, Dede. Das kann ich gut brauchen.«

Ich lauschte Dedes Gedanken, die sie mir schnell und durchschlagend wie ein Maschinengewehr übermittelte. »Sie spricht jetzt von Ihrer Tochter und meint, Sie hätten richtig Angst vor ihr. Stimmt das?«

Melanie senkte den Blick. »Allerdings. Sie terrorisiert mich.« Nach einer Weile fügte sie hinzu: »Was habe ich ihr nur getan, dass sie mich so behandelt?«

Einen Moment lang war ich bestürzt. »Dede sagt, Sie beide würden sich schon aus vielen Leben kennen, und immer ging es dabei um Macht. Sie waren beide sehr bedeutende Leute.«

»Das macht Sinn, finden Sie nicht?«

»Dede sagt, Ihre Tochter sei eifersüchtig auf Sie, weil in diesem Leben Sie der Star sind und nicht sie.«

»O mein Gott«, stieß Melanie hervor. »Kein Wunder, dass sie so auf mich losgeht.«

»Dede meint, Sie sollen vorsichtig sein. Ihre Tochter hegt immer noch einen Groll auf Sie, aus einem früheren Leben. Sie und Ihre Tochter waren schon viele Male Gegnerinnen. Im letzten Leben, in dem Sie zusammen waren, waren Sie König und sie auch schon Ihre Tochter. Sie wollte Sie töten lassen, um selbst den Thron übernehmen zu können. Aber Sie sind ihr auf die Schliche gekommen und haben sie für den Rest ihres Lebens auf eine einsame Insel verbannt.«

Das überraschte mich. Auch Melanie schien perplex.

»Ihre Tochter, berichtet Dede, sei jedoch nie auf dieser Insel eingetroffen. Auf der Reise wurde sie von einer Gruppe Königstreuer getötet, die sie wegen des Mordkomplotts gegen Sie abgrundtief hassten. Als Sie vom Tod Ihrer Tochter erfuhren, gaben Sie sich die Schuld daran. Am nächsten Morgen wurden auch Sie tot aufgefunden – mit gebrochenem Herzen.«

Melanie und ich waren sprachlos.

»Dede sagt, Sie beide hätten noch viele karmische Lektionen zu bestehen. Ihre Tochter muss mit Ihrer großen Popularität klarzukommen lernen und ihre Eifersucht zügeln. In diesem Leben nun haben Sie beide eine Konstellation für sich erschaffen, die es Ihnen ermöglicht, einander vorbehaltlos zu lieben, unabhängig vom jeweiligen gesellschaftlichen Status. Noch etwas: Dede betont, dass sie immer bei Ihnen ist, und versucht, Ihnen den Rücken freizuhalten.«

Damit war das Medium verschwunden.

Dies war also ein Beispiel dafür, wie sich karmische Muster auswirken können. Wenn wir uns vor Augen führen, dass wir wieder und wieder mit unseren Angehörigen zusammen sind, fällt es uns leichter, die Lektionen, die wir lernen müssen, zu begreifen. Dann können wir auch bestimmte Verhaltensweisen ablegen und anderen den Vorzug geben.

Unfälle gibt es nicht

Im Buddhismus ist Karma die Summe all unserer früheren Handlungen und gegenwärtigen Impulse. Ich sehe es so: Wenn jeder von uns Gott ist beziehungsweise ein Funken Gottes, wenn Gott die Liebe ist, und wenn wir unser Leben gottgleich führen, also in allem, was wir tun, Liebe an den Tag legen, dann bringen wir positives Karma hervor und die Folgen unseres Tuns sind liebevoller Natur. Aus Liebe handeln hilft, die Lektionen, die wir zu lernen haben, besser zu begreifen und ihre Bedeutung in vollem Umfang gutzuheißen.

Wenn eine Seele hinzulernen, Erfahrungen sammeln und sich spirituell fortentwickeln möchte, sucht sie sich einen neuen Körper und wird wiedergeboren. Diese Reinkarnation scheint für die Seele eine geeignete Möglichkeit zu sein, sich weiterzuentwickeln. So kann sie nachholen, was sie in früheren Leben versäumt hat, und ihr Karma ausgleichen. Die »Zeit« zwischen den Inkarnationen dient dabei als Vorbereitung auf das neue Leben.

Ihre Entscheidung, sich zu reinkarnieren, scheint die Seele zum Zeitpunkt der Befruchtung zu treffen, wenn die Eltern ihre Ausdruckskanäle öffnen. Offenbar bildet sich das Muster einer Seele durch die Vermischung mit den seelischen Mustern der Eltern. Ich glaube, dass dies Teil unseres Gruppenkarmas ist, durch das wir mit unseren Eltern verbunden sind, in dem wir einen Teil ihres Karmas in unsere Inkarnation mitnehmen. Auch in der Bibel heißt es schon: »... aber ungestraft lässt er [Gott] niemand, sondern sucht die Missetat der Väter heim an Kindern und Kindeskindern bis ins dritte und vierte Glied« (2. Mose, 34,7). Ich frage mich, ob es nicht daran liegt, dass wir uns im Alter immer häufiger verhalten wie unsere Eltern. Der wunderbare schlafende Prophet Edgar Cayce sagte während einer seiner Trancen einmal: »Die Familie ist nur der Fluss, durch den die Seele fließt.«

Tausende von Menschen erinnern sich auf die eine oder andere Weise an ein früheres Leben, sei es in Form eines Déjà-vu-Erlebnisses, im Traum, indem sie sich aus unerfindlichen Gründen zu einem bestimmten Ort hingezogen fühlen, oder durch Rückführung unter Hypnose. Unsere früheren Leben sind unserer Seele unauslöschlich eingeprägt. Wenn wir darauf zugreifen, kann das seelische Gedächtnis die wichtigsten früheren Leben freilegen und das Karma daraus offenbaren, das wir gegenwärtig abarbeiten müssen.

Wenn ich mit Menschen arbeite, fragen sie ihre Verstorbenen häufig, warum ihnen bestimmte Dinge geschehen oder warum sie von gewissen Leuten so schlecht behandelt werden. Die Geistweisen antworten dann in der Regel, es gehe darum, eine frühere Inkarnation zum Ausgleich zu bringen. Mit anderen Worten: Damit die Seele wieder »ganz« werden kann, muss zuvor eine Schuld beglichen werden. Im Folgenden möchte ich Ihnen ein bemerkenswertes Beispiel dafür geben, wie Seelen zusammentreffen können, um karmische Schuld aus der Vergangenheit abzutragen. Auch so ein Reading, das ich nie vergessen werde.

Vor Jahren besuchte eine Gruppe Mütter eine Veranstaltung von mir in einem Hotel in Laguna Beach. Nach der Einführung und einer kurzen Meditation sah ich plötzlich hinter einer der Frauen einen jungen Mann mit braunen Locken stehen.

»Bonnie, hier ist ein junger Mann, vermutlich Ihr Sohn. Er ist schätzungsweise neunzehn Jahre alt und trägt ein T-Shirt mit einem Revolver drauf.«

Bonnie kämpfte mit den Tränen. Instinktiv griff sie nach der Hand ihrer Sitznachbarin. »Ja, das ist mein Sohn Toby.«

Plötzlich drehte sich mir der Kopf und mir wurde schwarz vor Augen. »Ist er bei einem Autounfall ums Leben gekommen?«

Bonnie und die Frau neben ihr nickten.

»Er sagt, er sei mit den Söhnen von zwei anderen Frauen hier. Sie kannten sich aus der Schule und hätten immer zusammen rumgehangen. Sie waren hin und weg von Feuerwaffen, Vietnam und dem Film *Platoon.* Kann das stimmen?«

An diesem Punkt hoben die beiden Frauen, die neben Bonnie saßen, Patty und Sharon, die Hand, um mir zu zeigen, dass sie anwesend waren.

Patty sagte: »Mein Sohn hatte es sehr mit *Platoon* und Vietnam.«

Sharon ergänzte: »Sie waren wie die drei Musketiere, machten alles zusammen und waren fasziniert von Kriegsgeschichten, besonders über Vietnam.«

Während sie sprach, tauchten auch die beiden anderen jungen Männer auf. Sie waren ungefähr gleichaltrig und schienen glücklich, beisammen sein zu dürfen, gleichsam als wäre es ihnen so bestimmt.

Ich bat die drei, mir den Unfall zu zeigen, und hatte augenblicklich ein Bild im Kopf. Ich sah die Jungs vorn in einem schwarzen Cherokee-Jeep sitzen. Sie fuhren viel zu schnell, besonders in den Kurven. Toby lachte, als er den Kopf vorbeugte und das Radio lauter stellte. Genau in diesem Moment kam ein Wagen frontal auf sie zu. Toby riss das Steuer herum, der Jeep kam von der Straße ab und raste in einen Telegrafenmast. Der Jeep ging in Flammen auf. Die drei Jungen konnten sich nicht befreien und verbrannten.

Als ich den anderen Zuschauern erklärte, was geschehen war, hielten sich die drei Mütter an den Händen.

Bonnie fragte: »Warum bloß mussten sie so sterben – in einem brennenden Auto?«

»Ihr Sohn sagt, es hätte alles so kommen müssen. Es sei um eine karmische Schuld gegangen, die beglichen werden musste.«

An die drei Mütter gewandt, fragte ich dann noch: »Den beiden Mädchen in dem anderen Wagen ist nichts passiert, stimmt's?«

Sie nickten.

Dann bat ich ihre Söhne, mir mehr über diese karmische Schuld zu verraten.

»Die drei berichten, in ihrem letzten Leben vor dieser Inkarnation seien sie gemeinsam in Vietnam gewesen. Vermutlich also Ende der Sechzigerjahre. Jetzt empfange ich das Bild von einem Vollmond. Verstehe. Es muss während des chinesischen Neujahrsfests gewesen sein. Die drei Soldaten fuhren in ihrem Jeep herum, auf der Suche nach Schlitzaugen, wie sie sagen. Sie hatten gefeiert und waren angetrunken. Dann stießen sie auf zwei Menschen, offenbar ein Ehepaar, die sich in einem Auto versteckt hatten. Die Soldaten sprangen aus dem Jeep, machten sich über die Vietnamesen lustig und beschimpften sie. Dann nahmen sie ihr Auto unter Beschuss. Es ging in Flammen auf. Die Eheleute saßen in der Falle. O mein Gott! Die drei standen einfach nur da und schauten zu, wie die beiden Menschen im Feuer starben.«

Ich brauchte ein paar Minuten, um das alles zu verdauen. Im Publikum herrschte Totenstille. Was für eine grausame Vorstellung. Die drei Mütter weinten, als sie erfuhren, wie brutal sich ihre Söhne in einem früheren Leben aufgeführt hatten.

An die Frauen gewandt sagte ich: »Unfälle gibt es in Wahrheit nicht. Die beiden Mädchen in dem anderen Auto trugen keinerlei Schuld. Ein Glück nur, dass ihnen nichts passiert ist.«

»Aber wenn unsere Söhne doch schon in Vietnam gestorben sind – warum dann jetzt noch einmal?«, fragte Sharon. »Haben sie ihr Karma denn nicht schon damals im Krieg ausgeglichen?«

»Nicht unbedingt«, antwortete ich.

Dann fragte ich die drei jungen Männer, ob sie eingezogen wurden. »Toby sagt, sie hätten sich freiwillig gemeldet. Hätten es kaum erwarten können, zum Militär zu kommen und zu schießen. Damit, dass sie sich freiwillig gemeldet hatten, hatte ihr Karma nichts zu tun. Die Motivation dafür war ehrenhaft. Nicht aber die Ermordung zweier unschuldiger Menschen. Die war vollkommen unnötig und durch nichts zu rechtfertigen. Und darin bestand auch die karmische Schuld, um die es ging.«

Die drei jungen Männer beteuerten, wie leid es ihnen tat, ihren Müttern so großen Schmerz bereitet zu haben.

»Toby meint: *Weint nicht um uns. Wir mussten das durchmachen. Und jetzt sind wir endlich frei.*«

Einige Monate nachdem Bonnie ihre Botschaft aus dem Jenseits erhalten hatte, besuchte sie das Zuhause der beiden Mädchen, die sie kannte, weil sie Klassenkameradinnen ihres Sohnes waren. Sie hatte das Gefühl, dieser Besuch sei nötig, um endgültig zu ihrem Seelenheil zurückzufinden. Missy Holmes, die Mutter der beiden, machte ihr die Tür auf und Bonnie bedankte sich, dass sie reinkommen durfte. Die beiden Frauen kamen schnell auf den Autounfall zu sprechen. Als Bonnie von meiner Veranstaltung und der Tat der Jungen in Vietnam erzählte, hatte Missy noch einige wichtige Zusatzinformationen.

»Komisch, dass Sie das von Vietnam sagen. Meine beiden sind davon auch total fasziniert. Irgendwann wollen sie das Land unbedingt einmal besuchen. Und vor Feuer haben sie eine Angst, die weit über das normale Maß hinausgeht.«

»Wirklich?«

»Sie haben sogar Taue an den Fenstern befestigt, damit sie sich im Notfall daran abseilen können, so groß ist ihre Angst, im Haus eingesperrt zu sein, falls einmal ein Feuer ausbricht.«

Bonnie, die nicht genau wusste, wie sie sich die Zusammenhänge zwischen Toby und den beiden Mädchen erklären sollte, hoffte von ganzem Herzen, dass ihr Sohn den Mädchen würde helfen können, ihre Angst vor Feuer zu überwinden.

Vielleicht waren die beiden tatsächlich das Ehepaar, das an jenem Tag in Vietnam den Flammen zum Opfer gefallen war. Aber ganz sicher werden wir es nie wissen. Wie dem auch sei, in jedem Fall waren diese drei Männer allein für ihre hasserfüllte Tat verantwortlich. Und sie mussten ernten, was sie gesät hatten. Vergessen Sie nicht: Karma ist keine Strafe, sondern die Art und Weise, wie wir handeln und reagieren. Darüber hinaus ist unser Karma ein Instrument der Erziehung, das unser spirituelles Wachstum unterstützt und dafür sorgt, dass die Folgen all unserer Handlungen, die gegen das Gesetz der Liebe verstoßen, bereinigt werden. In diesem Leben erhalten wir immer wieder Chancen, negatives Karma aus früheren Existenzen abzuarbeiten. Und ja: Die geistige Welt hat mir mehr als deutlich zu verstehen gegeben, dass wir beziehungsweise unsere Seelen schon viele Male und an vielen verschiedenen Orten inkarniert waren.

Ich weiß noch: Ich musste einmal an einer roten Ampel anhalten. Auf dem Wagen vor mir klebte ein Sticker mit einer Aufschrift, die sich mir tief eingeprägt hat. Sie lautete: »Wie du mich behandelst, das ist dein Karma. Meines besteht darin, wie ich darauf reagiere.«

Zu wissen, dass wir alle ein Karma haben, ist die eine Sache. Doch wie wir damit umgehen, eine ganz andere. Mit dieser Frage wollen wir uns nun im nächsten Kapitel beschäftigen.

TEIL DREI

Endlich klare Sicht

SIEBEN

HINDERNISSE ÜBERWINDEN

Erfolg bemisst sich nicht an den Gipfeln, die man erstürmt, sondern an den Hürden, die man dabei überwindet.
Booker T. Washington

Wie oft haben Sie sich wohl schon gesagt: »Eine ausweglose Lage, in der ich mich da befinde!« »Wie konnte Gott mir so etwas nur antun?« Möglicherweise sind Sie voller Verzweiflung in Tränen ausgebrochen, weil Sie einfach nicht weiterwussten.

Wann immer ich mein Leben schwierig finde und mich alles schier zu überwältigen droht, erinnere ich mich an eine Frau, die so tapfer war, dass sie sich gegen alle Widrigkeiten durchsetzte. Sie gehört zu den bedeutendsten spirituellen Lehrern, die je gelebt haben, und ist ein hervorragendes Beispiel dafür, wie man alle Hürden, die sich einem in den Weg legen, überwinden kann. Mit eineinhalb Jahren erblindete sie und wurde gleichzeitig taub. Doch diese Handicaps nutzte sie als Möglichkeit, sich selbst zu erkennen und ihre Einsichten sowie ihr ganzes Wissen an ihre Mitmenschen weiterzugeben. Sie machte Mut, das Leben in seiner ganzen Fülle auszukosten. Wenn wir in der Lage wären, auch nur einen Bruchteil dessen zu realisieren, was sie trotz ihrer Behinderungen alles zustande brachte, würden wir jede Sekunde unseres Daseins zu schätzen wissen.

Die Frau, von der ich spreche, war Helen Keller. Sie sagte einmal: »Wenn sich eine Tür des Glücks für uns schließt, geht immer eine andere auf; manchmal aber starren wir nur auf die verschlossene Tür, sodass wir die offene gar nicht wahrnehmen.«

Nachdem Sie bis hierher gelesen haben, hoffe ich, dass Sie einiges jetzt schon anders sehen als zuvor. Angesichts all dessen, was Sie inzwischen über das Leben, den Tod und die Entscheidungen erfahren haben, die zwischen den Inkarnationen getroffen werden, könnte ich mir jedenfalls gut vorstellen, dass Sie die Konflikte, in die Sie geraten, jetzt bereits mit ganz anderen Augen betrachten oder zumindest einige neue Einsichten gewonnen haben. Von nun an können Sie Ihr Leben produktiver und verantwortungsbewusster gestalten und überkommene Kontrollmechanismen sowie negative Verhaltensmuster ablegen.

Das Leben steckt voller Hindernisse. Wie mir RaMa, einer meiner Geistführer, einmal sagte, ist jede Hürde eine Gelegenheit, mehr über uns und die Welt, in der wir leben, zu erfahren. Wie langweilig wäre das Leben, wenn es darin keine Unstimmigkeiten, Konflikte und unerwartete Traumata gäbe. Zu lernen damit klarzukommen, das ist es, worum sich alles dreht. Wenn ich ganz schlecht drauf bin, erinnere ich mich immer an das Lied, das Annie (in dem gleichnamigen Musical) aus ihrer Depression heraushalf: »The Sun Will Come Out Tomorrow« – Morgen früh geht die Sonne wieder auf. Genau so ist es doch.

Halten Sie jetzt mal kurz inne und denken Sie ernsthaft über Ihre Lage nach. Mag sein, dass Sie sich an manchen Tagen morgens kaum in der Lage fühlen, den Kopf zu heben, so aussichtslos sieht alles aus. Aber Sie wissen auch, dass jeder Mensch tief in seinem Inneren über einen angeborenen Überlebensinstinkt verfügt. Da die Hoffnung bekanntlich zuletzt stirbt, führt sie Sie in den neuen Tag. Und an diesem neuen Tag sehen Sie vielleicht irgendetwas an Ihrer Lage anders. Oder jemand ruft an und bietet Ihnen unverhofft eine neue Chance.

Nichts ist so schlimm, dass wir nicht daran wachsen können, nur die Einstellung muss stimmen. Hindernissen müssen wir mit Selbstbewusstsein und Selbstvertrauen entgegentreten und aus unserer inneren Wahrheit heraus auf sie reagieren. Denn reagieren können wir ja immer nur in Gedanken, nach Möglichkeit *achtsamen* Gedanken. Wenn uns bewusst ist, dass wir so viel Macht haben, dass wir in der Lage sind, unsere Sichtweise zu verändern, bekommen wir das Gefühl, die Situation im Griff zu haben – und nicht umgekehrt.

Geben Sie sich nie geschlagen. Denn das kann nicht in Ihrem Interesse liegen. Sie müssen sich klarmachen, dass die Welt nicht untergeht und dass sich immer neue Möglichkeiten auftun. Sie können Ihren Traum leben, wie immer der auch aussehen mag.

Auf den folgenden Seiten werde ich einige der wichtigsten Hindernisse, auf die man im Leben stoßen kann, ansprechen und auf ihre Ursachen eingehen. Ich hoffe, das ermöglicht es Ihnen, Ihre Blockaden zu lösen und eine neue Sichtweise zu gewinnen. Jedenfalls wird es dazu beitragen, dass Sie bei allem, was Sie tun, den Kopf frei und das Herz offen haben, dass Sie lernen, Geduld, Stärke und Individualität an den Tag zu legen. Und wenn Sie einen klareren Blick auf sich selbst bekommen, werden Sie auch erkennen, von wem Sie alles geliebt werden.

Im dritten Kapitel habe ich schon einiges über Angst gesagt. Es handelt sich um eine ganz normale Gefühlsreaktion, einen festen Bestandteil unseres Überlebensinstinkts. Sobald unsere Ängste jedoch in Bereichen auftreten, in denen es nicht ums reine Überleben geht, sind sie nur Kopfgeburten, Wahngebilde. Angst kann darauf hindeuten, dass man vor einem Thema flüchtet oder ihm auszuweichen versucht. Und in der Regel sieht alles viel schlimmer aus, als es ist, wenn man Angst hat. Mit anderen Worten: Sobald man sich vor irgendetwas fürchtet, bläst man es über Gebühr auf und macht aus einer Mücke einen Elefanten.

Die meisten Ängste, die wir haben, entstammen ursprünglich den Überzeugungen der Eltern, der Religion oder der schrägen Sichtweise anderer Leute. Nun können Ängste uns durchaus motivieren; zum Beispiel dazu, im Leben vorwärtszukommen, weil wir Angst vor dem Scheitern haben. Sie können uns aber auch davon abhalten, unsere Träume zu verwirklichen, Wünsche zu erfüllen und Ziele zu erreichen, weil wir Angst haben, es »nicht zu schaffen«. Vielen Leuten scheint es leichter zu fallen, sich zu fürchten, als an ihr Erfolgspotenzial zu glauben. Wir müssen uns unseren Ängsten ernsthaft stellen, am besten, indem wir sie aufschreiben und dann *realistisch* analysieren – was nicht heißt, sie zu rationalisieren oder kleinzureden. Aber auch nicht, unter ihnen zusammenzubrechen.

Die Einstellung ist von großer Bedeutung, weil sich darin Ihr Bild von der Welt niederschlägt und sie die Antriebskraft hinter Ihrem ganzen Verhalten ist. Ihr Leben und alles, was Sie tun, wird von Ihrer Einstellung beeinflusst. Sie bestimmt über die Energie, die Sie aussenden, und prägt die Umstände, in denen Sie leben. Wenn Sie eine positive Einstellung haben, werden Sie von anderen Menschen besser angenommen und wirken anziehend auf sie. Und Sie öffnen sich für den Fluss des Lebens. Sind Sie dagegen depressiv, verbittert oder unglücklich, wird keiner Ihre Nähe suchen. Dann stoßen Sie Ihre Mitmenschen eher ab und verbauen sich mögliche Chancen.

Das Schöne ist nun, dass Sie Ihre Lebenseinstellung frei wählen können. Der ideale Weg dazu ist von Mensch zu Mensch unterschiedlich. Mal angenommen, Ihr Arbeitgeber reduziert Ihre Stundenzahl. Dann können Sie beschließen, das für ungerecht zu halten, und Dienst nach Vorschrift machen. Oder aber Sie entscheiden sich für Verständnis. Vielleicht wissen Sie ja gar nicht genau, was in Ihrem Betrieb hinter den Kulissen vorgeht. Möglicherweise *muss* die Stundenzahl reduziert werden, weil es anders nicht möglich ist, die Arbeitsplätze zu erhalten. Und noch etwas: Man muss nicht immer alles so persönlich nehmen. Manches erklärt sich von selbst, wenn man das große Bild kennt. Wenn Sie zu der Einstellung gelangen können, »Es wird sich alles genau so entwickeln, wie es sein soll«, dann tut es das gewöhnlich auch – karmisch gesprochen.

Zu wissen, dass man sich aussuchen kann, wie man reagiert, ist besonders von Bedeutung, wenn sich unerwartet Probleme auftun. In solchen Situationen überlegen Sie am besten, wie Sie sich eine positive Einstellung bewahren.

Denn das kann ich Ihnen garantieren: Gut gestimmt ist man gleich viel glücklicher.

Rückhalt durch den Vater

In puncto positive Einstellung habe ich eine bemerkenswerte Geschichte bezüglich einer Botschaft, die ich einmal einem zweiundzwanzigjährigen Mann namens Dean übermitteln konnte. Ich traf ihn 2002 zufällig vor meiner Fernsehshow *Beyond*. In der Entwicklungsphase der Sendung arrangierten die Produzenten ein Treffen mit fünf mir unbekannten Menschen, um sich mit meiner Arbeitsweise vertraut zu machen. Als ich die Studiobühne betrat, saßen in einer Stuhlreihe davor drei Frauen und zwei Männer, alle ungefähr Anfang zwanzig.

»Hallo, ich bin James«, stellte ich mich vor.

Alle erwiderten meinen Gruß, aber einer der jungen Männer fiel mir besonders auf. Er sagte: »Hallo, James. Schön, Sie einmal kennenzulernen. Sie machen eine so tolle Arbeit! Dafür möchte ich Ihnen danken.«

Was mich an diesem jungen Mann faszinierte, waren sein Lächeln und seine warme, freundliche Ausstrahlung. Dean hatte so viel Charme, dass ich mich geradezu magnetisch von ihm angezogen fühlte. Irgendwie erinnerte er mich an den jungen Hugh Grant.

Sobald ich mit der Sitzung begonnen hatte, erschien Deans Vater. Er stand rechts von dem jungen Mann und wirkte auf mich skeptisch, fast ein wenig abweisend.

»Dean, Ihr Vater ist hier. Allem Anschein nach traut er dem, was wir hier tun, aber nicht so recht.«

»Das ist ganz typisch. Zwischen Himmel und Erde gab es für ihn selten was.«

»Er sagt, Sie hätten eine Gabe, die er aber erst nach seinem Tod erkannt hätte.«

»Was für eine Gabe denn?«

»Sie würden dem Leben immer etwas Positives abgewinnen, sagt er. So wären Sie auch als kleiner Junge schon gewesen. Die Leute hätten immer gesagt, was für ein freundliches, nettes Kind Sie seien, und Ihr Vater hätte Sie deshalb für einen ziemlichen Dummkopf gehalten.«

Diese Bemerkung verwirrte Dean ein wenig, wie ich sehen konnte.

»Solange er noch unter uns weilte, hätte er nie recht mit Ihnen umgehen können«, fuhr ich fort. »Heute tut es ihm leid, dass er sich so oft über Sie lustig gemacht hat.«

»Ist schon okay, Dad. Ich war ja tatsächlich immer etwas anders.«

»Ihr Vater meint, er hätte sich ständig Sorgen gemacht, dass die Leute Ihre Gutmütigkeit ausnutzen könnten. Auf seine Weise wollte er Sie im Grunde also nur beschützen.«

»Ich war schon immer völlig unbekümmert, das ist bei mir vermutlich angeboren.«

Ich nickte und dankte Dean. »Ihr Vater sagt, dass Sie es mit Ihrem Optimismus bestimmt noch weit bringen werden und dass Ihnen ganz viele Türen offen stehen. Sie werden bestimmt eine tolle Karriere machen. Darauf freut er sich schon.«

Dean strahlte. »Hey, das ist ja mal 'ne tolle Nachricht!«

»Stimmt«, bestätigte ich. »Ihr Dad sagt, er würde Sie immer im Auge behalten und könnte noch viel von Ihnen lernen. Er würde einiges dafür geben, wenn er schon zu Lebzeiten dazu in der Lage gewesen wäre.«

»Echt?«, rief Dean aus. »Das ist ja witzig.«

»Was wollen Sie damit sagen?«

»Früher meinte Dad immer, ich würde alles durch eine rosarote Brille sehen. Und dass ich es mit dieser Einstellung nie zu was bringen würde. Und jetzt soll er von mir lernen? Unglaublich!«

Ich lächelte dem jungen Mann zu. »Wir lernen immer, ob wir nun noch hier sind oder schon im Jenseits. Und die Geistwesen können von uns Lebenden noch genauso etwas lernen wie wir von ihnen.«

Dean schaute zur Decke. »Danke, Dad.«

Als ich dann die Präsenz weiterer Geister spürte, fuhr ich mit der Sitzung fort und gab die Botschaften für die anderen Anwesenden durch.

Am nächsten Tag zappte ich mich durch die Fernsehkanäle und stieß auf eine neue Serie. Und als ich Dean, den jungen Mann mit der großartigen Lebenseinstellung erkannte, der die Hauptrolle hatte, dachte ich so bei mir: Toll, Dean. Da hat sich deine rosarote Brille aber echt ausgezahlt.

Emotionen

Wir Menschen sind von Natur aus emotionale Lebewesen. Und deshalb sind es unsere Gefühle, die uns leiten, das Richtige zu tun. Genauso können uns unsere Emotionen aber auch im Weg stehen. Je nach Art und Intensität haben sie durchaus die Kraft, uns davon abzuhalten, unser Potenzial voll auszuleben. Sobald wir uns von negativen Gefühlen wie Niedergeschlagenheit, Angst, Zorn, Sorge und so weiter übermannen lassen, fühlen wir uns unweigerlich elend und wie in der Falle. Denn derartige Emotionen zwingen uns geradezu, uns auf die vermeintlichen Schwachstellen zu fokussieren. Sie laugen uns aus, machen uns sowohl psychisch als auch körperlich fertig. Dann verändert sich die Chemie im Gehirn; oft lassen wir uns in eine Opferhaltung hineinmanövrieren; der Blickwinkel verengt sich, der Körper wird verspannt und wir lassen den Kopf hängen. Wir wollen uns nur noch im Bett verkriechen. Denn allem Anschein nach befinden wir uns in einem tiefen Loch.

Positive Gefühle wie Liebe, Versöhnlichkeit und Freude sorgen dagegen für Wachstum und Ausdehnung. Und diese Emotionen helfen uns, das Ende des Tunnels zu sehen und Möglichkeiten zu erkennen, die sich eröffnen. Wir alle wissen doch, wie es sich anfühlt, wenn man außer sich vor Freude ist. Dann scheinen wir plötzlich über Bärenkräfte zu verfügen – und alles ist möglich. Wir lächeln, strahlen und tanzen, wir stoßen Freudenschreie aus, so glücklich sind wir. Und je positiver unsere Gefühle, desto gesünder sind wir auch in körperlicher, geistiger und spiritueller Hinsicht. Wir werden toleranter, kreativer und können uns kopfüber in die unglaublichen Möglichkeiten stürzen, die das Leben zu bieten hat.

Ich sage den Leuten immer: Wenn ihr traurig oder niedergeschlagen seid, schließt die Augen und denkt an etwas, was euch so richtig mit Glück erfüllt. Das kann ein Kindheitserlebnis sein, ein Witz oder irgendeine Fernsehkomödie – einfach etwas, was einen zum Lachen bringt und wobei man sich gut fühlt. Lachen ist bekanntlich immer die beste Medizin, und zwar, weil es sich unmittelbar positiv auf unseren Energiehaushalt auswirkt. Die Folgen sind nicht allein psychischer Natur, sondern auch physiologischer. Lachen verändert nämlich die Chemie im Gehirn, und zwar vollkommen ohne irgendwelche Drogen oder andere stimmungsaufhellende Substanzen. Wann immer ich mich zum Beispiel in einem Aufzug, im Taxi oder einem Workshop aufhalte, in dem ich die Energie als zu schwer und angstbelastet empfinde, fange ich an zu trällern. Dann sing ich mir ein Liedchen zur Freude meines Herzens. In der Regel entlockt das auch den anderen ein Lächeln (wiewohl ich zugeben muss, dass manche durchaus schockiert sind). Die Leute fangen an zu lachen und im Nu hat sich die Energie zum Positiven verändert.

Stress

Einfach ausgedrückt bezeichnet Stress das Gegenteil von Entspannung. Aber auch so etwas gehört zum Leben mit dazu. Stress ist die Reaktion des Körpers auf unsere Wahrnehmung einer bestimmten Situation. Mancher Stress ist ausgesprochen produktiv. Angenommen, Sie sind bei der Arbeit mit einem wichtigen Projekt befasst. Dann können Sie den positiven Stress dafür nutzen, es voranzutreiben, und zum vereinbarten Zeitpunkt eine hervorragende Leistung abliefern. Obwohl sie Stress hervorruft, bewahrt uns die Kampf-oder-Flucht-Reaktion als Teil unseres Überlebensinstinktes vor Gefahren und trägt dazu bei, dass wir auch in einer feindlichen Umgebung unversehrt bleiben. Ein bisschen Stress ist also vollkommen in Ordnung, nur zu viel davon wird ungesund.

Schädlicher Stress entsteht, wenn wir das Gefühl bekommen, in entscheidenden Bereichen des Lebens die Kontrolle verloren zu haben und den Dingen machtlos ausgeliefert zu sein. Wenn eine Frau zum Beispiel versucht, allzu viele Rollen unter einen Hut zu bringen – ihr Mutterdasein, einen anspruchsvollen Beruf, die Pflege ihrer Freundschaften, staatsbürgerliches Engagement, Sport und Freizeitaktivitäten –, und auf allen diesen Gebieten hundert Prozent leisten möchte. Oder denken wir an den Selbstständigen, der ständig unter Druck steht, alles zugleich zu sein: perfekter Unternehmer, Ehemann und Vater. Beide haben viel zu viel Stress.

Stress darf nie überhand nehmen, er darf nicht Ihr Leben bestimmen. Wenn Sie zu viel Stress haben, können auf Dauer körperliche Beschwerden auftreten wie Kopfschmerzen, Schlafstörungen, Verdauungsprobleme, Stimmungsschwankungen, Engegefühle im Brustkorb und mehr. Wenn ich die Aura von jemandem scanne und dabei im Kopfbereich ein hohes Maß an Energie wahrnehme, weiß ich, dass der Betreffende zu viel Stress hat, sich zu große Sorgen macht, den Kopf zu voll hat und eine zu hohe Verantwortung trägt.

Aber wie geht man nun am besten mit Stress um? Hier ein paar Vorschläge:

Überdenken Sie Ihre Aktivitäten und Ziele. Ist das alles noch realistisch, oder nehmen Sie sich zu viel vor?

Machen Sie sich das Leben leichter, indem Sie mehr delegieren. Sie müssen nicht alles selbst machen.

Treiben Sie regelmäßig Sport, um Stress abzubauen und Ihrem Körper etwas Gutes zu tun.

Legen Sie sich ein schönes Hobby zu, Gärtnern zum Beispiel oder Malen.

Setzen Sie Prioritäten – und zwar schriftlich. Indem Sie sich alles aufschreiben, was Sie zu tun haben, bekommen Sie es aus dem Kopf und erkennen, was am wichtigsten ist.

Hören Sie auf, Everybody's Darling sein zu wollen. Seien Sie einfach Sie selbst.

Wenn Sie lernen, vernünftig mit Stress umzugehen, werden Sie bedeutend effizienter werden und mehr auf die Reihe bekommen. Und dann macht das Leben auch gleich viel mehr Spaß.

Geld

Als Mittel zum Zweck und Energiequelle ist Geld toll. Für manche Leute stellt es aber auch ein unglaubliches Problem dar. Denn Geld kann die Sicht auf das große Ganze und die wahre Bedeutung des Lebens verstellen.

Wir alle kennen Menschen oder haben zumindest von ihnen gehört, die ein großes Vermögen besitzen. Dennoch gehören viele Millionäre zu den unglücklichsten und unausgefülltesten Menschen, die es überhaupt gibt. Einfach nur Geld zu haben heißt noch lange nicht, dass man auch wohlhabend ist. Geld ist etwas rein Materielles, Wohlstand aber eine Lebenseinstellung.

Die meisten von uns hangeln sich finanziell von Monat zu Monat; wir zahlen unsere Rechnungen und können von Glück sagen, wenn am Ende noch etwas übrig bleibt, was wir fürs Alter zurücklegen können. Meistens aber ist genug noch lange nicht genug. Wir wollen immer mehr, ganz so, als wäre Geld *das* Allheilmittel, mit dem sich alles regeln ließe. Leute, die keines haben, leben deswegen ständig in Sorge. In puncto Geld versorgt uns das Universum mit allem, was wir denken und erwarten. Wenn wir Angst haben, es könnte nicht reichen, *wird* es nicht reichen. Geldsorgen sind Ausdruck eines »Armutsbewusstseins«. Es ist gleichsam so, als würden Sie um sich herum eine Mauer errichten. Und diese Mauer sorgt dann dafür, dass das Geld außerhalb Ihrer Reichweite bleibt, statt Ihnen zuzufließen.

Finanzielle Freiheit ist möglich, unter Umständen aber gar nicht so leicht zu realisieren. Denn dafür müssen Sie Ihr Denken in Geldangelegenheiten von Grund auf verändern. Sie müssen Ihre Armutsmentalität nachdrücklich überdenken. Sobald Sie sich die Überzeugung angeeignet haben, dass Geld genug für alle da ist, können Sie anfangen, (auch) finanziell im Überfluss zu leben. Bis es so weit ist, profitieren Sie bestimmt von folgenden praktischen Tipps, wie man den Stellenwert, den das Geld im eigenen Leben einnimmt, nach und nach reduziert.

Stellen Sie einen Finanzplan auf und legen Sie die Prioritäten Ihrer Ausgaben fest. An diesen Plan müssen Sie sich dann jedoch nicht sklavisch halten. Denn es sind ja nicht unsere Besitztümer, die wirkliche Sicherheit und echten Wohlstand vermitteln, sondern das, was wir sind, und die Liebe, die wir schenken und empfangen.

Führen Sie ein Haushaltsbuch. Oder wissen Sie wirklich ganz genau, wo Ihr Geld bleibt? Glücklich sein heißt auch, mit dem auszukommen, was man hat. Und die Kontrolle über seine Finanzen zu behalten.

Vermeiden Sie Impulskäufe und kaufen Sie nur Sachen, die Sie wirklich brauchen.

Verabschieden Sie sich von der Idee, dass Sie Dinge brauchen, um glücklich zu sein.

Seien Sie nicht neidisch auf Leute, die in Ihren Augen mehr und Besseres besitzen als Sie. Freuen Sie sich an dem, was Sie haben.

Verschaffen Sie sich eine genaue Übersicht über Ihre Schulden und lassen Sie Ihre Kreditkarte(n) zu Hause.

Der Umgang mit Geld gehört zu den karmischen Lektionen, die das Leben für uns bereithält. Dabei gibt Ihnen das Universum alles zurück, was Sie aussenden. Wenn Sie Ihr Geld nicht allzu sehr zusammenhalten, sondern anderen damit helfen, öffnen Sie sich seinem Fluss und dem Austausch der Energien, für die es steht.

Von einem Freund habe ich einmal eine Parabel gehört, die ganz ausgezeichnet zeigt, wie die Entwicklung der Seele von Habgier und Egoismus blockiert wird. Ich erzähle diese Geschichte in allen meinen Workshops und würde sie auch an Sie gern weitergeben.

Ein Milliardär stirbt und kommt in den Himmel. Er wird von Petrus in Empfang genommen, der ihn überall herumführt. Bei ihrem Spaziergang staunt der Milliardär über die ganze Schönheit und Perfektion des Himmelreiches. Allenthalben wachsen die fantastischsten exotischen Pflanzen, die Gärten sind tadellos gepflegt. Überall stehen große herrschaftliche Villen, ästhetisch ansprechend in der Landschaft verteilt. Vor lauter Bewunderung über die Schönheit und Majestät des Himmels kommen dem Milliardär fast die Tränen. Petrus führt ihn einen Pfad hinab. Die Farben rundum sind einfach unglaublich.

Der Milliardär fragt: »Und wo steht mein Haus?«

»Ein bisschen weiter entfernt«, antwortet Petrus.

Sie steigen einige Stufen hinab. Plötzlich bemerkt der Mann, dass sich die Umgebung verändert. Die Villen sind jetzt nur noch kleine Häuschen. Die Gärten werden immer weniger, die Farben leblos und stumpf.

»Wo ist denn nun mein Haus?«, fragt der Milliardär nervös.

»Nur noch ein paar Stufen«, entgegnet Petrus.

Sie steigen weitere Stufen hinab und verändern am Fuß der Treppe die Richtung ihres Spaziergangs. Hier herrscht nun eine völlig andere Atmosphäre. Die Häuser sind praktisch nur noch Hütten. Der Gehweg ist voller Matsch, das Farbspektrum umfasst jetzt eigentlich nur noch Grau- und Brauntöne. Pflanzen gibt es auch so gut wie keine mehr.

Überrascht packt der Milliardär Petrus beim Arm.

»Moment mal. Hier kann mein Haus nicht stehen. Wir müssen die falsche Richtung eingeschlagen haben.«

»Nein, das stimmt schon so«, antwortet Petrus.

Sie gehen noch ein Stück weiter und dann hält Petrus plötzlich inne. Er deutet auf einen winzigen, verfallenen Schuppen. Weit und breit keine Pflanze, keine Farbe, überhaupt nichts Schönes. Eigentlich ist es hier so dunkel, dass man praktisch gar nichts sieht.

Der Milliardär sagt zu Petrus: »Offensichtlich wissen Sie nicht, wer ich bin. Das hier kann auf gar keinen Fall mein neues Zuhause sein. Auf der Erde war ich ein sehr vermögender Mann. Ich besaß zehn Häuser und beschäftigte Hunderte von Dienern. Alles, was ich mir wünschte, konnte ich mir locker leisten. Das kann hier alles nur ein Irrtum sein.«

Mittlerweile schäumt der Mann vor Wut. »Wo kann ich mich beschweren?«

Petrus schaut ihm in die Augen und sagt: »Das ist keineswegs ein Irrtum. Wir können immer nur mit den Materialien bauen, die uns die Leute schicken.«

Geld wird in der spirituellen Welt nicht belohnt. Es wird dort ganz anders gesehen, nicht als Selbstzweck, sondern als Hilfsmittel zur Unterstützung anderer.

Alles haben

Im Folgenden geht es um ein Ehepaar, das materiell gesehen extrem reich, spirituell jedoch bankrott war.

Während einer Demonstrationsveranstaltung in Orange County fiel mir auf, dass sich viele der anwesenden Frauen erheblich von meinem sonstigen Publikum unterschieden. Sie waren todschick gekleidet, tadellos frisiert und perfekt manikürt, sie trugen teuren Schmuck und sahen überhaupt aus, als kämen sie gerade aus dem Ritz-Carlton oder einem anderen Fünf-Sterne-Hotel.

»Hat sich für heute irgendeine Frauenvereinigung angemeldet?«, fragte ich meine Assistentin.

Sie wusste sofort, was ich meinte. »Nein«, sagte sie. »Das sind nur ein paar der Superreichen aus La Jolla und Newport.«

Mitten in der Veranstaltung sah ich einen männlichen Geist im Publikum stehen, in der Nähe einer bestimmten Frau im Publikum. Allem Anschein nach konnte er es kaum erwarten, eine Botschaft loszuwerden.

Ich ging auf die Frau zu. Sie saß in der ersten Reihe und trug einen piekfeinen Hosenanzug, wahrscheinlich von Chanel. Ihr Haar, dunkel mit hellen Strähnchen, aber auch ihr Make-up sahen aus, als hätte eben noch ein Profivisagist letzte Hand angelegt.

»Darf ich zu Ihnen kommen?«, fragte ich.

»Selbstverständlich.«

»Hier ist ein Mann, der unbedingt mit Ihnen sprechen möchte. Wie er sagt, heißt er Clifford oder Clifton. Wissen Sie, wer das sein könnte?«

»Clifton, mein verstorbener Gatte.«

»Irgendwie scheint er mir sehr aufgebracht. Sie müssten Ihr Verhalten ändern, sagt er.«

»Ich kann mir nicht vorstellen, was damit gemeint sein könnte.«

Ich bat den Geist, deutlicher zu werden. Das Publikum war gespannt, was ich erfahren würde.

»Clifton ist der Meinung, er habe sich getäuscht. Erst seit er im Jenseits sei, wisse er über alles Bescheid. Er zeigt mir einen Gerichtssaal. Und jetzt eine Villa. Sagt Ihnen das etwas?«

»Ja. Mein Mann war Anwalt und unterhielt eine äußerst erfolgreiche Kanzlei. Wir hatten eine Villa in Newport. Und er war ein Workaholic.«

»Danke, das reicht.« Dann wandte ich mich wieder Clifton zu.

»Jetzt zeigt er mir Schmuck, Champagnerflaschen, Motorboote, Autos und haufenweise Geld. Wer ist Betty?«

»Betsy. Das bin ich.«

»Er sagt, das alles zähle überhaupt nicht. Nach seinem Tod, berichtet er, sei er sehr unglücklich gewesen. Er habe den Kopf nicht freibekommen und große Verwirrung empfunden.«

»Das passt gar nicht zu Cliff. Er hat immer ganz genau gewusst, was er tut.«

»Nun«, entgegnete ich, »in der geistigen Welt hat er die Kontrolle über sein Leben gänzlich verloren. Wie er sagt, hat er zu Lebzeiten die Leute betrogen. Und belogen. Jetzt tut ihm das sehr leid. Aber er sei, wie er meint, total in der materiellen Welt aufgegangen.«

»Geht uns das nicht allen so?«, sagte Betsy mit einem affektierten Lächeln.

»Wer ist Derek?«

»Unser Sohn. Er ist auch schon tot.«

Gemurmel im Publikum. Betsy traten die Tränen in die Augen.

»Cliff möchte allen Ernstes, dass Sie sich verändern. Er besteht sogar darauf. Er sagt, er habe seine Klienten übers Ohr gehauen, ihnen zu hohe Honorare in Rechnung gestellt. Dieses ergaunerte Geld sollen Sie den Bedürftigen zukommen lassen. Es sei schmutziges Geld. Ergaunert. Sie sollen eine wohltätige Stiftung gründen und es spenden.«

Betsy wirkte irritiert und peinlich berührt. »Ich weiß gar nicht, was ich darauf sagen soll.«

Die Frau hatte ihrem Mann offensichtlich überhaupt nicht zugehört. Dafür war sie viel zu sehr in ihrem aufwendigen Lebensstil gefangen.

»Jetzt zeigt er mir ein kleines Flugzeug. Sind Cliff und Ihr Sohn bei einem Flugzeugabsturz ums Leben gekommen?«

»Ja, mit Cliffs Privatjet. Er gab unserem Sohn gerade eine Flugstunde.«

»Ihr Mann geht vor Ihnen auf die Knie. Er fleht Sie an: *Verhalt dich nicht so wie ich.* Er spricht von seinen Fehlern und drückt sein Bedauern aus, dass er so viele Menschen übervorteilt hat.«

Betsy schien zwar emotional berührt, aber irgendwie spürte ich doch, dass sie das alles gar nicht hören wollte. »Ist mein Sohn auch da?«, fragte sie.

»Nein, nur Ihr Mann.«

»Na gut, dann sagen Sie Cliff, dass ich über seinen Vorschlag mit der Stiftung nachdenken werde.«

»Sie können sich auch direkt an ihn wenden, er ist immer bei Ihnen.«

»Das will ich doch nicht hoffen. Ich möchte nicht, dass er ständig um mich rum ist.«

»Er wird nur noch kommen, wenn Sie es sich wünschen«, sagte ich. Dann wendete ich mich von Betsy ab und führte die Veranstaltung weiter.

Jahre später erhielt ich einen Brief von Betsy. Darin schrieb sie mir:

Lieber James,

wir sind uns einmal während einer Ihrer Veranstaltungen in Orange County begegnet. Ich heiße Betsy und an jenem Abend erschien mein Mann Cliff. Zu der Zeit war ich sehr unglücklich und wollte partout nicht auf den Rat meines verstorbenen Mannes hören, weil ich nur meine Villa, mein Auto, Kleidung und überhaupt das ganze Materielle im Kopf hatte. Damit wollte ich wohl den Schmerz über den Verlust meines Mannes und meines Sohnes Derek betäuben. Damals habe ich Cliffs Geld mit beiden Händen ausgegeben, als wüchse es an Bäumen. Dann habe ich einen neuen Mann kennengelernt und wieder geheiratet. Er mochte das Luxusleben genauso sehr wie ich. Letztlich hat er mir eine wichtige Lektion erteilt, denn er hat mir mein Erbe abgeschwatzt und ist dann verschwunden. Jetzt lebe ich in einer kleinen Wohnung und arbeite in einem Kaufhaus. Hätte ich bloß auf Cliff gehört und das Geld für wohltätige Zwecke gespendet. Dann wäre es wenigstens zu etwas gut gewesen. Ich möchte mich heute bei Ihnen für jenen Abend in Orange County bedanken. Inzwischen spreche ich ständig mit Cliff. Der Preis, den ich zahlen musste, war hoch, aber ich glaube, jetzt hab ich's kapiert.
Mit freundlichen Grüßen
Betsy

Hätte Betsy mehr Selbstachtung gehabt, wäre ihr vielleicht klar gewesen, dass Geldausgeben ihren Schmerz nicht lindern konnte. Mangelnde Selbstachtung ist eines der größten Hindernisse, die es zu überwinden gilt.

Haben Sie diese Lektion jedoch einmal intus, wird die Welt zu Ihrem Spielplatz und Sie können alles erreichen, was Sie sich wünschen. *Alles im Leben* rührt aus der Wahrnehmung, die Sie von sich haben. Selbstachtung lässt sich sogar messen, und zwar ganz einfach anhand des Spannungsfeldes zwischen Erfolg und Scheitern. Wenn Sie über eine hohe Selbstachtung verfügen, betrachten Sie sich als einen wertvollen Menschen, der jedes Ziel erreichen kann, das er sich setzt. Ist Ihre Selbstachtung jedoch eher gering, halten Sie nur wenig von sich und fühlen sich wie ein ewiger Verlierer.

Ich glaube, dass wir alle mit einem bestimmten Wertesystem und auch einem gewissen Gefühl für uns selbst auf die Welt kommen. Darüber hinaus bin ich der Meinung, dass die Menschen, die wir als Bezugspersonen verstehen, erheblich dazu beitragen, unsere Selbstachtung zu steigern beziehungsweise kaputt zu machen. Als ich noch ein kleiner Junge war, hatte ich nur ganz wenige Freunde, und selbst denen stand ich nicht besonders nah. Weil ich mir immer etwas anders vorkam, hatte ich nie das Gefühl, irgendwo richtig dazuzugehören. Manchmal war ich ziemlich einsam.

Eines magischen Tages ging ich gerade eine Straße entlang, als neben mir ein Auto hielt. Die Fahrerin drehte das Fenster der Beifahrertür runter und rief mich zu sich. Sie sei gerade neu zugezogen und fragte, ob ich nicht Lust hätte, sie einmal zu Hause zu besuchen und mit ihrem Sohn zu spielen, der ungefähr in meinem Alter war. Noch am selben Abend ging ich zu ihr und lernte auch ihren Sohn Scott kennen. Bald wurden wir enge Freunde. Doch für mein Leben war seine Mutter Connie viel, viel wichtiger als er. Sie gab mir Lebensmut und versicherte mir immer wieder, dass ich ein ganz tolles Kind sei. »Hör bloß nie auf Leute, die sich über dich lustig machen, bloß weil sie nicht erkennen können, dass du etwas sehr Besonderes bist.«

Mit ihrer Einsicht, ihren Ermutigungen und ihrer bedingungslosen Liebe zu mir gelang es Connie, das Selbstvertrauen zu wecken, das zwar schon immer in mir geschlummert hatte, früher aber nie zum Ausdruck gekommen war. Eines kann ich mit Sicherheit sagen: Wäre ich Connie Leif nicht begegnet, wäre ich bestimmt nicht der, der ich heute bin, und das Buch, das Sie gerade in der Hand halten, hätte nie geschrieben werden können.

Wie aber kann man nun am einfachsten seine Selbstachtung steigern? Oder, wie ich es lieber ausdrücke: Was können Sie tun, um sich darauf zu besinnen, was für ein großartiger Mensch Sie eigentlich sind?

Überdenken Sie die Art und Weise, wie Sie sich selbst sehen. Urteilen Sie sich oft ab? Machen Sie sich klar, dass Sie ein Mensch sind – und damit fehlbar und nicht perfekt – wie alle anderen auch. Machen Sie sich nicht nieder, wenn Ihnen ein Irrtum unterlaufen ist oder sich eine Entscheidung, die Sie getroffen haben, später als suboptimal erweist.

Analysieren Sie Ihr Verhalten. Schaden Sie Ihren Mitmenschen, oder helfen Sie ihnen? Oft bringen wir anderen mehr Respekt entgegen und lassen ihnen mehr Spielraum als uns selbst.

Kümmern Sie sich mehr um sich, und betrachten Sie sich mit Mitgefühl.

Sehen Sie nicht immer nur Teile von sich, Ihr zauberhaftes Lächeln zum Beispiel oder Ihre tolle Figur. Lernen Sie sich vielmehr als ein Ganzes zu betrachten, das sich aus wundervollen Einzelaspekten zusammensetzt.

Seien Sie flexibel. Vergeben Sie sich Ihre Schwächen, und verzeihen Sie auch Ihren Mitmenschen. Wir sind alle nur auf der Erde, um uns weiterzuentwickeln und unser Bestes zu geben.

Begegnen Sie jedem Menschen, der Ihren Weg kreuzt, mit Aufgeschlossenheit.

Erstellen Sie eine Liste der guten Eigenschaften, die Sie an sich lieben. Lassen Sie diese dann praktisch zum Tragen kommen und schauen Sie, wie positiv sich Ihre Liebe und Ihre Güte auf andere Menschen auswirken.

Zerstreuungen

Unser aller Leben ist hektisch und voll von Ablenkungen. Ständig hängen wir an unseren Handys und BlackBerrys. Alles hat ein geradezu irrwitziges Tempo angenommen, und der Gott, dem wir dienen, heißt Multitasking. Allzu viele Ablenkungen können jedoch unser Selbstwertgefühl untergraben, weil sie dazu beitragen, dass wir unsere Mitte verlieren. Heutzutage gelingt es kaum jemandem noch, alles zu erledigen, was er sich vorgenommen hat – und das erzeugt Stress. Ablenkungen ziehen geistige Energien ab, die an anderer Stelle besser eingesetzt wären. Meine Freundin Joerdie hat mir einmal empfohlen, das Wort »Zerstreuungen« auf ein Blatt Papier zu schreiben und es irgendwo aufzuhängen, wo ich es gut und häufig sehen konnte. Ich entschied mich für die Kühlschranktür. Und was glauben Sie wohl? Es wirkt tatsächlich. Wann immer ich den Zettel sehe, erinnere ich mich wieder an die Prioritäten in meinem Leben und höre sofort auf, mich durch irgendwelche Zerstreuungen von den wichtigen Dingen ablenken zu lassen.

Solche Zerstreuungen gibt es in Hülle und Fülle, innere wie äußere.

Familienangehörige, Freunde und Kollegen, die Ihnen nicht guttun.

Fernsehen, Radio und DVD-Recorder.

Handys und SMS.

Video- und Computerspiele.

Internet und E-Mails.

Laubpuster und bellende Hunde.

Klatsch und Tratsch.

Das ständige Geplapper der inneren Stimme, die an einem herumnörgelt.

Das Gefühl, es den anderen nicht recht machen zu können.

Verschieberitis.

Und wie geht man nun am besten mit Zerstreuungen um? Es ist alles eine Frage der inneren Einstellung. Sie können sich entweder so richtig reinfallen lassen und diese Ablenkungen total übertreiben, oder Sie akzeptieren sie einfach und lassen sich nicht weiter von ihnen behelligen.

Sucht

Süchte gehören zu den am meisten verbreiteten und potenziell gefährlichsten Problemen, mit denen es heutzutage fast jeder irgendwann einmal zu tun bekommt. Der Begriff »Sucht« wird zwar gewöhnlich im Zusammenhang mit Drogen oder Alkohol verwendet, im Grunde aber deckt er einen viel größeren Bereich ab. Weshalb man auch mit Fug und Recht behaupten kann, dass die allermeisten von uns irgendeine Sucht haben. Denn streng genommen versteht man darunter jede Obsession, jeden immer wiederkehrenden Drang beziehungsweise alle physiologischen oder psychischen Abhängigkeiten.

Bei körperlichen Süchten ist man auf chemische Substanzen wie Medikamente, Drogen oder Alkohol angewiesen. Sobald der jeweilige Stoff abgesetzt wird, treten körperliche Entzugserscheinungen auf. Psychische Abhängigkeiten äußern sich in Verhaltensweisen, die schnelle Hilfe gegen Angst, Nervosität und Stress versprechen, zum Beispiel Glücksspiel, Sex, Essen, Einkaufen, im Internet Surfen, Arbeiten und Video- beziehungsweise Computerspiele. Alle diese Aktivitäten, exzessiv betrieben, können auf Dauer unser Selbstwertgefühl unterminieren. Und auch wenn sich solche Abhängigkeiten nicht unmittelbar auf den Organismus auswirken, sind sie letztlich doch genauso verheerend wie Drogen-, Medikamenten- oder Alkoholsucht.

Die Gründe, aus denen es zu einer Sucht kommt, können ganz unterschiedlich sein. Manches ist erblich bedingt;

mitunter liegen die Ursachen in der Kindheit, wozu auch belastende Familienverhältnisse und Missbrauch gehören; häufig ist auch emotionaler Stress ursächlich. All das kann zu gewissen Fluchttendenzen führen, die sich im Laufe der Zeit zu einer Sucht auswachsen. Begünstigt werden diese Abhängigkeiten durch einen Mangel an Selbstachtung, der mit dem Versuch einhergeht, die Leere, die an die Stelle der Liebe zu sich getreten ist, im Außen zu füllen.

Möglicherweise sind Menschen, die süchtiges Verhalten an den Tag legen, auch übermäßig empfindlich, allzu emotional und leicht zu verletzen. Und weil sie im Alltag nicht so recht funktionieren können (oder wollen), versetzen sie sich in einen veränderten Bewusstseinszustand. Sie verschließen sich ihrem Schmerz und versuchen, ihren Gefühlen zu entkommen. Vergnügen bereitet ihnen nur das, wonach sie süchtig sind, und deshalb tun sie alles, um es wieder und immer wieder zu erleben. Wenn diese Leute doch nur wüssten, dass so etwas Einfaches wie Meditation ihnen helfen könnte! Denn mit Hilfe der Meditation kann man sich auch in einen anderen Bewusstseinszustand versetzen. Darüber hinaus gibt sie einem ein Gefühl von Verbundenheit, innerem Frieden und Wohlbehagen. Meditation erweitert das Wahrnehmungsvermögen und ermöglicht einem, die Fülle in allem zu erkennen, was ist.

Wie man Sucht behandeln kann? Nun, das hängt ganz von ihrer Art und Intensität ab. Allgemein gesagt sollte die Behandlung immer den ganzen Menschen im Auge haben, seinen Körper, seinen Geist und seine Seele. Aber was das Allerwichtigste ist: Der Süchtige selbst muss sich wünschen, dass es ihm besser geht, und wirklich von seinem »Stoff« loskommen wollen. Als Nächstes sollte er herauszufinden versuchen, wie die Abhängigkeit in seinem Fall konkret entstanden ist. Dann muss natürlich ein starkes Hilfs-

und Unterstützungsnetz zur Verfügung stehen, am besten unter Beteiligung ehemals selbst Süchtiger. Psychologische Beratung ist in diesem Prozess unerlässlich und meines Erachtens überhaupt der Schlüssel zu jeder erfolgreichen Behandlung.

Eine dreifache Sucht

Das Folgende habe ich noch besonders lebhaft in Erinnerung. Vor einigen Jahren hielt ich einmal im Rahmen eines größeren Seminars mit verschiedenen anderen Gastdozenten eine Demonstrationsveranstaltung ab. Im Publikum saßen zwei junge Frauen, die mir sofort auffielen. Neben ihnen stand ein weiblicher Geist und es sah ganz so aus, als würde er beziehungsweise sie irgendetwas zählen. Da ich das ganz witzig fand, ging ich zu den beiden Frauen hin.

»Würden Sie mir wohl Ihre Namen nennen?«, bat ich sie.

Sie waren zwar einigermaßen verblüfft, eine von ihnen antwortete aber doch schnell: »Ich bin Deborah und das ist meine Schwester Barbara.«

Ich schloss kurz die Augen, um mich auf ihre Energie einzustimmen, dann öffnete ich sie wieder und schaute mir die Geist-Frau an, die immer noch neben den beiden jungen Damen stand und zählte. Ich spürte genau, dass sie mich gar nicht zur Kenntnis nahm.

»Ich muss Ihnen sagen: Unmittelbar neben Ihnen beiden steht eine ältere Frau, die gar nicht mitbekommt, was hier vor sich geht. Es sieht ganz so aus, als würde sie irgendetwas zählen. Können Sie damit etwas anfangen?«

Die beiden jungen Frauen wechselten einen Blick, dann fiel ihnen die Kinnlade runter.

»Das kann nur Mom sein!«, rief Deborah aus.

»Und warum zählt sie? Beziehungsweise: *Was* zählt sie da?«

»Sie ist – war – Messie«, erklärte Barbara. »Unser Haus war von oben bis unten zugemüllt – und zwar mit allem, was Sie sich nur vorstellen können. Sie hatte immer Angst, dass wir irgendetwas wegschmeißen könnten, daher zählte sie ihre Sachen ständig durch.«

Das verblüffte mich. »O mein Gott, zählen tut sie jetzt jedenfalls auch noch«, sagte ich, wobei ich mir ein Grinsen nicht ganz verkneifen konnte.

»Irgendwann«, fügte Deborah hinzu, »hat sie uns dann zu Hause rausgeschmissen. Worüber wir, offen gestanden, ganz froh waren. Dieses Haus … der reinste Horror! Alles voll, sie hatte nur schmale Schneisen in die ganzen Haufen geschlagen, sodass man wenigstens von einem Zimmer ins andere gelangen konnte. Uns war das dermaßen peinlich! Unsere Freunde haben immer hinter unserem Rücken getuschelt, von wegen unsere Mutter wäre total durchgeknallt.«

Ich empfing eine Vielzahl von Eindrücken. »Heißt sie Ann oder Anna?«

»Annemarie.«

Eine Sekunde lang war mir so schwindlig, dass ich unwillkürlich die Hand an die Schläfe legte. »Hat sie auch getrunken? Ich hab nämlich so ein Gefühl.«

»Stimmt, sie war Alkoholikerin. Hat ständig ihre leeren Wodkaflaschen gezählt. Und Kette geraucht hat sie auch.«

»Das wären dann ja gleich drei Süchte!«, sagte ich verblüfft.

Jetzt hörte Annemarie mit dem Zählen auf, sah mich an und schickte mir ihre Gedanken. *Doch, ich höre Sie,* antwortete ich telepathisch. Dann beugte sie sich kurz zu ihren Töchtern herab und nahm sie in den Arm.

»Ihre Mutter weiß, dass Sie hier sind. Sie spricht gerade über Schmuck. Kann es sein, dass Sie ihren Schmuck tragen? Es handelt sich wohl um einige Ringe und eine Kette.«

»Ja, einen Ring von ihr trage ich immer«, bestätigte Barbara. »Wie ist es? Geht es ihr gut?«

»Nach allem, was sie sagt, hat sie ihre Süchte ins Jenseits mitgenommen. Heute ist ihr klar, was sie Ihnen damit angetan hat. Aber sie war so mit ihren Sachen, dem Alkohol und dem Rauchen beschäftigt. Irgendwie war ihr Geist vergiftet, wie sie es ausdrückt, und so wurde sie quasi zur Gefangenen in ihrem eigenen Haus.«

»Ist sie immer noch süchtig?«, fragte Barbara.

»Nein. Wie sie sagt, gehört sie jetzt einer Therapiegruppe an. Am Anfang hat sie sich drüben wohl an einem niederen Ort aufgehalten, wo es ganz dunkel und furchterregend war, umgeben von lauter Leuten ihres Schlages. Viele Trinker. Und zu Lebzeiten alle von irgendetwas abhängig. Daran arbeiten sie jetzt.«

»Wir hatten leider keine Gelegenheit, uns von ihr zu verabschieden. Das lag daran, dass wir uns über das Haus ordentlich in die Haare gekriegt hatten. Wir Mädchen wollten es ihr nämlich behördlicherseits wegnehmen lassen. Wegen der Feuergefahr. Bei dem vielen Gerümpel, das da überall herumstand, ihrem Saufen und den ewigen Kippen hatten wir wirklich Angst, dass das Ganze eines Tages in Flammen aufgehen würde. Mom war so wütend auf uns. Und seit ihrem Tod fühlen wir uns immer ganz schlecht.« Während Barbara sprach, kamen ihr die Tränen.

»Genau. Und wir würden ihr jetzt gern sagen, dass wir sie lieb haben, trotz allem«, fügte Deborah hinzu.

»Ihre Mutter bedauert sehr, dass sie Ihnen so viel zugemutet hat. Und sie vermisst Ihren Vater. Der ist irgendwo anders. Zu Lebzeiten hat er sich immer sehr um seine Weiterbildung gekümmert. Er hat seinen Frieden gefunden. Und Ihre Mutter würde sich sehr freuen, wenn sie ihn eines Tages wiedersehen könnte.«

Annemarie übermittelte mir jetzt neue Eindrücke. »Sie sagt, dass sie sich sehr viel freier gefühlt habe, nachdem sie endlich hat loslassen können. Sie gehört jetzt einer Gruppe an – man könnte wohl sagen, einer Gruppe von Geistführern. Sie bewegen sich auf der irdischen Ebene und arbeiten in Clubs und Bars mit jungen Leuten. Sie versuchen, sie vom Alkohol und vom Tabak abzubringen.«

»Das freut mich für dich«, riefen Deborah und Barbara wie aus einem Mund.

Süchte kommen in vielen meiner Readings zur Sprache. Was natürlich daran liegt, dass so viele Menschen von irgendetwas abhängig sind. Die geistige Welt hält unseren Planeten für das Mutterland der Sucht. Und so kommt es, dass viele von uns nach ihrem Tod beschließen, noch einmal zur Erde zurückzukehren, um abermals an diesem Thema zu arbeiten. Die Geistwesen betonen immer wieder, wie wichtig es ist, die Sucht zu bekämpfen, solange man noch am Leben ist. Anderenfalls nimmt man sie, genau wie Annemarie, ins Jenseits mit. Solange wir aber noch in unseren irdischen Abhängigkeiten gefangen sind, ist der Geist nicht frei für spirituelle Weiterentwicklung jedweder Art. Nun, eines schönen Tages erledigt sich das Thema Sucht auch in der geistigen Welt. Aber es ist viel weniger mühsam, wenn man sich rechtzeitig darum kümmert, also noch zu Lebzeiten.

ACHT

DEN HÖHEREN WEG EINSCHLAGEN

Beginnende Bildung fängt immer mit dem Tadel an, vollendete aber sieht in jedem das Positive.
Georg Wilhelm Hegel

»Den höheren Weg einschlagen« ist eine Formulierung von Manly Palmer Hall, der sie 1986 in einem Vortrag vor der Philosophischen Forschungsgesellschaft in Los Angeles verwendete. Hall gehörte zu den bedeutendsten Vertretern der Neugeist-Schule der Philosophie des 20. Jahrhunderts. Er verfasste Hunderte von Büchern zu spirituellen Themen, von denen die meisten heute unter den Anhängern des New-Age-Denkens als Klassiker gelten. Als ich Hall an diesem Sonntagmorgen sprechen hörte, war es mir beinahe so, als würde mir ein enger Freund den Schlüssel zu einer ganz neuen Perspektive auf das Leben überreichen. Sein Vortrag half mir, mich nicht in all dem kleinlichen Ego-Zeugs zu verlieren, das im Vergleich zum großen Ganzen praktisch keine Bedeutung hat.

Die Idee vom höheren Weg kam dann wieder auf, als ich mich eines Abends mit meiner lieben Freundin Lisa, die ich übrigens für einen verkappten Engel halte, in einem Restaurant auf der berühmten Melrose Avenue in Los Angeles zum Essen traf. Wir unterhielten uns über unser

Lieblingsthema: Gott und die Welt. Lisa und ich können stundenlang über die großen Fragen debattieren, über das Leben, den Tod und menschliche Verhaltensweisen. An diesem Abend kam das Gespräch irgendwie auf die Hollywood-Schickeria und ich bemerkte, wie sehr sie mir auf den Geist ging.

»Bewusstsein zählt für die nicht die Bohne«, klagte ich. »Von denen denkt doch jeder nur an sich. Und das heißt natürlich in erster Linie an seinen Geldbeutel.« Ich war darüber richtig traurig.

Lisa lächelte mir augenzwinkernd zu und sagte: »James, du musst eben immer den höheren Weg einschlagen. Da oben ist auch viel weniger Verkehr.«

Sie hatte natürlich vollkommen recht. Meine Hollywood-Kritik war im Grunde kleinlich. Die Leute hatten mein Ego verletzt, das war es, worum es mir eigentlich ging. Ich war einfach nur sauer, dass sich andere ihrer spirituellen Verantwortung weniger bewusst sind als ich.

Wir alle sind frustriert, wenn wir über irgendetwas keine Kontrolle oder auch das Gefühl haben, ausgenutzt zu werden. Und wir könnten uns eine ganze Menge Frust ersparen, wenn wir in der Lage wären, solche Dinge und Situationen in einem anderen Licht zu betrachten. Wenn wir aber etwas Unschönes erleben, fällt es uns in der Regel besonders schwer, uns auf das Gute zu konzentrieren. Dabei müssten wir nur mehr auf unsere innere Wahrheit und unseren Lebenszweck achten, und schon wäre alles viel leichter. Auf lange Sicht würden wir so gesünder, produktiver und auch spiritueller werden.

Wie aber können wir uns motivieren, diesen höheren Weg tatsächlich einzuschlagen? Nun, zunächst einmal müssen wir herausfinden, was uns eigentlich davon abhält. Ich schlage also vor, dass Sie sich ein bisschen Zeit nehmen, sich an ein Plätzchen zurückziehen, an dem Sie eine Weile ungestört sind, und einmal darüber nachdenken, wie Sie auf bestimmte Situationen reagieren.

Von vornherein negativ? Negatives Denken schränkt den Blickwinkel ein. Sind Sie pessimistisch à la »Der mag mich bestimmt nicht, dafür bin ich nicht hübsch genug« oder »Was interessiert's mich, was die denken? Das sind sowieso alles Blödmänner«? Kommen Ihnen solche Gedanken bekannt vor? Und sehen Sie auch, dass man mit jeder Situation genauso gut positiv umgehen kann?

Neigen Sie dazu, Annahmen zu machen und Schlüsse zu ziehen, ohne irgendwelche Beweise dafür zu haben? Das sollten Sie nicht tun. Beurteilen Sie eine Situation erst, wenn Sie alle Informationen darüber haben. Lassen Sie sich auch dann noch Zeit, treten Sie einen Schritt zurück, atmen Sie ein paar Mal tief durch und fragen sich: »Was wäre denn in diesem Moment das Beste für alle, das höchste Gute?« Es kann eine Menge Gründe dafür geben, dass sich Ihnen die Dinge so darstellen, wie sie es tun, und manchmal liegt die Wahrheit nicht offen auf der Hand.

Oder legen Sie sich aufgrund mangelnden Selbstvertrauens selbst Beschränkungen auf? Wenn Sie zum Beispiel denken »Ich krieg nie einen ab – wer mich nimmt, müsste schon ganz schön dämlich sein« oder »Ich verarme bestimmt bald«, dürfen Sie sich nicht wundern, wenn es genau so kommt.

Sagen Sie sich etwa »Mir passiert sowieso nie was Gutes«? Mit einem solchen Denken schotten Sie sich selbst von den Chancen ab, die das Leben Ihnen bietet. Denn solange Sie sich als ewiges Opfer fühlen, ist sowieso alles zu spät. Dann wird sich diese Ihre sture Engstirnigkeit unweigerlich in Ihren Erlebnissen und Erfahrungen reflektieren. Wie ich in diesem Buch schon wiederholt gesagt habe:

Ängste fesseln und engen ein, die Liebe dagegen kennt keine Grenzen.

Eine andere Möglichkeit, sich den Zugang zum höheren Weg zu versperren, ist Hochmut. Wenn Sie denken, alle anderen seien im Irrtum und nur Sie hätten die Weisheit mit Löffeln gefressen, blockiert diese Arroganz den Fluss der Intuition und der Energie. Dann laufen Sie sozusagen mit Scheuklappen herum. Und damit entgeht Ihnen so einiges.

Sie allein sind dafür verantwortlich, wie Sie in bestimmten Situationen reagieren. Positives Denken und Aufgeschlossenheit wirken Wunder. Wenn Sie positiv denken, wird sich alles – Konflikte, Beziehungen, Berufliches, Finanzielles, was auch immer – ganz prächtig entwickeln, viel besser, als Sie es je für möglich gehalten hätten. Und sobald Sie Ihr Denken im Griff haben, haben Sie auch schon den höheren Weg eingeschlagen.

Geistige Aufgeschlossenheit und ein offenes Herz

Weil der Geist so weit ist, fällt es mir immer unglaublich schwer, Menschen Botschaften zu übermitteln, deren Denken negativ und beschränkt ist. Denn damit uns die Geistwesen erreichen können, müssen wir für alles, was kommen könnte, aufgeschlossen sein. Negatives Denken, Skepsis und Kontrollwahn errichten Schranken, und unter diesen Umständen sind die Geistwesen nicht in der Lage, die nötige Energie aufzubringen, um zu uns durchzudringen. Das folgende Beispiel einer Tochter, die verzweifelt um Liebe bettelt, zeigt in aller Deutlichkeit, in welchem hohen Maß destruktives Denken und übermäßige Skepsis die Kanäle zum Verständnis verschließen können.

Gegen Ende einer Veranstaltung in New York kam ein weibliches Geistwesen von etwa dreißig Jahren durch.

»Hier ist eine junge Frau, sie erwähnt die Initialen J. T. Gibt es hier jemanden, dessen Vorname mit J anfängt und der Familienname mit T?«

Nach einer Weile hob ein Mann im Publikum die Hand und deutete auf seinen Sitznachbarn: »Das sind seine Initialen.«

Ich ging auf den Betreffenden zu. Er schien mir mehr als skeptisch. »Darf ich bitte zu Ihnen kommen?«

»Ich glaube nicht an dieses ganze Zeugs«, antwortete er. Nun war er es, der auf seinen Nebenmann zeigte. »Das war alles seine Idee. Er hat mich hierher geschleppt.«

Sie können sich gar nicht vorstellen, wie oft ich so etwas schon gehört habe. »Wie heißen Sie denn?«

»Jake.«

»Na gut, Jake, rechts neben Ihnen steht eine Frau, die mir ein Krankenhaus zeigt. Das St. Vincent's. Sie ist dort gestorben. Stimmt das?«

»Ich weiß gar nicht, wovon Sie eigentlich reden.«

Mir war völlig klar, dass Jake nicht die geringste Lust verspürte, sich mit der Frau auseinanderzusetzen. Ganz offensichtlich hatte er ein großes Problem mit ihr.

»Sie zeigt mir Blut und darin schwarze Flecken. Hatte sie Krebs?«

Jake schien das alles immer noch für Fake zu halten. Jedenfalls antwortete er: »Ich will das nicht.«

Zweifellos kannte er die Frau, er wollte sich ihr nur nicht öffnen. Er hatte total dichtgemacht.

»Sie sind sehr zu«, sagte ich. »Und solange Sie Ihre Energie dermaßen zurückhalten, fällt es mir außerordentlich schwer, den Kontakt mit der geistigen Welt für Sie herzustellen. Die junge Frau hat Ihnen aber wirklich viel mitzuteilen. Warum wollen Sie ihr die Chance denn nicht geben?«

Viele der Zuschauer drehten sich zu Jake um. Sie waren offenbar genauso frustriert wie ich und wollten, dass ich endlich weitermachte und jemandem half, der tatsächlich mit einem Verstorbenen kommunizieren wollte.

»Wissen Sie, Jake, diese Frau hat Ihnen wirklich etwas zu sagen. Aber wenn Sie sich nicht öffnen wollen: Zwingen kann ich Sie nicht.«

»Es tut mir ja wirklich leid, aber ich glaube nun mal nicht an diesen Kram. Und wenn dieser ›Geist‹ nun unbedingt mit mir sprechen will – warum hat er es dann nicht getan, solange er noch am Leben war?«

»Handelt es sich um Ihre Tochter?«

Als Jake nicht antwortete, tat das Publikum seinen Unmut kund.

»Ihre Tochter sagt, sie hätte lange im Krankenhaus liegen müssen. Sie hat versucht, Sie telefonisch zu erreichen, aber Sie sind nicht rangegangen. Hatten Sie Streit mit ihr?«

Jake blieb einfach stumm auf seinem Stuhl sitzen. Für mich war das keine einfache Situation, aber der Geist blieb am Ball. »Möchten Sie denn nicht wenigstens bestätigen, dass es sich um Ihre Tochter handelt?«

Schließlich sagte der Sitznachbar von Jake: »Ja, es ist seine Tochter. Celia starb letztes Jahr an Leukämie.«

Das war doch schon mal ein Anfang. Immerhin. Jetzt bediente sich Celia der Energie von Jakes Bekanntem. »Sie sind sich wegen des Mannes in die Haare gekommen, den Ihre Tochter heiraten wollte, stimmt's?«

Jake saß immer noch reglos da, sagte keinen Ton. An seiner statt reagierte sein Bekannter mit einem bestätigenden Nicken.

»Celia sagt, dass Sie es ihr übel genommen haben, dass der Mann Moslem war, und dass Sie deshalb der Heirat nicht zustimmen wollten.«

Eine erste Reaktion von Jake: »Stimmt, ich mochte ihn nicht«, sagte er, »aber nicht, weil er Moslem war.«

»Ihre Tochter versucht Ihnen zu vermitteln, dass sie Ihnen vergeben hat. Sie hat sich auf die Knie geworfen und weint. Möchten Sie ihr vielleicht etwas sagen?«

Jake war wieder verstummt. Der Geist tat mir leid, aber ich bin nur der Mittelsmann und kann niemanden zu etwas veranlassen, was er nicht möchte.

Ich wendete mich wieder an Jake. »Warum möchten Sie die Botschaft Ihrer Tochter denn nicht zur Kenntnis nehmen?«

Keine Reaktion.

An diesem Punkt erschien eine Geistführerin, eine schöne Frau in einem farbenfrohen Kimono, der von einer Schärpe zusammengehalten wurde. Sie legte den Arm um Celias Schulter und die beiden verschwanden. Das war's, ich machte mit anderen Botschaften weiter.

Zum Schluss der Veranstaltung setzte ich mich am Ausgang des Saales an einen Tisch und signierte. Auch der Bekannte von Jake kam mit einem Buch, das er mir reichte. Dabei meinte er: »Was soll ich sagen? Jake ist echt eine harte Nuss.« Da mussten wir beide lächeln.

Monate später erhielt ich über meine Website eine E-Mail von Jake. Darin entschuldigte er sich für sein Verhalten und dafür, dass er an jenem Abend nicht entgegenkommender gewesen war. Er hätte es nicht über sich gebracht, schrieb er, vor so vielen Leuten zuzugeben, dass er einen Fehler gemacht hatte. Aber er wolle mir danken, dass ich ihm die Botschaft seiner Tochter übermittelt hatte.

Eines ist ganz wichtig: Wenn Ihr Denken auf Gefühlen beruht, wie es bei Jake der Fall war, können Sie die Dinge nicht so wahrnehmen, wie sie sind. Jake hatte auf seine Emotionen reagiert und nicht auf die Tatsachen. Statt die Erscheinung seiner Tochter zu akzeptieren, blieb er in dem Gedanken gefangen, dass ihm das Ganze nicht geheuer war. Zudem hatte er nicht nur Vorurteile gegen eine bestimmte Kultur, sondern war auch viel zu stolz zuzugeben, dass er sich im Hinblick auf den Mann seiner Tochter getäuscht hatte.

Eine der schwierigsten Lektionen ist die, zu erkennen, dass wir keinen Einfluss auf die Handlungen oder Motive anderer Menschen haben. Natürlich hatte mich Jake mit seinem Dickkopf frustriert, aber ich konnte nichts dagegen tun. In gewisser Weise sind die besten Aspekte meiner Arbeit zugleich auch die schwierigsten. Da ich ausgesprochen sensitiv bin, fällt es mir besonders auf, wenn jemand nicht offen und ehrlich ist. Solche Leute zu verurteilen ist leicht, bringt aber nichts. Sie sind nun einmal so, wie sie sind, und darauf habe ich keinerlei Einflussmöglichkeit. Ich erhalte oft Post von Menschen, die mir berichten, wie sehr es sie frustriert, dass ihre Angehörigen nicht an ein Leben nach dem Tod und damit natürlich auch nicht an Jenseitskontakte glauben. Ich antworte dann so, wie ich es mir selbst immer sage: Jeder hat nun mal seine eigene Realität. Die Skeptiker fühlen sich im Recht, und wenn jemand über kein besonders entwickeltes Bewusstsein und keine nennenswerte Sensibilität verfügt, ist er ja vielleicht ein solcher. Das muss man so hinnehmen und erkennen, dass man nur für sich selbst, für das eigene Denken und Handeln verantwortlich ist.

Eine sanfte Seele

Eine meiner wichtigsten Erkenntnisse war für mich eine totale Überraschung. Seither ist mir klar, dass man nach dem Tod nicht automatisch alles über das Universum weiß. Schon viele Geister haben mir gegenüber bestätigt, dass sie ständig dazulernen, insbesondere durch die Beobachtung ihrer Lieben auf der Erde. Die Geister verfolgen unsere Reaktionen und ziehen daraus ihre Schlüsse.

Während ich an diesem Buch schrieb, wurde ich gebeten, in Reno an einer Veranstaltung in einem Spielcasino teilzunehmen. Da ich bis dato noch nie in einem solchen Rahmen gearbeitet hatte, war ich zunächst etwas skeptisch. Ich weiß noch ganz genau, wie es war, als ich den Fuß in das Etablissement gesetzt habe. Nicht nur, dass mich der Tabakrauch, der mir entgegenschlug, bald umgeworfen hätte. Da hingen auch dermaßen viele erdgebundene Seelen rum, die sich an die Leute heranmachten, die nichtsahnend ihre Münzen in die einarmigen Banditen warfen. Ich fühlte mich wie ein Fremder in der Fremde. Und dachte mir: So kannst du doch nicht arbeiten. Wie sollte ich es denn in dieser Atmosphäre des Wahnsinns bewerkstelligen, die nötigen Energien zu mobilisieren? Aber die Reaktionen meiner Zuschauer an diesem Abend waren noch irrer. Das Publikum war so empfänglich und so dankbar dafür, dass ich die Reise nach Reno auf mich genommen hatte, dass sie geradezu an meinen Lippen hingen und jedes Wort von mir begierig aufsogen. Das wiederum erfüllte mich mit großer Dankbarkeit.

Gleich am Anfang zog ein Geist meine Aufmerksamkeit auf sich, der anscheinend noch ganz neu im Jenseits war. Woher ich das wusste? Weil ich, während ich mich auf ihn einstimmte, das Gefühl bekam, dass er erst vor kürzester

Zeit gestorben war. Und dann bestätigte er auch schon: *Ich bin neu hier.* Er stand neben einem Mann mit grauen Koteletten und einem Pferdeschwanz, der ganz links im Publikum saß.

Ich ging zu ihm hin und erkundigte mich: »Heißen Sie vielleicht Mason?«

Er stand sofort auf. »Ja, aber Sie können mich ruhig auch Mace nennen.«

»Ich habe Ihren Bruder hier. Ist er erst kürzlich verstorben?«

»Vor fünf Monaten«, antwortete Mace.

»Ihr Bruder beschreibt mir seine Beerdigung. Er hat sich gefreut, dass alle seine Freunde da waren. Und drüben wurde er von vielen seiner verstorbenen Angehörigen in Empfang genommen.«

»Das freut mich für ihn. Wir sind aber auch tatsächlich eine ziemlich große Familie.«

»Ich empfange den Buchstaben P. Wahrscheinlich fängt ein Name mit einem P an.«

»Das ist bestimmt mein Bruder Peter«, antwortete Mace.

»Peter möchte sich bei Ihnen dafür bedanken, dass Sie ihm beigebracht haben, wie man mit Menschen umgeht.«

»Na ja, er konnte ziemlich …«

»Sie haben ihn offenbar gelehrt, freundlich und rücksichtsvoll zu sein, was ursprünglich wohl nicht so sein Ding war. Mitgefühl scheint ein Fremdwort für ihn gewesen zu sein.«

»Na ja, er konnte die Leute oft ziemlich vor den Kopf stoßen.«

»Jetzt ist da eine ganze Gruppe. Offenbar Bridgespieler. Von Ihnen würde ich aber nicht denken, dass Sie Bridge spielen.«

»Ich komme vielleicht ein bisschen abgerissen rüber, aber das Aussehen kann täuschen.«

»Da haben Sie wohl recht. Ihre Freunde hier spüren Ihre Liebe. Deshalb kommen sie Sie auch oft besuchen.«

»Super! Sagen Sie ihnen doch bitte, dass ich sie alle sehr vermisse.«

»Sie können Sie hören, Mace. Einer sagt gerade, dass Sie sehr spirituell wären, aber nicht in einem streng religiösen Sinne.«

»Nein, besonders gläubig bin ich wirklich nicht. Ich kenne die unterschiedlichsten Leute mit unterschiedlichsten Konfessionen, daher sehe ich das alles ziemlich locker. Man muss ja niemanden verurteilen.«

»Dafür wollen sie Ihnen danken. Sie sagen, von Ihnen hätten sie eine Menge über die Menschen gelernt. Denn anders als Sie hätten sie zu Lebzeiten noch viele Leute in Bausch und Bogen verdammt.«

»Danke, Jungs.« Mace wirkte verlegen.

»Weiter so!«, sagte ich noch zu ihm, dann machte ich mich wieder an die Arbeit.

Wie Sie sehen, hat Mace mit seiner positiven Grundeinstellung, seinem Mitgefühl und seiner Toleranz ein gutes Beispiel für andere gegeben, die nun auch freundlich und entgegenkommend waren, statt kleingeistig und überkritisch zu sein wie früher.

Ändern Sie Ihr Denken

Nachdem Sie sich nun Ihre eventuellen negativen Denkweisen bewusst gemacht haben, können Sie anfangen, Negatives durch Positives zu ersetzen. So können Sie zum Beispiel an die Stelle Ihres bisherigen »Ich bin nicht gut genug« ein »Ich werde von Tag zu Tag besser« setzen. Ersetzen Sie den Gedanken »Dafür hab ich kein Geld« durch

»Ich verfüge über unbegrenzte finanzielle Mittel.« Um die positiven Dinge in Ihr Leben zu ziehen, müssen Sie auf allen Gebieten positiv denken. Beschließen Sie daher, ab sofort an allem das Gute zu sehen.

Das geht natürlich nicht von jetzt auf gleich. Wie alles im Leben, braucht auch der Prozess der Umstellung des Denkens seine Zeit. Haben Sie also Geduld. Machen Sie sich ein Spielchen daraus: Sobald Sie sich bei einem negativen Gedanken ertappen, ersetzen Sie ihn sofort durch einen positiven. Wenn Sie das auch nur einen Monat lang ganz bewusst so machen, werden Sie schon bald die ersten Ergebnisse bemerken. Positives zieht Positives an. Meinen Schülern empfehle ich immer gern ein tolles Buch, in dem es um das Umswitchen vom negativen zum positiven Denken geht: *Das Lebensspiel und seine Regeln* von Florence Scovel Shinn. Obwohl es schon 1925 verfasst wurde, ist es auch heute noch von größter Aktualität.

Bei mir ist es schon viele Jahre her, dass ich mir ganz bewusst vornahm, mich nicht nur von negativem Denken zu befreien, sondern überhaupt jegliche Negativität aus meinem Leben zu verbannen. Das Erste, was mir dabei auffiel, war, dass plötzlich langjährige enge Freunde aus meinem Blickfeld verschwanden. An ihre Stelle traten bald positivere, liebevollere Menschen. Merke: Sobald Sie beginnen, auf positives, produktives Denken umzustellen, verändert sich alles in Ihrem Leben. Bleiben Sie dabei, setzen Sie sich neue Ziele. Und zwar so konkret wie irgend möglich. Egal, wie unerhört eine Idee auch sein mag: Wenn sie Ihnen gefällt, verinnerlichen Sie den Gedanken und senden Sie ihn ins Universum. Betrachten Sie Ihr Ziel dabei so, als hätten Sie es bereits erreicht.

Als ich damals anfing, positiver zu denken, habe ich mir auch eine Reihe ganz neuer Ziele gesetzt. Damals lebte ich noch in Los Angeles und beschloss, etwas weiter raus zu ziehen, um den Kopf freizubekommen. Also ging ich zur Bushaltestelle in Santa Monica und fuhr Richtung Santa Barbara. Während der Fahrt lehnte ich mich entspannt in meinem Sitz zurück und schaute aus dem Fenster. Sobald ich angekommen war, steuerte ich das nächste Schreibwarengeschäft an und kaufte mir ein unliniertes Notizbuch. Dann ging ich an den Strand, setzte mich auf einen Felsen, genoss die Landschaft und fing an, mir Ziele zu notieren, die ich in den kommenden fünfzehn Jahren erreichen wollte. Eines bestand darin, Bestsellerautor zu werden und mit meinen Vorträgen Menschen auf der ganzen Welt anzusprechen. Als Zweites wollte ich ein eigenes Haus. Beide Ziele (sowie acht weitere) habe ich innerhalb der fünfzehn Jahre erreicht. Wichtig ist nur, dass man diese Ziele positiv und aufgeschlossen formuliert. Und versuchen Sie bloß nicht, dem Universum irgendetwas vorschreiben zu wollen. Überlassen Sie es ihm, wie es dafür sorgt, dass sich Ihre Ziele realisieren. Lassen Sie einfach los. Gott weiß schon, wann die richtige Zeit gekommen ist.

Entschuldigen Sie sich

Sich seines Denkens bewusst zu werden und keinerlei Negativität zuzulassen, das sind die wichtigsten Voraussetzungen, um den höheren Weg einschlagen zu können. Sie helfen jedoch nichts, wenn Sie verbittert sind und nicht willens, zu vergeben und sich zu entschuldigen. Um all das Schöne erleben zu können, das schon auf Sie wartet, müssen Sie reinen Tisch machen und sich zu entschuldigen lernen.

Sich entschuldigen zu können ist der Schlüssel zum Aufbau guter zwischenmenschlicher Beziehungen. Mir persönlich ist es schon oft so gegangen, dass ich irgendeine

Bemerkung in den Raum gestellt und mein Gegenüber damit unwillentlich gekränkt, verletzt oder beleidigt habe. Sie können nie wissen, wie jemand auf Ihr Tun und Lassen reagiert, oder welche Gefühle Sie mit Ihren Worten bei ihm auslösen. Und so wird leicht aus einer Mücke ein Elefant. Dann werden die Leute sauer, und daraus kann ein ernsthafter Konflikt entstehen. Wenn es also eindeutig klar ist, dass Sie jemanden verletzt oder beleidigt haben, sollten Sie nicht zögern, sich sofort zu entschuldigen. Ich habe das schon oft getan – einfach, um möglichen Missverständnissen vorzubeugen.

Woran Sie erkennen können, ob, wann und wem gegenüber eine Entschuldigung angebracht wäre? Die folgenden Fragen bieten gewiss Anhaltspunkte.

Haben Sie Probleme, anderen Menschen zu vertrauen, und fällt es Ihnen daher auch schwer, langfristig Beziehungen aufrechtzuerhalten?

Rufen Sie ein Freund, eine Freundin oder Angehörige in letzter Zeit seltener an als früher?

Neigen Sie dazu, nachtragend zu sein?

Gehen Sie oft schon bei der geringsten Kleinigkeit hoch?

Haben Sie gelegentlich das Gefühl, nicht verstanden oder gar missverstanden zu werden?

Trinken Sie oder nehmen Sie Drogen, um Auseinandersetzungen aus dem Weg zu gehen?

Haben Sie das Gefühl, dass Ihrem Leben der Sinn fehlt?

Wenn Sie auch nur eine dieser Frage mit Ja beantwortet haben, gibt es bestimmt Menschen, bei denen Sie sich entschuldigen sollten. Vielleicht fragen Sie mal, ob sich irgendjemand durch eine Ihrer Äußerungen angegriffen gefühlt hat. Dann kann es sein, dass Ihnen die betreffende Person so etwas hinwirft wie »Ne, schon in Ordnung«, danach aber doch nichts mehr von Ihnen wissen will. Daran erkennen Sie, dass die Antwort, die Sie erhalten haben, nicht aufrichtig war. Und dass der Mut fehlte, Ihnen die Wahrheit zu sagen. Das ist eine schwierige Situation, aber was soll's, auch andere haben ihre Beweggründe. Mehr können Sie im Moment nicht tun.

Erstellen Sie eine Liste all der Leute, bei denen Sie sich entschuldigen möchten. Schreiben Sie anschließend neben jeden der Namen den Grund, weshalb Sie das Gefühl haben, dass eine Entschuldigung angebracht sein könnte. Wenn Sie sich nicht ganz sicher sind, gehen Sie auf die betreffende Person zu und fragen sie, ob sie ein Problem mit Ihnen hat und was Sie tun können, um es zu bereinigen.

Sich zu entschuldigen ist gar nicht so leicht. Viele von uns schämen sich, wenn sie zugeben müssen, dass sie jemanden verletzt oder ins Unrecht gesetzt haben. Manchmal hält uns auch der Stolz davon ab, den entscheidenden Schritt zu machen. Und oft weiß man nicht, wie man es am besten anstellt. Auch dafür habe ich ein paar Tipps auf Lager.

Zunächst müssen Sie sich selbst eingestehen, dass Sie jemanden verletzt haben, was ja nicht immer offensichtlich ist. Dafür sollten Sie vielleicht einmal schauen, wie andere Menschen auf Sie reagieren. Das Wichtigste ist, dass Sie für sich die Verantwortung für den An- oder Übergriff übernehmen.

Ihre Entschuldigung muss aufrichtig sein und wirklich von Herzen kommen. Die Leute spüren es, wenn das nicht der Fall ist. Von Bedeutung ist auch, dass Sie klarstellen, dass Sie die Person nicht mit Absicht verletzt haben. Man muss merken, dass Sie es ernst meinen und dass Sie sich Ihres Übergriffs in seiner vollen Tragweite bewusst sind.

Zeigen Sie, dass Sie aufrichtig bedauern. Und fangen Sie gar nicht erst mit Rechtfertigungsversuchen an, sonst stößt Ihre Entschuldigung nur auf taube Ohren. Die andere Person muss wissen, dass Ihr »Es tut mir leid« wirklich von Herzen kommt.

Auch müssen Sie unter Beweis stellen, dass Sie sich ändern werden und den Schaden, den Sie angerichtet haben, wiedergutmachen wollen. Wenn Sie zum Beispiel jemanden verbal beleidigt haben, könnten Sie versichern, dass Sie ab sofort aufpassen, was Sie sagen.

Zu guter Letzt müssen Sie sich darauf gefasst machen, dass Ihre Entschuldigung nicht akzeptiert wird. Aber darauf kommt es auch gar nicht an. Wichtig ist nur, dass Sie jetzt die Wahrheit ausgesprochen haben und dass das aus tiefster Seele gekommen ist. Wie der andere darauf reagiert, können Sie nicht beeinflussen. Sie müssen loslassen. Noch einmal: Andere Menschen und ihre Gefühle kann man nicht steuern.

Wenn Sie das Gefühl haben, Sie könnten der Person, um die es geht, nicht mehr unter die Augen treten, gibt es andere Möglichkeiten, sich zu entschuldigen. Am besten finden Sie selbst heraus, wie Sie es anstellen können.

Rufen Sie an. Manche Leute fühlen sich wohler, wenn Sie dem anderen nicht persönlich begegnen müssen. Aufgrund der Distanz, die so entsteht, funktioniert eine Entschuldigung meistens auch am Telefon. Bei einer größeren örtlichen Entfernung ist ein Treffen sowieso schwerer zu arrangieren, aber auch in anderen Fällen empfiehlt es sich häufig, zum Hörer zu greifen, zum Beispiel, wenn man mit einer gewalttätigen oder beleidigenden Reaktion rechnen muss.

Meinen Klienten empfehle ich meistens, sich hinzusetzen und einen Brief zu schreiben, in dem sie sich entschuldigen. Weil der Empfänger ganz genau weiß, was für einer Mühe Sie sich damit unterzogen haben, besteht eine gute Chance, dass er spürt, wie ernst es Ihnen damit ist, und dass er Ihre Entschuldigung annimmt. Wenn Sie sich für die schriftliche Form der Entschuldigung entscheiden, denken Sie bitte daran: Geschriebenes bleibt – und wird unter Umständen auch von Außenstehenden gelesen. Aber das ist auch ganz in Ordnung so, dann wissen alle, dass Sie die Verantwortung für Ihr Handeln übernommen und den höheren Weg eingeschlagen haben.

Wenn Sie in der Lage sind zuzugeben, dass Sie im Unrecht waren, und sich zu entschuldigen, haben Sie schon ein großes Stück auf dem Weg Ihrer spirituellen Entwicklung hinter sich gebracht. Und ich kann gar nicht deutlich genug darauf hinweisen, wie positiv die Wirkung sein wird – und zwar nicht nur auf die Lebenden, sondern auch auf die Verstorbenen.

Der Brief

Das Folgende trug sich zu einer Zeit zu, als ich noch private Sitzungen abhielt. Ein junger Mann, Jeffrey Slazak, hatte einen Termin in meiner Praxis in West Hollywood vereinbart. Als er dann da war, wirkte er anfänglich so nervös, dass mich schon Zweifel beschlichen, ob überhaupt ein Jenseitskontakt zustande kommen würde.

Nach einer knappen Begrüßung platzte er gleich heraus: »Ich brauch ganz dringend Ihren Rat.«

Ich sprach ein Gebet und sah dann rechts hinter ihm eine Frau stehen. Zweifellos Jeffreys Mutter.

»Da ist eine Frau, ich glaube, Ihre Mutter. Sie hat einen ganz komischen Vornamen, hört sich irgendwie nach einem Männernamen an. Robert, Rob oder so.«

»Roberta, aber alle haben sie immer nur Bobbi genannt.«

»Sie ist bei Ihren Großeltern und regt sich über irgendetwas auf. Aber sie freut sich sehr, dass Sie gekommen sind.«

»Ich habe sie heute schon die ganze Zeit über um mich gespürt. Wahrscheinlich bin ich deshalb auch so nervös.«

»Wie sie sagt, war sie noch in der Stunde ihres Todes sauer auf ihre Schwester. Die sei eifersüchtig auf sie gewesen.«

»Ja, genau! Ich habe mich natürlich auf die Seite meiner Mutter geschlagen und seit ihrem Tod weder mit meinem Onkel noch mit meiner Tante auch nur ein einziges Wort gewechselt. Nicht einmal mit meinen Cousins und Cousinen.«

»Sie war im Irrtum, sagt Ihre Mutter. Sie hat einen ganz schrecklichen Fehler gemacht. Und weil sie es nicht kann, sollen Sie sich doch bitte in ihrem Namen entschuldigen.«

Jeffrey zögerte. »Versuchen kann ich es«, sagte er dann, »aber ich verspreche mir nicht allzu viel davon. Ich weiß überhaupt nicht, ob mein Onkel und meine Tante überhaupt bereit wären, mich anzuhören.«

»Ich weiß, wie schwer es ist, sich zu entschuldigen. Und natürlich besonders, wenn man selbst nur mittelbar beteiligt ist. Aber Ihre Mutter bittet Sie flehentlich. Sie möchte, dass Sie Ihrer Tante einen Brief schreiben, in dem Sie ihr erklären, dass Bobbi das alles wirklich von Herzen leid tut. Schreiben würde Ihnen leichter fallen, meint sie. Und solange sie ihre Entschuldigung nicht losgeworden sei, könne sie spirituell nicht weiterkommen. Sie scheint auf einer bestimmten Ebene zu stagnieren, und das würde sie gern ändern.«

Jeffrey schüttelte den Kopf, sagte aber dann doch: »Na, gut, ich denk mal drüber nach.«

Die Sitzung ging noch zwanzig Minuten weiter. Sowohl seine Mutter als auch seine Großeltern versicherten Jeffrey, dass sie ihn liebten. Als er ging, wirkte er um einiges ruhiger. Zum Abschied sagte er: »Danke, James, mir geht es jetzt schon viel besser. Kann nur hoffen, dass ich auch das mit dem Brief noch ordentlich hinkriege.«

Ein Jahr später traf ich zufällig die Frau wieder, die Jeffrey seinerzeit empfohlen hatte, mich aufzusuchen, Penny.

»Bei Jeffrey hast du ja wahre Wunder bewirkt«, sagte sie zu mir. »Die Dinge, die du ihm berichtet hast, haben ihn tief berührt, vor allem das mit seiner Tante. Er hat ihr tatsächlich einen Brief geschrieben und sich entschuldigt, auch im Namen seiner Mutter. Das Schreiben kam aber ungeöffnet zurück. Monate später war er irgendwohin unterwegs, als ihm plötzlich ein Hund vors Auto lief. Er konnte gerade noch rechtzeitig bremsen, sonst hätte er ihn überfahren. Um den Hals trug der Hund ein Band mit einem kleinen Täschchen, in dem die Telefonnummer seiner Halter stand. Dort rief er an und was glaubst du wohl, wer seinen Anruf entgegennahm?«

»Keine Ahnung, wer denn?«, fragte ich gespannt.

»Der Hund gehörte der Tochter seiner Tante, seiner Cousine.«

»Das kann doch nicht sein!«, rief ich aus.

»Pass auf, da ist noch mehr«, fuhr Penny fort. »Als er den Hund abgeben wollte, war auch seine Tante da. Sie feierten gerade irgendeinen Geburtstag.«

»Wahnsinn!«

»Jeffrey erwähnte den Brief, den er ihr geschrieben hatte. Und stell dir vor: Die Tante hatte ihn nie erhalten. Sie sagte, wie sehr sie es bedauere, dass Bobbi gestorben sei, ohne dass sie sich versöhnen konnten. Sie wünschte sich eine Klärung. Dann kam Jeffrey auf dich zu sprechen und seinen Termin bei dir. Seine Tante war so glücklich, als sie das mit ihrer Schwester erfuhr.«

»Ach, das freut mich aber. Jetzt kann Bobbi endlich weiterziehen.«

»Noch etwas«, fügte Penny hinzu. »Jeffrey hatte seinen Job verloren und war jetzt schon seit sechs Monaten arbeitslos. Als sich seine Tante erkundigte, was er denn so beruflich tue, sagte er, er suche was Neues. Und da hat sie ihm doch tatsächlich einen Job in ihrem Laden angeboten.«

Wir können uns alle verändern. Wenn wir uns entschuldigen, vergeben und den höheren Weg einschlagen, passieren die wunderbarsten Dinge. Denn dann kann wahre Heilung erfolgen. Tun Sie deshalb am besten heute noch irgendetwas gemäß des höheren Weges. Fangen Sie damit an, dass Sie jemandem die Tür aufhalten oder ihm den Aufzug holen. Bedanken Sie sich beim Kellner, beim Bus- oder Taxifahrer, auch wenn Ihnen eigentlich gar nicht danach ist. Erweitern Sie Ihr Bewusstsein, sehen Sie Gott in jedem Menschen, der Ihnen begegnet. Je besser es Ihnen gelingt, sich mit dem höheren Selbst der anderen zu verbinden, desto mehr erkennen Sie deren wahres spirituelles Wesen. Das Ergebnis: Alle Beteiligten sehen den Pfad, der vor ihnen liegt, in größerer Klarheit und werden ihn leichter gehen können.

NEUN

DIE KLARHEIT DES BEWUSSTSEINS

Das Leben ist ein Prozess des Werdens; es besteht aus lauter Zuständen, die wir durchmachen müssen. Wenn Menschen scheitern, dann daran, dass sie sich für einen dieser Zustände entscheiden und dann unbedingt darin verharren möchten. Das aber kommt in gewisser Weise dem Tod gleich.
Anaïs Nin

Mein Traum lag nun schon etliche Wochen zurück und ich kam einfach nicht weiter. Mir fiel absolut nichts ein, was auch nur im Entferntesten damit in Verbindung stehen konnte. Doch nachdem ich dann zwei Tage lang das Universum ständig gebeten hatte, mir irgendeinen Hinweis zu geben, geschah es! Am nächsten Morgen um vier, ich war gerade kurz im Bad gewesen und legte mich nun wieder hin, fiel ich in einen tiefen, tiefen Schlaf. Das irgendwie vertraute Gefühl, das ich hatte, wann immer sich dieser spezielle Traum in mein Schlafbewusstsein schlich, erinnerte ich noch genau. Ich betrachtete verschiedene Ölgemälde von Blumen, ein Landschaftsbild und ein weiteres, das einen Hügel in Kalifornien zeigte. Ich kannte diese Gemälde! Ich hatte sie schon irgendwann einmal gesehen. Aber wo? Dann fiel mir ein, dass es sich um dieselben

Ansichten wie in dem Traum handelte, den ich vor Wochen hatte.

Beim ersten Mal vor dem Fenster im Krankenhaus. Dann wechselte der Schauplatz wieder. Jetzt befand ich mich auf einem Garagenflohmarkt in einem Hof, und die Gemälde standen zum Verkauf. Ich sah mich rechts und links um und bemerkte ein paar unglaubliche Art-déco-Schmuckstücke, Armbänder, Ohrringe, verschiedene Armreifen und Perlenketten. Auch sie kamen mir bekannt vor, so, als hätte ich sie alle schon einmal in der Hand gehabt.

Dann hob sich der Schleier und ein Moment der Klarheit stellte sich ein. Wieder sah ich mich auf dem Hof um, spähte auch in die Garage. Ich war nicht allein, ein paar andere Leute besuchten den Flohmarkt ebenfalls. Plötzlich wendete sich eine zierliche Frau mit dunklen Haaren um und lächelte mich an. Ihre Augen waren grüner, als ich sie in Erinnerung hatte, und ihr Lächeln ließ den ganzen Hof erstrahlen. Sie kam direkt auf mich zu und griff nach meiner Hand. »James!«, sagte sie.

Vor mir stand eine ganz liebe Freundin, die am anderen Ende der Straße gewohnt hatte und vor ein paar Monaten gestorben war. Unsere Begegnung wirkte auf mich so real, dass ich mich ruckartig im Bett aufsetzte und laut ihren Namen sagte: »Violette!«

Wenn jemand stirbt, den wir kennen, wird uns unsere eigene Sterblichkeit bewusst und wir werden gezwungen, ernsthaft darüber nachzudenken, wer wir sind und was aus uns wird. Genau das hatte Violettes Tod bei mir ausgelöst.

Worum geht es im Leben? Wer sind Sie? Wie würden Sie Ihre Persönlichkeit, Ihren Bildungsstand, Beruf, Ihre Erfahrungen und die Verhältnisse beschreiben, in denen Sie aktuell leben? Aber sind Sie wirklich nicht mehr als das? Wenn man vor dem Spiegel steht, kann man das Bild, das er zurückwirft, leicht mit sich selbst verwechseln. Ihr Geist ermöglicht es Ihnen, Ihren Körper zu sehen, folglich gibt es ganz offensichtlich neben dem rein Physischen auch ein geistiges Element. Sie können sich in intellektuellen Ergüssen ergehen, rationalisieren, lesen, schreiben und Entscheidungen treffen. Und dadurch, dass Sie sich dieser Ihrer Fähigkeiten bewusst sind, sind Sie sogar mehr als das, was Sie denken. Sie sind Bewusstsein. Sie sind sich dessen bewusst, dass Sie bewusst sind.

Es ist schon komisch, dass die Menschen ihre Verstorbenen immer für *tot* halten. Dabei sind unsere vermeintlich toten Angehörigen viel lebendiger als wir auf der Erde. Die Geister befinden sich auf einem ganz anderen Level, einem Bewusstseinsniveau, das sie während ihres Aufenthalts auf unserem Planeten gar nicht kannten, weil sie sich nicht die Zeit nahmen, seine Existenz auch nur wahrzunehmen. Tausende von Geistern haben mir schon gesagt: *Ihr nennt uns tot? Wo doch die meisten von euch nur wandelnde Tote sind. Ihr habt ja gar keine Ahnung, weder von der Welt, die euch umgibt, noch von der in euch selbst.*

Nur allzu oft verdaddeln wir das Leben mit irgendwelchen Dingen, die wir erledigen wollen. Es gibt sogar Leute, die extra To-do-Listen erstellen. Statt ums Sein kümmern wir uns pausenlos ums Machen, Haben und Tun. Unser Leben besteht eigentlich nur aus Routine. Wir fahren zur Arbeit, essen etwas, verdienen Geld und dann fahren wir nach Hause, essen wieder was und gehen dann schlafen. Am nächsten Tag dasselbe Lied.

Unsere Köpfe sind voll mit anderer Leute Projektionen und Urteilen, von denen die meisten auf Angst beruhen. Und viele nehmen diese Projektionen und Urteile dermaßen ernst, dass sie im Grunde anderer Leute Leben führen. Wenn man sich aber an den bewussten oder unbewussten

Projektionen der Eltern, des Partners, der Kirche und der Medien orientiert, ist es äußerst schwer, ein Gefühl für sich selbst zu bekommen.

Klar, wir alle wollen geliebt werden und den Leuten gefallen. Das sollte aber nicht auf Kosten unseres Selbstwertgefühls und unseres Selbstbewusstseins gehen. Wir sind bereit, uns hintanzustellen, bloß, um die Erwartungen anderer Leute zu erfüllen und ihren Projektionen gerecht zu werden. Wir machen uns Gedanken über die Vergangenheit und sorgen uns um die Zukunft – dabei gibt es in Wirklichkeit doch weder die eine noch die andere. Vergangenheit und Zukunft sind bloß Vorstellungen. Das Einzige, was wir steuern können, ist die Gegenwart. Das Leben besteht aus einzelnen Augenblicken, und für die tragen wir die Verantwortung. Wir können sie mit irgendwelchem Zeug vollpacken oder aber sie nutzen, um uns unserer selbst und der Welt, in der wir leben, bewusster zu werden. Wir müssen über das bloße Existieren hinausgehen und *leben.* Wenn wir uns die Zeit nehmen, zu erkunden, wer wir wirklich sind, öffnen wir uns den verschiedenen Stufen unseres Bewusstseins. Und dann erkennen wir auch schnell, dass wir viel mehr sind als unsere Körperlichkeit und unser materielles Leben, denn dabei handelt es sich nur um die Spitze des Eisbergs.

Geistwesen sprechen ständig über ihr größtes Versäumnis auf Erden: dass sie nicht wahrhaben wollten, dass ihr Leib nur die vorübergehende Heimat ihrer Seele war und dass diese Seele weit über das hinausgeht, was sie zu Lebzeiten mit ihren fünf Sinnen erfassten. Sie möchten uns unbedingt dabei helfen, die Bedeutung des *Denkens* zu begreifen. Denn durch unser Denken wird unsere Welt entweder wunderbar oder auch vollkommen elend. Unsere Gedanken steuern alles, sie sind sozusagen der Dirigent unserer

Lebenssymphonie. Was ist Ihnen lieber: Mozart oder die Melodie irgendeines belanglosen Liedchens? Den richtigen Einsatz des Geistes zu erlernen nimmt dabei täglich nur ein paar Minuten in Anspruch.

Etwas anderes, dessen sich die Geister im Jenseits bewusst werden, ist, dass sich die Realität Gottes erheblich von der Vorstellung unterscheidet, die man ihnen zu Lebzeiten eingetrichtert hat. Die meisten von uns, wenn auch nicht alle, sind irgendwie mit dem Glauben an Gott aufgewachsen. Und der wird oft mit »Spiritualität« gleichgesetzt. Für mich sind aber Religion und Spiritualität etwas vollkommen Verschiedenes. Ein religiöser Mensch ist nicht zwangsläufig spirituell, und umgekehrt. Spiritualität bezeichnet den Ausdruck der Seele, während Religion ein System von Regeln und Einschränkungen darstellt, das der Seele übergestülpt wird. Das Erste ist natürlich und unbegrenzt, Letzteres ein menschliches Gedankenkonstrukt und damit eng abgezirkelt.

Je nach Seele und dem Glaubenssystem, dem sie zu Lebzeiten anhingen, äußern sich die Geister unterschiedlich: *Ich spüre Gott überall. Gott ist in allem, was wir sehen und berühren. In jedem Menschen, dem ich hier begegne, erkenne ich die Existenz Gottes.* Den Verstorbenen ist klar, dass Gott nicht irgendein entrücktes Wesen ist, sondern eine allgegenwärtige Energie, ein Bewusstsein, das alles und jeden durchdringt.

Meditation und Gebet

Gott ist eine formlose, mehrdimensionale Gegebenheit ähnlich den elektromagnetischen Wellen im Weltraum. Stellen Sie sich vor, Sie stehen am Strand und sehen, wie die Sonnenstrahlen auf dem Wasser tanzen, bis auf den

Meeresboden fallen und ihn beleuchten. Das mehrdimensionale Gottesbewusstsein ist wie die Sonne, deren Strahlen die Wasseroberfläche durchdringen. Seine Energie verbreitet sich überall.

Diese Multidimensionalität funktioniert auf einer großen Bandbreite von Frequenzen beziehungsweise auf verschiedenen Stufen der Wirklichkeit, die nicht über oder unter uns sind, sondern in uns drin. Die Idee von »oben« und »unten« bezieht sich auf unsere Vorstellungen von Himmel und Hölle. Wie ich in meinen Workshops und Büchern immer sage, sind aber auch Himmel und Hölle weder oben noch unten, sondern überhaupt an keinem *Ort.* Wenn wir die höchsten Ebenen des multidimensionalen Bewusstseins erreichen wollen, müssen wir uns also nach innen wenden. Denn dort wohnt Gott.

Ganz egal, mit welchem Namen Sie Gott belegen, ob sie ihn Jehova, Allah, Ishvara, das Tao, Großer Geist oder Jesus nennen, in Wirklichkeit gibt es nur das *formlose Eine.* Wer Gott oder eine Beziehung zu ihm finden will, braucht nur in seinem eigenen Herzen zu suchen. Wie man Zutritt zu dieser inneren Welt bekommt? Nun, genau so, wie es viele große Weise empfehlen: indem man den Geist durch Gebete und Meditation zur Ruhe bringt.

Das Gebet ist eines der großartigsten Werkzeuge, über die wir verfügen. Betend verbinden sich Kopf und Herz, wodurch wir das Körperliche transzendieren können. Betend lenken wir unser Denken und Wünschen auf die eine Kraft, auf die eine Quelle, die das Leben ist. Um mit Gott sprechen zu können, muss man sich nicht in einem speziellen Gebäude befinden oder ein besonderes Ritual verrichten. Gott ist überall, grenzenlos.

Beten können Sie auf jede Art und Weise, die Ihnen zusagt. Akzeptieren Sie nur die Wahrheit Ihres Herzens.

Für sich selbst muss man übrigens nie beten. Denn wenn Sie verstanden haben, dass Gott in unserem Herzen wohnt, erkennen Sie auch, dass das allumfassende Bewusstsein immer weiß, was wir brauchen. Und je bewusster wir werden, desto klarer wird uns auch, dass alles, was geschieht, einen Grund hat. Leiden, Krankheit, Unglück, Hunger, Seuchen – all das sind Lektionen, die die Seele auf ihrem göttlichen Pfad zu lernen hat.

Das beste Gebet ist selbstlos. Für andere zu beten gibt uns ein gutes Gefühl. Es leitet die Energien von unserem egozentrischen Selbst ab und gibt sie an andere weiter. Und indem wir anderen etwas geben, machen wir in Wirklichkeit vor allem uns selbst ein Geschenk. Wenn wir von Herzen und in Demut beten, ist es so, als würden wir Eimer voll bedingungsloser Liebe ausschütten.

Wenn Sie wissen möchten, worin Ihre Lebensaufgabe besteht, wie Sie liebevoller werden oder eine schwierige Situation am besten bewältigen können, sage ich: indem Sie *meditieren.*

Der Unterschied zwischen Meditieren und Beten ist der: Wenn wir beten, bitten wir um etwas. Und wenn wir meditieren, lauschen wir auf die Antwort. Sie können formell meditieren oder informell. Bei der formellen Meditation hält man sich an gewisse Regeln, nimmt zum Beispiel eine bestimmte Haltung an, schließt die Augen, spricht ein Mantra und so weiter. Die frei fließende Form der Meditation kennt nichts dergleichen. Dabei muss man nicht einmal die Augen schließen. Ich persönlich mache von beidem ein bisschen, auf meine Art. In der formellen Form bediene ich mich einer geführten Meditation, die ich im Laufe der Jahre entwickelt habe und die mich schnell in mein Herzzentrum führt. Ansonsten meditiere ich, indem ich die Pflanzen im Garten gieße, Blumenarrangements mache, aufs Meer schaue, lese oder ein Bild male. Jede Art von Meditation hat nur den einen Zweck: den viel beschäftigten Geist zur Ruhe zu bringen.

Dabei geht es nicht unbedingt darum, dass uns während der Meditation nichts durch den Kopf gehen soll. Im Gegenteil, wir akzeptieren diese Ablenkung und lassen sie so stehen. Sagen wir, Sie sitzen im Yogasitz auf der Matte und wollen meditieren. Ihr Geist ist ständig in Bewegung, er plappert über Ihr Leben, die Familie, darüber, was es zum Abendessen gibt. Oder draußen jault ein Rasenmäher, Leute unterhalten sich. Dann akzeptieren Sie diese Störungen beziehungsweise Ablenkungen und lassen sie ziehen. Je weniger Sie sie bewerten und je weniger Macht Sie ihnen geben, desto schneller gelangen Sie in einen entspannten Daseinszustand. Da das bedeutet, die Kontrolle aufzugeben, fällt das am Anfang gar nicht so leicht. Für Leute, die sich mit zwanghaften Verhaltensweisen herumschlagen, die gedanklich leicht von Hölzchen auf Stöckchen kommen oder zu Depressionen neigen, stellt Kontrolle oft die einzige Sicherheit dar, das Einzige, woran sie sich meinen festhalten zu können. In Wirklichkeit ist es jedoch so: Je mehr wir uns bemühen, diese Ablenkungen in den Griff zu bekommen, desto stärker machen sie sich bemerkbar. Und je mehr wir loslassen, desto besser kommen wir voran. Wenn wir die Flügel ausbreiten und uns in unbekannte Höhen aufschwingen möchten, dürfen wir uns nicht am Boden festklammern, sonst wird das nie etwas.

Mit zunehmender Meditationspraxis fangen wir allmählich an, das große Ganze zu sehen und den Platz, den wir darin einnehmen. Dann bekommen wir auch unser Leben mehr in den Griff. Und wir erkennen unseren Wesenskern – unser wahres Selbst (im Gegensatz zum Ego-Selbst).

Meditieren hilft, das mehrdimensionale Bewusstsein herauszubilden und unsere Verbundenheit mit der Liebe zu erkennen. Je öfter wir meditieren, desto größer wird unser Empfinden für Gott – und Gott ist Liebe. In der Meditation nehmen wir ganz genau wahr, was zwischen uns und diesem Bewusstsein der Liebe steht. Wir erfahren, dass die schweren Energien der Angst, der Habgier, des Zorns, der Eifersucht, der Gewalt, der Maßlosigkeit und des Neids uns von der Wahrheit abschneiden und uns davon abhalten, ein erfülltes Leben zu führen – eines, auf das wir stolz sein können.

In der Meditation kann man verschiedene Ebenen des Bewusstseins erreichen. Sobald wir in der tiefen Versunkenheit die Grenzen der Selbstbezogenheit überschreiten, sind wir frei, uns höher emporzuschwingen, zu erkennen, dass wir tatsächlich Teil eines größeren Bewusstseins sind, und mit allem, was ist, in Einklang stehen. Diese Erkenntnis ist kosmisches Bewusstsein. Die Welt von einer höheren Warte aus zu betrachten hilft uns nicht nur, den Weg, der vor uns liegt, zu erkennen, sondern auch die Hürden, die wir selbst errichten, und die unnötigen Blockaden, die auf das Konto unseres Egos gehen.

Aus dieser höheren Perspektive heraus sehen wir, wie unbedeutend die Menschen sind, und auch, wie uns der Geist mitunter in Fesseln schlägt. Wir sehen, dass das ewige Hängen an der Vergangenheit keinen Raum für eine ersprießliche Zukunft lässt. Vor allem aber erkennen wir, dass fast immer die Angst die Wurzel allen Übels ist. Wenn wir die Furcht verbannen, die unseren Geist verunreinigt, sehen wir auch, dass die Liebe jederzeit bereitsteht, die Probleme des Lebens zu lösen. Darüber hinaus beginnen wir die unschätzbar wertvollen Lektionen zu begreifen, die schwierige Situationen mit sich bringen. Wir nehmen wahr, welche Entscheidungen dem Wachstum unserer Seele förderlich sind und wie viel Freude wir damit machen können. Und am Ende werden wir uns stolz unserer Verbundenheit mit allem, was ist, bewusst und des Umstands, dass sich unsere Gedanken auf andere auswirken – im Positiven wie auch im Negativen.

Die Entdeckung Gottes

Die Sitzung, von der ich jetzt berichten möchte, fand bei mir zu Hause statt. Im Mittelpunkt stand ein Priester, der sehr unglücklich war und überlegte, sein kirchliches Amt niederzulegen. Anfänglich war ich mir gar nicht sicher, ob die Botschaften, die durchkommen würden, auch seinen Wünschen entsprachen. Aber wie immer bat ich meine Geistführer um Beistand, sprach ein Gebet und überließ Gott den Rest.

»Vater Warren«, fragte ich den Priester anschließend, »fühlen Sie sich wohl?«

»Ich bin bereit.«

Ich schloss die Augen und nahm plötzlich eine starke Präsenz wahr. Die Gestalt einer Nonne.

»Warren, hier steht eine Nonne. Sie hat ein sehr großes Herz voller Liebe.«

»Das spüre sogar ich«, sagte Vater Warren.

»Sie sagt, dass sie Sie liebt.«

»Ja, ich weiß. Ich liebe sie auch.«

»Wer ist Margaret?«, fragte ich.

»Sie selbst – Schwester Mary Margaret.«

»*Folge deinem Herzen,* sagt sie.«

Plötzlich manifestierte sich ein weiterer Geist. Ein kleiner, stämmiger Mann in einer Art Priesterrobe.

»Warren, hier ist jetzt noch jemand. Er sieht aus wie ein Priester, allerdings ist sein Gewand etwas farbenfroher als normal.«

»Das muss Monsignore Egan sein.«

»Nach seinem Tod, sagt er, hätte er sich erst einmal zurechtfinden müssen.«

»Das verstehe ich aber nicht«, sagte Vater Warren. »Er war doch immer so fromm. Ich bin mir ganz sicher, dass er übergangslos in den Himmel gekommen ist.«

»Er meint, alles wäre ganz anders, als er es sich vorgestellt hatte. Kein Heiliger, der ihn in Empfang nahm, kein Himmel wie der, auf den er sich so gefreut hatte. Kein Engelschor. Keine Begegnung mit Jesus. Alles Fehlanzeige.«

Vater Warren schaute mich an wie vom Donner gerührt. »Was will er denn damit sagen?«

»Dass er nichts von all dem gesehen hat, was ihm von der Kirche versprochen wurde. Stattdessen fand er sich genau an dem Ort wieder, den er im Gebet und in der Kontemplation immer aufsuchte. In einem Himmel wie dem, an den er doch so fest geglaubt hatte, ist er jedenfalls nicht.«

»Das kann nicht sein«, sagte Vater Warren. »Wir sind Priester. Dienen Jesus und der Kirche. Das predige ich doch immer. Wie kann es da sein, dass es keinen Himmel gibt?«

Ich sah den Mann voller Mitgefühl an. »Der Monsignore *ist* im Himmel, aber der Himmel ist kein spezieller Ort, wie Sie glauben.« Ich richtete den Blick zur Zimmerdecke und fügte hinzu: »Der Himmel ist nicht da oben. Er ist genau dort, wo sich der Verstorbene aufhält. Und Gott ist nichts Äußeres, er trägt ihn in sich.«

»Ich weiß nicht, ob ich das glauben kann, James.«

Ich wechselte ein paar Gedanken mit dem Monsignore.

»Er sagt, wie Jesus, der in den Himmel aufgestiegen ist, steigen auch wir nur auf, wenn wir uns nach innen wenden und unser wahres Selbst entdecken.«

Vater Warren hörte mir schweigend zu.

»Er möchte Ihnen sagen, dass Sie ein guter Priester sind. Sie haben schon vielen Menschen das Herz geöffnet und sie dazu gebracht, über ihre seelische Wahrheit nachzudenken. Lassen Sie sich nicht entmutigen. Er weiß, dass Sie ein Rebell sind, aber die Kirche brauche Rebellen, meint er, damit sie sich verändern und weiterentwickeln kann.«

Allem Anschein nach öffneten diese Botschaften Vater Warren die Augen. Jedenfalls rief er mich ein paar Wochen später an, um mir mitzuteilen, dass er beschlossen habe, sein Priesteramt nicht aufzugeben.

»Wissen Sie, James, zunächst war ich skeptisch. Dann habe ich sehr lange gebetet. Monsignore Egan sprach zu mir. Da wurde mir klar, dass ich alles nur so gesagt und getan hatte, weil es mir auf eine bestimmte Art und Weise beigebracht worden war. Ich fühlte mich nicht wohl dabei, mich an Regeln und feste Muster halten zu müssen. Jetzt geht es mir viel besser. Ich bin, wie ich bin, und folge meinem Herzen, auch wenn ich dabei hin und wieder von der kirchlichen Lehre abweiche. Wir müssen uns reformieren. Von nun an werde ich den Menschen predigen, auf sich selbst zu vertrauen und auf den Gott in ihrem Herzen zu hören.«

Vater Warren hatte gelernt: Um Gott in voller Klarheit erkennen zu können, muss man mindestens so sehr wie ins Außen nach innen schauen, wenn nicht sogar noch mehr. Weil wir den Trugbildern der materiellen Welt so große Aufmerksamkeit schenken, lassen wir uns von der Freiheit abbringen. Wir möchten ja frei sein, aber wir halten die Trugbilder für die Wirklichkeit, und die ist außerordentlich mächtig. Das ist ein Teufelskreis. Wir müssen die Trugbilder hinter uns lassen und anfangen, die Welt mit dem Herzen zu sehen.

Tausende Verstorbene haben mir schon gesagt, dass ihr Abschied für die Hinterbliebenen ein echtes Geschenk war. Die Trauer und der Kummer, die sie empfanden, schickten sie auf eine spirituelle Reise in ihr Inneres. Wäre der Tod des geliebten Menschen nicht gewesen, hätten sie zu Lebzeiten nie einen Blick hinter die Kulissen ihres physischen Seins geworfen. Sie wären den Trugbildern verhaftet geblieben und hätten sich nie gefragt, was dahinterliegt. Und erst die Präsenz ihres geliebten Angehörigen, die sie spürten, gab ihnen den Anstoß, über das Materielle hinaus in ihr Inneres zu blicken und dort einen Ort zu entdecken, der ihre Seele zufriedenstellte.

Achtsam oder unachtsam?

Wenn wir uns auf die Reise machen, uns unserer selbst und der Umwelt bewusst zu werden, beginnen wir, *achtsam* zu leben. Achtsamkeit heißt, sowohl das Umfeld als auch das eigene Leben mit der Bewusstheit des Augenblicks wahrzunehmen.

Wenn Sie Ihren Alltag betrachten, werden Sie vermutlich auf viele Beispiele für mangelnde Achtsamkeit stoßen. Wenn Sie etwa die Kreditkartenabrechnung erhalten und sie höher ausgefallen ist als vermutet, fragen Sie sich vielleicht: Ja, was hab ich denn gedacht? Oder vielleicht sind Sie auch in einer Beziehung, von der Sie tief im Inneren wissen, dass sie nicht auf Wahrheit beruht und dass sie mit ihr nur versuchen, irgendeine Leere zu füllen. Dann könnten Sie sich fragen: Was denke ich mir eigentlich dabei? In beiden Fällen liegt die Antwort auf der Hand: gar nichts. Wenn Ihnen aber nicht bewusst ist, was Sie denken, fühlen oder spüren, werden Sie zum Opfer. Sie bringen sich in Situationen, die Ihnen zum Nachteil geraten.

Während einer Veranstaltung kürzlich in Reno kam der Geist eines Mannes durch. Ziemlich lädiert. Er war bei einem Motorradunfall ums Leben gekommen und gab zu, einen großen Fehler gemacht zu haben. Er war nicht achtsam genug gewesen, den Helm aufzusetzen, bevor er losbrauste. Diese Unachtsamkeit war ihn teuer zu stehen gekommen. Unachtsam ist man schnell einmal: wenn man die Brille verliert, den Schlüssel verlegt, die Kaffeemaschine anlässt, ein Jubiläum oder einen Geburtstag vergisst, unsensibel reagiert und so weiter.

Lebt man unachtsam, schalten Körper und Geist auf Autopilot. Dann reagiert man auf Menschen und Situationen nach alten Wahrnehmungs-, Gefühls- und Verhaltensgewohnheiten. Wenn das Leben zur Routine geworden ist, gehen wir jeden Konflikt auf der Grundlage früherer Verletzungen und Treuebrüche an. Ohne nachzudenken, reagieren wir automatisch so, als würden wir genau dieselben Erfahrungen noch einmal machen.

Wir latschen durch den Tag und denken an etwas ganz anderes, statt im gegenwärtigen Augenblick zu leben. Dann stößt uns das Leben sozusagen zu und wir haben die Dinge nicht mehr im Griff. Üben wir uns dagegen in Achtsamkeit, er-innern wir uns ständig daran, alles immer mit ganz neuen Augen zu sehen.

Mangelnde Achtsamkeit kann ernste Folgen zeitigen. Wie mit Sicherheit für den Mann, der vergessen hatte, seinen Helm aufzusetzen. Dadurch, dass Sie Ihre inneren Botschaften ignorieren, können Sie Wichtiges verpassen, insbesondere, was Beziehungen, Gesundheit und Erfolg betrifft. Wenn Ihnen zum Beispiel Ihr Körper ein Signal gibt, dass irgendetwas mit ihm nicht ganz in Ordnung ist, Sie aber so mit Ihrem Alltagskram beschäftigt sind oder auf Autopilot geschaltet haben, dass Sie es nicht beachten, kann es zu einer ernsthaften gesundheitlichen Störung kommen.

Erst kürzlich traf ich mich mit einer alten Bekannten zum Abendessen. Dabei erwähnte ich nebenbei: »Im Grunde könnte ich gar nicht so genau sagen, warum ich ausgerechnet am Strand wohne.« Ich bin nämlich eigentlich kein Strand-Freak und auch kein Sonnenanbeter. Aber Surfen mag ich. Was nicht heißen soll, dass ich selbst surfe. Aber ich gucke gern zu. Oft stundenlang. Das hat etwas sehr Meditatives. Für mich ist Surfen eine Analogie auf das Leben – das ja auch aus einer Abfolge verschiedener Balanceakte besteht. Wenn wir achtsam sind, halten wir uns gut in der Mitte des Brettes, und wenn dann ein Problem auf uns zukommt, die Monsterwelle, nehmen wir sie mit Ruhe, Freude und Liebe. Bei mangelnder Achtsamkeit lassen wir uns von alten Gewohnheiten und Gefühlen hinreißen und sind der Brandung hilflos ausgeliefert.

Wenn wir unsere Gedanken an die Leine nehmen, sie sorgfältig managen, neigen wir auch weniger zu vorschnellen Bewertungen. Wer nicht nachdenkt, fällt leicht in alte Muster zurück, sobald er sich ins Unrecht gesetzt fühlt. Dann sagen wir Dinge wie »Dieser Trottel!«, »Was sind das denn für Deppen!« oder noch Derberes. Sind wir jedoch achtsam, achten wir auch auf unsere Sprache. Sehen wir die Dinge mit voller Bewusstheit, können wir Konflikte einschätzen, ohne auf frühere Impulse und Denkmuter zurückzugreifen.

Achtsamkeit führt in höhere Bewusstseinszustände, die uns grenzenlose Freiheit schenken. Wenn wir uns auf die höheren Ebenen des Seins einschwingen, fällt Licht auf die niederen Stufen und auch auf Dinge, die wir vorher nicht erkennen konnten. Sobald wir die höheren Aspekte unserer selbst erkennen, werden wir automatisch intuitiver, kreativer und nehmen die Gefühle unserer Mitmenschen aus einer ganz neuen Perspektive heraus wahr. Sozusagen seelisch. Und es öffnen sich Türen, die vorher verschlossen waren.

In aller Klarheit

Ich betrachtete die Frau, die als Letzte die schöne St. Peter's Kathedrale betrat, in der schon mindestens fünfhundert Menschen warteten. Sie trug einen modernen Hosenanzug, wirkte aber trotzdem irgendwie derangiert. Als sie ganz allein in der hintersten Reihe Platz nahm, gab sie einen lauten Seufzer der Erleichterung von sich. Ich begann mit einem Gebet und mit einem Mal wurde es ganz still. Dann sprach ich über die geistige Welt und die Geister, die sich in der Kathedrale versammelt hatten.

»Letzte Nacht«, sagte ich, »hatte ich Besuch von einem Geistwesen, das auch heute wieder da ist. Es handelt sich um einen schmächtigen Mann mit dunklen Haaren, der ein helles Jackett trägt. In der Hand hat er ein rotes Buch. Er möchte Kontakt zu seiner Tochter aufnehmen.« Die Frau in der letzten Reihe hob die Hand.

»Denken Sie, dass Sie gemeint sein könnten?«, fragte ich sie.

Sie nickte und ich ging auf sie zu.

»Ihr Dad erwähnt ein rotes Buch. Können Sie sich vorstellen, was er damit meint?«

»Ich habe letzte Nacht von meinem Vater geträumt, und in diesem Traum hat er mir ein rotes Buch gegeben.«

»Danke. Ich soll Ihnen sagen, dass er sehr stolz auf Sie ist. Sie hätten viel Schweres durchgemacht und er ist sehr stolz, dass Sie trotzdem immer noch Heilerin werden wollen. Verstehen Sie das?«

»Ja«, antwortete die Frau. »Ich schlage mich gerade mit der Entscheidung herum, ob ich meine bisherige Karriere aufgeben und mein Leben der Heilung und dem Lehren widmen soll. Deshalb bin ich auch hier. Ich habe schon viel von Ihrer Arbeit gehört und dachte, vielleicht hätten Sie ja eine Entscheidungshilfe für mich.«

»Wie heißen Sie denn?«, fragte ich sie.

»Chelsea.«

»Ich kann es nur wiederholen: Ihr Vater ist sehr stolz auf Sie. Und er möchte Ihnen beistehen.«

Chelseas Gesichtszüge entspannten sich. Die Angst, die ich vorher darin erkannt hatte, verschwand.

»Er sagt, es sei richtig, dass Sie die Arbeit tun, die Sie tun wollen«, fuhr ich fort. »Außerdem scheint er davon überzeugt, dass Sie eines Tages anfangen, Bücher zu schreiben.«

»Wirklich?«, fragte Chelsea erstaunt.

»Ihr Vater passt auf Sie und Ihre Brüder auf.«

»Das freut mich sehr. Meinem einen Bruder geht es im Moment nämlich ziemlich schlecht.«

»Ist Ihr Vater Asiate?«

»Ja, ursprünglich kam er aus Südkorea.«

»Er liebt Sie alle sehr. Das ist seine Botschaft an Sie, Ihre Mutter und Ihre beiden Brüder. Auch Ihre Halbschwester und Ihr Halbbruder liegen ihm sehr am Herzen.«

»Ich habe aber weder eine Halbschwester noch einen Halbbruder«, entgegnete Chelsea.

»Nun, dann fragen Sie Ihre Mutter mal. Wie er sagt, kennt sie die Geschichte.« Wieder direkt an Chelsea gewandt fügte ich hinzu: »Manchmal wissen wir nicht alles.«

»So was würde ich aber wissen«, beharrte sie.

»Nun, ich kann nur wiedergeben, was er sagt.« Ich hielt inne, um auch noch den Rest der Geschichte zu hören. »Er meint, dieser Abend würde Ihr ganzes Leben verändern. Von heute an werden Sie sich in einem ganz anderen Licht und von einer höheren Bewusstseinsperspektive aus sehen«, konnte ich ihr anschließend versichern.

Doch als Chelsea dann die Kathedrale verließ, hatte sie immer noch zahlreiche unbeantwortete Fragen.

Viele Jahre nach dieser Veranstaltung erhielt ich einen Brief von einer Frau namens Shanté. So nannte sich Chelsea inzwischen. Sie schrieb:

Lieber James,

am Morgen des Tages, an dem Ihre Veranstaltung damals stattfand, bin ich ganz früh aufgewacht und war noch vollkommen zerschlagen. Ich ging in die Küche; dort saß schon meine Mutter. Wie aus heiterem Himmel fing sie von einem Buch an, das mein Vater zehn Jahre zuvor für mich geschickt hatte. Es war merkwürdig, dass sie überhaupt über ihn sprach, das vermied sie normalerweise. Ich bat sie, mir das Buch zu geben. Wie gesagt, genau am Tag Ihrer Veranstaltung.

Als ich dann abends nach Hause kam, erzählte ich meiner Familie von den Botschaften, die Sie mir von meinem Vater überbracht hatten. Das tat allen sehr gut. Aber noch etwas: Sie sprachen damals ja davon, dass ich eine Halbschwester und einen Halbbruder hätte, wovon ich gar nichts wusste. Ich habe meine Mutter danach gefragt. Und sie bestätigte, dass ich tatsächlich zwei Halbgeschwister habe. Und zwar in Korea. Vor ein paar Ta-

gen hat mir meine Schwester Fotos von sich und den Kindern meines Halbbruders geschickt. Als ich sie mir anschaute, musste ich weinen, so ähnlich sind sie mir und meinen Geschwistern. Getroffen haben wir uns bislang noch nicht, aber wir haben alle das Gefühl, dass wir uns sehr nahestehen. James, ich möchte mich bei Ihnen bedanken. Dafür, dass Sie mir bestätigt haben, dass ich auf dem richtigen Weg war und dass wir mit allem verbunden sind, besonders mit der Welt jenseits des Materiellen. Übrigens bin ich gerade dabei, mein erstes Buch zu schreiben.
Shanté
Koordinatorin
im Sedona Retreat Center

Seit diesem Brief stehe ich in Kontakt mit Shanté und habe erfahren, dass sie früher ein ziemlich hohes Tier in einer Computerfirma war, sich dort aber sehr unwohl fühlte. Die ganze Geschichte mit ihrem Vater und ihren Halbgeschwistern und dann noch seine Botschaften hatten sie so berührt, dass sie anfing, intensiv zu meditieren, um ihr Bewusstsein zu erweitern. Danach sah sie keinen Sinn mehr in ihrem bisherigen Leben. Sie kündigte ihren Job und zog nach Sedona, um sich weiterzubilden. Heute ist Shanté als Heilerin und Lehrerin tätig und hilft anderen, ihren eigenen Weg zu finden.

Wenn man in Klarheit lebt, wird es leichter zu erkennen, dass wir alle Teil eines mehrdimensionalen Systems sind. In der materiellen Welt stellt die Zeit eine Grenze dar, als spirituelle Wesen aber leben wir in einem Universum der Zeitlosigkeit. Wenn wir in diesem Zustand höheren Bewusstseins erkennen, dass wir nicht auf die Dreidimensionalität der Erde beschränkt sind, leben wir ganz anders. Dann dämmert uns, dass es in uns etwas wahrhaft Himmlisches gibt, auf das wir auch im Alltag jederzeit zurückgreifen können. Bewusstsein kann nicht verloren gehen, zerstört werden oder schwinden, denn es ist allwissend. Es ist das Licht, das auf Unwissenheit und ins Dunkel fällt. Unsere alltäglichen Sorgen und Probleme lassen sich aus einer neuen Perspektive heraus verstehen und leicht lösen. Bewusstsein ist unsere ganze Hoffnung, unser Glaube und unsere Liebe. Alles, was wir sind und jemals sein werden. Wenn wir das einmal realisiert haben, sind wir nicht länger Sklaven der dreidimensionalen Welt und offen für neue Bewusstseins- und Wissensstufen. Das ist auch der Anfang unserer Transzendenz, unserer Erhabenheit.

TEIL VIER

Ein ganz neues Leben

ZEHN

ERHABENHEIT

Lehrt alle diese dreifache Wahrheit: Ein großes Herz, freundliche Rede und ein dienstbares Leben in Mitgefühl sind es, die die Menschheit erneuern.
Gautama Buddha

Das Leben ist eine magische Reise, die im großen Zeitplan des Universums nur den Bruchteil einer Sekunde dauert. Wenn der Mensch stirbt und im Tod seine körperliche Hülle abstreift, empfindet sein Geist überwältigende Gefühle von Befreiung, Frieden und Freude. Er gewinnt sofort den Eindruck, dass er mit allem verbunden und Teil des kosmischen Puzzles ist. Sobald die Seele eine höhere Existenzebene betritt, schärft sich ihre mentale Kompetenz so dramatisch, dass sie sich aller Gedanken, Gefühle und Worte ihrer Hinterbliebenen vollkommen bewusst ist. Geister erkennen, dass sie schon immer Geist waren und der Erde nur einen Besuch abgestattet hatten, um in der materiellen Welt ihre Erfahrungen zu machen. Geister leiden nicht wie wir Lebenden. Sie kennen keinen Schmerz mehr. Und je weiter sie ins Licht treten, desto weiter lassen sie auch alle Hürden und Hindernisse hinter sich. Ihre Perspektive verändert sich vollkommen und in jeder Hinsicht. Und wir können von ihren Erkenntnissen und Botschaften profitieren, ohne erst sterben zu müssen, um einen Zustand neuer Erhabenheit zu erleben.

Ohne wirklich zu sterben, kommt man dem Tod in sogenannten Nahtoderlebnissen am nächsten. Wer so etwas hinter sich hat, kehrt mit einer ganz neuen, einzigartigen Perspektive zurück und führt danach in aller Regel ein vollkommen anderes Leben.

In meinem letzten Buch, *Geister sind unter uns,* habe ich von meiner eigenen Begegnung mit dem Tod erzählt und von den Auswirkungen, die sie auf mein weiteres Leben hatte. Jetzt möchte ich über das Nahtoderlebnis meines Freundes Erik berichten, der in einem Baustellenbereich auf der Autobahn die Kontrolle über sein Fahrzeug verlor. Sie werden sehen, dass auch seine Erfahrungen ganz typisch sind für einen Menschen, der etwas erlebt, was alles von Grund auf verändert.

Unmittelbar nachdem ich gegen den Stahlträger geprallt war, hatte ich das Gefühl, aus meinem Körper herauszufließen und über ihm zu schweben. Vor Schock wie gelähmt lag ich da und war mir bewusst, dass Menschen um mich herum standen. Ich weiß noch, dass ich auf meinen Leib herunterguckte und ihn zum ersten Mal dreidimensional wahrnahm. Im ersten Moment war das ziemlich merkwürdig, aber zugleich wusste ich auch, dass ich noch irgendwie mit diesem Körper verbunden war. Wie ich einmal gelesen habe, ist das nicht bei jedem so, der ein Nahtoderlebnis durchmacht, bei mir aber schon. Ich erinnere mich auch noch, dass ich keinerlei Schmerz empfunden habe. Ich fühlte mich frei, heil und war glücklich. Ein glücklicher, ganzheitlicher Mensch.

Als ich so auf meinen blutüberströmten, leblosen Körper herabschaute, wurde ich von einer großen Welle des Mitgefühls überschwemmt und hätte am liebsten allen gesagt, dass ich wieder gesund werden würde. Ich glaube nämlich, die haben mich für tot gehalten. Sie sollten wissen, dass das nur vorübergehend so aussah, aber natürlich konnte keiner meine Gedanken hören.

Dann hatte ich plötzlich das Gefühl, irgendetwas würde in irrsinniger Geschwindigkeit an mir ziehen. Mir war so, als würde ich höher und immer höher emporsteigen, und dann nahm ich auch schon ein helles Leuchten wahr. Dieses Licht kam mir allwissend vor, erinnerte mich zugleich aber auch daran, dass ich selbst über dieses Wissen verfügte. Instinktiv wurde mir klar, dass ich alles, was ich je wissen müsste, schon in mir hatte. Und ich weiß noch, dass ich in diesem Moment mit allen Menschen auf diesem Planeten eins war. Dass wir alle miteinander verbunden sind. Wie kann ich das erklären? Ich war mir der Menschen bewusst, die in ganz verschiedenen Ländern ihren ganz unterschiedlichen Aktivitäten nachgingen. Jeder von ihnen, wusste ich, war ich, bloß in einem anderen Körper. Ich empfand die Niedergeschlagenheit der Kranken in den Hospitälern und Gefängnissen. Ich sah Menschen beten, in Kirchen, Moscheen und Synagogen. Ich spürte ihre Pläne für die Welt und für einander, und das, obwohl keiner von ihnen von den Gedanken und Gebeten der anderen wusste.

Auf dem Gipfel meiner Bewusstheit erkannte ich die ganze Schönheit des Planeten, den ich mein Zuhause nannte. Er war etwas ganz Besonderes. Ich spürte, dass er atmete und pulsierte wie ein menschlicher Körper. Das war keinesfalls eine Kugel unbelebter Materie, sondern etwas ausgesprochen Lebendiges. Der Erdball funkelte wie ein schimmernder blau-grüner Edelstein, der im Universum dahingleitet. Als ich näher hinschaute, sah ich jedoch auch einige der fürchterlichen Zerstörungen, die der Mensch unserer Mutter Erde zugefügt hat. Es war so, als hätte ich in den Körper eines Menschen schauen können, der voller Tumore und verstopfter Arterien war. Ich sah die tödliche Gefahr, in der er schwebte. Die Erde schien verzweifelt nach Luft zu schnappen, so sehr setzte ihr die Umweltverschmutzung zu. Ich wusste, dass sie im Sterben lag und meine Hilfe brauchte. Ich musste etwas tun, obwohl ich in dem Moment doch so hilflos war.

In diesem Moment, weiß ich noch, dachte ich: »Du kannst noch nicht gehen. Du hast deine Arbeit noch nicht getan. Du musst zurückkehren und die Erde retten. Du musst auch den anderen Menschen sagen, dass sie lebt und dass es in unserer Verantwortung liegt, sie vor weiteren Schäden zu bewahren. Wir können sie doch nicht einfach umbringen!« Aber wie sollte ich das bewerkstelligen, da doch höchstwahrscheinlich jeder einzelne Knochen in meinem Körper gebrochen war?

Da vermittelte mir ein Lichtwesen den Eindruck, dass ich, wie jeder andere Mensch auch, Teil eines göttlichen Plans bin und dass meine Lebensaufgabe darin besteht, zu lieben und allen Lebewesen zu dienen. Ich spürte, dass dieses Lichtwesen all meine Ängste und Zweifel verstand. Es versicherte mir, dass ich wieder ganz gesund würde und dass ich die Arbeit würde verrichten können, die nötig war, um meine Seele zu erfüllen und Mutter Erde retten zu helfen.

Exakt in dem Moment, in dem ich diesen Gedanken hatte, war ich auch schon wieder in meinem Körper. Als ich zu mir kam, lag ich in einem Krankenwagen. Ich hörte das Martinshorn und bemerkte, dass sich zwei Sanitäter über mich beugten. Sie wirkten besorgt. Ich lächelte und hörte, wie einer von ihnen sagte: »Wir haben ihn wieder.« Ja, an diesem Tag bin ich tatsächlich zurückgekehrt. In einem neuen Licht und mit einer neuen Sichtweise. Seither engagiere ich mich in mehreren Öko-Projekten und habe in verschiedenen Ländern Organisationen gegründet, die sich bemühen, die Erde zu retten. Seit diesem Erlebnis sehe ich das Leben, den Tod und die Menschen ganz anders als zuvor. Jetzt weiß ich jeden Menschen, dem ich begegne, zu schätzen, vor allem auch mich selbst.

Solche Erfahrungen wurden schon in vielen Büchern über Nahtoderlebnisse dokumentiert. Und wenn es sich hier tatsächlich um einen Blick in die mehrdimensionale Wirklichkeit handelt, können wir die Botschaft, die aus all diesen Berichten hervorgeht, nicht länger ignorieren: Wir wohnen auf einem lebendigen Planeten und sind nur durch unsere Egos, Ängste und Vorstellungen voneinander getrennt.

Man braucht aber kein Nahtoderlebnis, um das Leben aus einer neuen Perspektive heraus sehen zu können. Während wir auf der Erde wandeln, den Kopf voller Probleme und Konflikte, die uns schier überwältigen, sollten wir uns darauf besinnen, dass diese Dinge lediglich Stolpersteine auf dem Weg in die Freiheit des Geistes sind. Jedes Mal, wenn wir mit einer schwierigen Situation konfrontiert werden, müssen wir erkennen, dass es zwei Seiten der Medaille gibt. Wir dürfen nicht nur die negative, harte sehen, sondern müssen auch versuchen, die positiven Aspekte wahrzunehmen. Manchmal fühlt man sich wie ein Schatzjäger auf der Müllkippe, wenn man sich bemüht, die Freude und Liebe aufzudecken, die auch in der schwierigsten Situation liegen. Und manchmal dauert es lange, bis sie sich zeigen. Das bedeutet, dass wir lernen müssen, Geduld zu haben und zu vertrauen, tief im Herzen wissend, dass es sich hier um eine Lektion für Fortgeschrittene handelt. Wir müssen einfach den Mut finden, die Lektion zu erkennen, die sich hinter dieser Erfahrung verbirgt, und sie dann auch lernen. Wenn uns das einmal gelungen ist, wissen wir auch, dass künftig weitere solcher Lektionen folgen werden, und sind darauf gefasst. Was aber noch viel wichtiger ist: Dann können wir anderen zeigen, wie man in solchen Situationen am besten reagiert.

Für unser Wohlbefinden und Glück ist der Geist die wichtigste Determinante. Es gibt jedoch auch Hürden, die er zu überwinden hat; die wichtigste: das Leben in der Vergangenheit. Ich kenne eine Frau, die ständig über ihre Vergangenheit redet, insbesondere über die Kindheit. Sie erinnert sich an jede noch so geringfügige Auseinandersetzung mit ihren Eltern, an die Witze, die ihr Vater immer erzählte, und wie alle darüber lachten. Sie erzählt, dass sie von ihren Onkeln das Tanzen gelernt hat, die sie bei den Hochzeitsfeiern in der Familie aufforderten. Wenn Ihr Geist jedoch ständig in der Vergangenheit ist, fallen Sie auch mental und emotional in die Zeit von damals zurück. Vielleicht hat das innere Kind meiner Bekannten seinerzeit nicht genug Aufmerksamkeit bekommen und sucht auch heute noch nach der Liebe, die es früher nur ab und an mal spüren konnte.

Wie diese Frau leben leider auch viele andere Erwachsene nach wie vor in der Kindheit, und zwar insofern, als sie sich an bestimmte Verhaltensweisen und Verletzungen klammern, die damals aktuell waren. Und so, wie sie seinerzeit empfunden haben, fühlen sie sich heute auch noch. Wenn Erfahrungen, die sie heute machen, im Widerspruch zu ihren Kindheitserinnerungen stehen, fallen solche Menschen automatisch in die Vergangenheit zurück und reagieren, wie sie es als damals als kleiner Junge oder kleines Mädchen getan haben, bewusst oder unbewusst. An diesem Punkt nun können sie sich entweder weigern, sich mit dem jeweiligen Thema auseinanderzusetzen und alles auf sich beruhen lassen; sie können jemand anderem die Schuld an dem Konflikt geben – oder aber sie übernehmen endlich die Verantwortung und brechen mit den Mustern der Vergangenheit. Wenn sie sich für die letztgenannte Variante entscheiden, sind sie endlich in der Lage, ihr inneres Kind zu heilen und erwachsen zu werden. Wenn sich jemand in angemessener Weise verändert, um früheres Fehlverhalten abzulegen, befindet er sich im Zustand der Erhabenheit, und daraus ergibt sich auch die Freiheit, jeder Situation aus der Perspektive des Erwachsenen zu begegnen.

Die Vergangenheit hat keine Macht über uns, es sei denn, wir selbst statten sie mit dieser Macht aus. Wir müssen nicht mehr in der Vergangenheit leben und brauchen auch nicht mehr unseren Eltern die Schuld an allem zu geben. Jetzt ist es an uns, selbst die Verantwortung für die Entscheidungen zu übernehmen, die wir treffen.

Ich habe schon zahlreiche Briefe von Menschen, insbesondere Frauen, erhalten, die mir schreiben, dass sie in ihrer Kindheit missbraucht wurden und deshalb keine emotional normale Beziehung führen könnten. Es ist eine Tatsache, dass emotionale Traumata, die wir in der Kindheit erlebt haben, nie ganz vergehen. Wird aus einem solchen Trauma allerdings eine generelle Opferhaltung, werden wir in keinem Bereich unseres Lebens glücklich sein, weder in einer Beziehung noch im Beruf, finanziell oder in Freundschaften. Menschen, die sich als Opfer empfinden, spielen sich ein Endlosband vor: wie mies ihr Leben ist, dass kein Mensch sie versteht und dass sie von allen nur ausgenutzt werden. Es gibt nur einen Weg, aus dem Schatten herauszutreten und ins Licht zu gehen, und der heißt: die Vergangenheit Vergangenheit sein lassen und die Welt durch eine andere, positive, Brille ansehen.

Die Erhabenheit wird auch dadurch blockiert, dass man in dysfunktionalen Beziehungen verharrt. Wenn wir eine Rolle spielen, um anderen Leuten zu gefallen, statt einfach zu sein, wie wir sind, kommen wir nie in die eigene Kraft, wir erfahren nie die Einzigartigkeit unseres wahren Seins. Ich habe herausgefunden, dass nur die wenigsten Beziehungen auf Ehrlichkeit beruhen. Die Leute verfolgen ihre Pläne; sie wollen etwas von uns, finanzielle Sicherheit vielleicht, Zuspruch, möglicherweise wollen sie sich auch in unserem Ruhm sonnen oder sich an jemandem rächen. Daher müssen wir uns der Tatsache stellen, dass manche Beziehungen nicht nur nicht unserem höchsten Wohl dienen, sondern uns sogar davon abhalten können, unser Potenzial voll auszuschöpfen. Aber es ist nun einmal so: In dem Maße, in dem wir uns weiterentwickeln, entwickelt sich auch unser Umfeld weiter. Damit können vielleicht nicht alle Schritt halten. Und letztlich heißt es völlig zu recht: Sage mir, mit wem du umgehst, und ich sage dir, wer du bist.

Fehlende Selbstachtung, fehlendes Selbstvertrauen kann uns daran hindern, uns selbst zu verwirklichen. Wenn wir nicht an uns glauben, gewinnen wir den Eindruck, auch *keine Macht* zu haben. Dieser fehlende oder zu geringe Glaube an uns selbst verleitet uns, entsetzliche, weil selbstzerstörerische Entscheidungen zu treffen. Wenn wir nicht entscheiden können, wer unseres Vertrauens würdig ist, neigen wir dazu, Menschen anzuziehen, von denen wir erst sehr viel später herausfinden, dass sie unser Vertrauen überhaupt nicht verdient haben. Um ein vertrauensvoller Mensch sein zu können, müssen wir unterscheiden lernen und ein Gefühl für uns selbst entwickeln, und zwar, indem wir auf die zarte Stimme in unserem Inneren hören. Bei dieser Stimme handelt es sich um unsere Intuition. Intuition wird häufig mit Angst verwechselt. Doch wenn das, was Sie zu hören meinen, etwas mit Angst zu tun hat, ist es nicht Ihre Intuition. Die Intuition ist unser sechster Sinn und das beste Instrument, unsere Umwelt zu verstehen, das uns zur Verfügung steht. Die Intuition äußert sich nicht in logischen Gedanken, sondern zumeist als Bauchgefühl. Und wenn Sie nicht auf dieses Bauchgefühl hören, werden Sie über kurz oder lang Fehler machen. Sie müssen lernen, dieses Gottesgeschenk effektiv zu nutzen und es produktiv einzusetzen. Auf die Intuition zu hören ist Teil jenes Lernprozesses, der Ihr niederes Selbst transzendiert.

Abschließend muss ich noch erwähnen, dass das größte Hindernis zwischen uns und der Erhabenheit die Angst ist, von der ich in diesem Buch schon häufiger gesprochen habe. Trotzdem sei noch einmal wiederholt: Die Angst kann uns fesseln und unserem persönlichen Wachstum ein Ende setzen. Sie beraubt uns unserer Kraft, unseres Selbstwertgefühls und des realistischen Blicks auf die Welt, die uns umgibt. Angst ist auch der Grund, warum wir so oft in der Vergangenheit leben. Denn sie erinnert uns ständig daran, dass da immer noch etwas zu *reparieren* ist. Angst dient auch als Entschuldigung für schlechtes Benehmen und veranlasst uns zu allerlei Ausreden, warum wir uns so verhalten, wie wir es tun. Religiöse Fundamentalisten zum Beispiel bedienen sich der Angst, um andere Menschen zu manipulieren. Sie füttern sie mit Lehren, die auf Angst beruhen, und berauben sie ihrer Entscheidungsfähigkeit. Es ist sehr bedauerlich, dass so viele Leute nicht davor zurückschrecken, mit der Angst zu arbeiten, um die Kontrolle über ihre Mitmenschen zu gewinnen. Würden wir der Angst aber nicht so viel Platz in unserem Leben einräumen, könnte keiner den anderen manipulieren beziehungsweise die Kontrolle über ihn gewinnen.

Den Kopf frei haben

Ich beginne meine Veranstaltungen in der Regel damit, dass ich erzähle, wie ich zu meinem Beruf gekommen bin. Danach erkläre ich, wie die Jenseitskommunikation funktioniert. Das tue ich aus mehreren Gründen. Die Zuschauer haben ganz verschiedene persönliche Hintergründe, weder denselben Glauben noch dieselben Erwartungen. Manche sind nervös, andere neugierig und wieder andere unsicher und skeptisch. Daher ist meine Einleitung nicht bloß Formsache, sondern der Versuch, eine Beziehung zu meinem Publikum herzustellen und den Leuten dabei zu helfen, dass sie sich wohlfühlen. Ich mache ihnen klar, dass ich ein ganz normaler, durchschnittlicher Typ bin, weder verrückt noch seltsam oder weltfremd. Meistens reiße ich auch ein paar Witzchen und bringe die Zuschauer damit zum Lachen, wenn ich Glück habe. Sobald sie erkennen, dass ich auch nicht anders bin als sie, fangen sie meistens an, sich ein bisschen zu entspannen.

Während ich von den Geistern spreche, scanne ich mittels meiner Hellsicht das Publikum, was meistens ziemlich interessant ist. In jedem Fall nehme ich die Aura der Leute wahr. Sie sieht aus wie eine Hülle, von der der physische Körper umgeben ist. Bei manchen ist die Aura schön glatt, groß und von hübschen Pastellfarben, andere Hüllen sind dunkel, trüb und voller Risse und Löcher, die oft auf schwere Traumata oder Drogen- beziehungsweise Alkoholsucht zurückgehen.

Damit ich die für die Kontakte erforderliche Energie halten kann, muss ich das Energielevel der ganzen Gruppe anheben, um sie empfänglicher zu machen. Das erreiche ich dadurch, dass ich den Raum, in dem wir uns aufhalten, möglichst offen, heilsam und so gestalte, dass er die Aufnahmebereitschaft erhöht. Wie das geht? In jedem Publikum sind reihenweise Geistführer anwesend, von denen viele in farbenfrohe Roben gehüllt sind. Sie kommen, um die dunkle, schwere Energie aus der Aura der Zuschauer zu entfernen. Die Ursachen solcher schweren Energien sind Niedergeschlagenheit, Kummer, emotionale Belastungen und die negativen Gedanken anderer Leute, die sich in der Aura festgesetzt haben. Mitunter sagen die Geister, dass es ihnen schwerfällt, zu bestimmten Leuten vorzudringen, weil ihre Aura von Angst, Depressionen, Unglück und mangelnder Eigenliebe blockiert wird. Das wäre dann so, als würde man nach einer langen Autofahrt bei schlechtem Wetter die Windschutzscheibe putzen müssen.

In meinen Workshops beginne ich die Arbeit darüber hinaus mit einer geführten Meditation, die den Teilnehmern hilft, ihre Energien zu reinigen, und auch die Energie im Raum klärt, damit ich optimalen Empfang bekomme. Das muss man sich so vorstellen, als würde ich bei einer Autobatterie die Anschlüsse sauber rubbeln. Um sich mit den Geistern verbinden und von den höheren Kräften der Liebe und der Kreativität berühren lassen zu können, muss die Maschine rund laufen.

Das folgende Reading in Los Angeles ist ein gutes Beispiel dafür, wie man sich selbst davon abhalten kann, ein erfülltes Leben zu führen. Ich bin immer wieder verblüfft, wenn ich einen Raum betrete und sehe, wie sich die Geister hinter mir aufreihen und auch schon im Publikum stehen. Die meisten Zuschauer sind ganz begierig darauf, von ihren Verstorbenen zu hören. Aber es gibt auch Ausnahmen. Manche Leute lassen sich nur widerstrebend zu den Veranstaltungen mitnehmen und sind partout nicht bereit, sich für etwas Neues zu öffnen. Eine solche Frau saß an diesem Abend im Publikum. Sie hatte sich »wider besseres Wissen« überreden lassen, die Veranstaltung zu besuchen.

Neben dieser Frau stand ein weiblicher Geist. Ich zögerte einen Moment, ging dann aber doch in ihre Richtung.

»Darf ich Sie kurz ansprechen?«, fragte ich.

Sie starrte mich an, als hätte sie mich am liebsten zum Teufel geschickt.

Ich blieb stehen und betrachtete den Geist neben ihr. Die Verstorbene schien fest entschlossen, ihre Botschaft loszuwerden. Deshalb machte ich weiter.

»Wer ist Doris?«, erkundigte ich mich.

Der Kopf der Frau schnellte hoch. »Ich bin das.«

»Doris, neben Ihnen steht eine Frau, der offenbar sehr daran gelegen ist, Ihnen etwas mitzuteilen.«

»Ich kann mir nicht vorstellen, wer das sein könnte.«

»Ich empfange ein G. Gina, Georgy oder so? Kennen Sie jemanden, der so hieß?«

»Ich bin mit einer Georgia zusammen aufgewachsen, wir waren Freundinnen. Aber als ich dann nach Kalifornien gezogen bin, haben wir uns aus den Augen verloren. Ich hab gehört, dass sie gestorben ist, aber …«

»Nun, jetzt ist sie bei Ihnen.«

»Das glaub ich nicht. Wir haben uns in ihren letzten Jahren so gut wie gar nicht gesprochen.«

»Für die Verstorbenen spielt die Zeit keinerlei Rolle. Sie sagt, dass sie auf Sie aufpasst. Ihr ist schon klar, dass Sie mit so Sachen wie hier nicht viel anfangen können. Ich soll Sie aber wissen lassen, dass Sie sich auch heute noch jederzeit verändern können.«

»Was sollte ich denn verändern?«

»Georgia sagt, dass Sie eine ziemlich miese Kindheit hatten. Deshalb haben Sie auch so zugemacht. Sie leben hauptsächlich in der Vergangenheit. Und ergehen sich oft in Selbstmitleid.«

Je länger ich sprach, desto mehr versteinerte Doris. Um ihren Kopf und in der Brustgegend nahm ich viel Dunkelgrau wahr.

»Georgia meint, dass sie es jetzt kapiert hätte. Zu Lebzeiten war sie ganz ähnlich wie Sie. Sie glaubte auch nicht an das Jenseits. Heute weiß sie, dass sie hätte viel glücklicher sein können. Ihr ist mittlerweile klar, dass sie sich mit ihrem negativen Denken viel Gutes verbaut hat.«

Doris rührte sich nicht.

»Georgia sagt, dass sie versuchen will, Ihnen zu helfen. Sie flüstert Ihnen oft etwas zu, aber Sie hören einfach nicht auf sie. Das, was Sie gelernt haben, meint sie, wäre nicht die Wahrheit. Sie möchte, dass Sie nicht mehr so niedergeschlagen sind und mehr tun, was Ihnen Freude macht. Haben Sie das verstanden?«

»Offen gestanden weiß ich überhaupt nicht, wovon Sie reden. Mein Leben ist völlig in Ordnung so. Könnten Sie jetzt bitte zu jemand anderem gehen?«

Doris' Kommentar schockierte mich.

Dann erschien plötzlich ein Paar. Ich wusste, es waren die Eltern von Doris.

»Ihre Eltern sind gekommen. Sie möchten Ihnen sagen, dass sie Sie lieben. Ihre Mutter äußert zudem, es täte ihr sehr leid.«

Ich sah, dass Doris die Tränen in die Augen traten.

»Sie möchten nur, dass Sie glücklich sind. Als sie noch unter uns weilten, wussten sie so wenig über das Leben. Alles, was sie Ihnen darüber beigebracht haben, hatten sie selbst nur von ihren Eltern. Sie hatten vor so vielem Angst. *Fürchte dich nicht,* sagen sie.«

»Ich glaube Ihnen nicht. Meine Eltern waren beide Alkoholiker. Sie haben mir mein ganzes Leben verdorben. Wie können sie denn jetzt glücklich sein, wo sie doch die ganzen Jahre über so unglücklich waren?«

Die Zuschauer saßen ganz still da. Irgendetwas an Doris' Äußerung schien bei vielen einen Nerv getroffen zu haben.

»Es tut ihnen leid, sagen sie. Sie hätten es eben nicht besser gewusst. Sie mussten viel lernen, auch heute noch. Sie wollen nicht, dass Sie in ihre Fußstapfen treten. Kennen Sie ein Schwarzweißfoto, auf dem ein kleines Mädchen auf einem Dreirad sitzt? Sie hat ein Trägerkleid an.«

Doris' Augen wurden ganz groß. »Das ist ein Foto von mir, als ich sieben war. Woher wissen Sie davon?«

»Ihre Mutter deutet darauf. Es steht auf einem roten Schreibtisch.«

Doris nickte bestätigend.

»Danke«, sagte ich. Mein Unmut legte sich allmählich. »Glauben Sie mir jetzt?«

»Na ja … schon.«

»Jetzt tritt Ihr Vater in den Vordergrund. Heute, sagt er, könne er das Leben genießen. Er fühlt sich sehr frei. Er würde Sie jetzt gern in die Arme nehmen und Ihnen sagen, wie lieb er Sie hat. Er meint auch, dass er zu Lebzeiten viel dafür gegeben hätte, sich so frei fühlen zu können. *Mach dir nicht so viele Sorgen. Das Leben kann so schön sein,* sagt er.«

Zu diesem Zeitpunkt fühlte ich mich plötzlich sehr erschöpft. Also wandte ich mich dem Publikum zu und sagte: »Lassen Sie uns eine kurze Pause machen.«

Sie denken vielleicht, das sei das Ende der Geschichte. Aber nein. Einige Jahre nach dieser Veranstaltung war ich im Rahmen einer Vortragsreise in Minneapolis. Jedes Mal kamen mindestens tausend Leute. Mittendrin sah ich einen weiblichen Geist neben einer Frau stehen. Sie winkte wie verrückt, sodass ich gar nicht anders konnte, als zu ihr zu gehen und sie zu fragen, was sie wollte.

Ich bin's, ich bin's, rief die Verstorbene.

Die Frau, neben der ich stand, war schon älter und hatte weißes Haar. »Ganz in Ihrer Nähe ist eine Frau. Sie winkt.« Plötzlich wurde mir klar, dass ich die Verstorbene kannte. Ich war mir ganz sicher, dass ich sie schon einmal gesehen hatte.

Ich bin's, Doris. Erinnern Sie sich an mich?

»Kennen Sie jemanden namens Doris?«, fragte ich.

Die weißhaarige Frau schüttelte den Kopf.

»Es ist eine alte Freundin aus Ihren Highschoolzeiten. Sie zeigt mir ein Foto aus einem Jahrbuch.«

»O mein Gott«, sagte die Frau. »Könnte es sich vielleicht um Doris Franklin handeln? Wir haben zusammen an dem Jahrbuch für die Abschlusssemester gearbeitet.«

James, ich bin's, Doris, wiederholte die Verstorbene. *Doris, die Frau, die Ihnen nicht geglaubt hat. Sie hatten mal eine Botschaft für mich.*

Mit einem Mal erinnerte ich mich wieder an die Frau, die vor Jahren vollkommen zu war. Ich konnte kaum glauben, dass es dieselbe Doris sein sollte, so lebensprühend und fröhlich wirkte sie jetzt.

»Ich kenne die Verstorbene«, sagte ich. »Vor Jahren hatte ich mal eine Botschaft für sie. Damals saß sie genau so im Publikum wie Sie jetzt.«

Erstaunen im Publikum.

»Sie möchte sagen, heute tut es ihr leid, dass sie seinerzeit so skeptisch war.« Erklärend fügte ich hinzu: »Sie war so kontra, dass sie die Jenseitsbotschaften, die für sie bestimmt waren, nicht an sich heranlassen konnte. Heute weiß sie es besser. Es war alles die Wahrheit, wie sie sagt.«

Dann schaute ich Doris' Freundin an. »Sie möchte, dass Sie glücklich werden. Denn sie hat erkannt, dass ihr negatives Denken dazu geführt hat, dass sie sich immer schlecht fühlte und schließlich sogar erkrankte. Wie sie sagt, hat sie viel getrunken. Jetzt zeigt sie mir ihren Körper. Er ist voller dunkler Flecken. Offenbar hatte sie Krebs.«

»Wirklich?«, fragte Doris' Freundin.

»Doris sagt, sie sei mir gegenüber außerordentlich skeptisch gewesen. Jetzt will sie Ihnen einschärfen: *Glaub daran.*«

»Komisch, dass Sie das sagen. Ich hatte richtig Angst, hierherzukommen. Ich bin nämlich Katholikin. Und für uns Katholiken gehört es sich nicht, Veranstaltungen wie diese hier zu besuchen.«

Da musste ich grinsen. »Ich war früher selbst mal Katholik.«

Dann fuhr ich fort, Doris' Gedanken wiederzugeben. »Ihre Freundin möchte Sie wissen lassen, dass das, was die Kirche lehrt, nicht ganz der Wahrheit entspricht. Nachdem sie gestorben ist, sagt sie, habe sie sich zunächst an einem ziemlich düsteren Ort wiedergefunden. Ihre Freunde und Familienangehörigen mussten mit Engelszungen auf sie einreden, damit sie endlich begriff, dass das Leben das ist, was man daraus macht. Sie empfand großen Schmerz, der erst einmal abklingen musste. Jetzt sagt sie noch: *Überleg, was du möchtest, und dann kannst du den Rest ruhig Gott überlassen.*«

Die weißhaarige Frau schüttelte überrascht den Kopf. »Meine Güte, das ist überhaupt nicht mehr die Doris von früher. Sie war immer so niedergeschlagen.«

»Genau das möchte sie Ihnen ja begreiflich machen. Sie dürfen nicht niedergeschlagen sein. Sie sind viel toller, als

Sie denken. Wenn Sie eines Tages hinübergehen, wird sie da sein und Sie willkommen heißen. Doch bis es so weit ist, bleiben Ihnen noch viele Jahre, in denen Sie tun können, was Sie wirklich wollen. *Tu's aber auch,* sagt sie.«

»Ich werd's versuchen. Danke, Doris.«

Ich mag Botschaften von Leuten, die ich schon zu ihren Lebzeiten kannte. Wie es auch bei Doris der Fall war, haben sie sich in der Zwischenzeit meistens sehr verändert. Solche Begegnungen sind selten, wenn sie aber vorkommen, dann motivieren sie mich noch mehr, die Leute über das geistige Gefängnis aufzuklären, in das wir uns mit unseren Trugbildern selbst verbannen. Es ist an *Ihnen,* Ihr Leben zu ändern und die Welt mit ganz neuen Augen zu sehen.

Die goldene Regel

Wenn wir ein schöneres, freudvolleres Leben führen möchten und spirituelle Erhabenheit anstreben, müssen wir uns auch unserer Mitmenschen bewusst werden, unsere Egozentrik abstreifen und an jedem Tag, an dem wir Teil aller anderen sind, Sensibilität und Achtsamkeit walten lassen. Mittlerweile kennen Sie schon viele Beispiele, aus denen hervorgeht, dass uns die Geister sagen wollen, dass wir alle eins sind. Diese Erkenntnis und der Umstand, dass ich sie im Alltag praktisch umsetze, hat meinen persönlichen Selbstverwirklichungsprozess erheblich beschleunigt. Wann immer sich mein Fokus nicht auf mich richtet, werde ich mir meiner Fähigkeit bewusst, andere Menschen zu lieben, ihnen etwas zu geben und mit ihnen mitzufühlen.

Zu meinen absoluten Lieblingsfilmen gehört *Wer die Nachtigall stört* auf der Grundlage des mit dem Pulitzerpreis ausgezeichneten Romans von Harper Lee. Am Schluss sagt Scout, die Tochter von Atticus Finch, etwas sehr Tiefsinniges, was ihr Vater sie gelehrt hatte, als sie noch ein Kind war. Seine Worte hatten sich ihr offenbar tief in der Seele und im Geist eingeprägt. Sinngemäß lauten sie: »Wirklich kennt man einen Menschen erst, wenn man in seine Schuhe geschlüpft und eine gewisse Strecke in ihnen gelaufen ist.«

In diesen Worten drückt sich die Essenz der goldenen Regel aus: »Was du nicht willst, dass man dir tu, das füg auch keinem andern zu.« Beziehungsweise: Behandle andere so, wie du von ihnen behandelt werden möchtest. Diese allgemeingültige Regel ist dermaßen klar formuliert, dass eigentlich jeder sie kapieren müsste. Man weiß ja schließlich, wie man behandelt werden möchte. Da kann es doch wohl nicht weiter schwer sein, sich anderen gegenüber genau so zu verhalten, oder? Bestimmt haben die meisten von uns in der Kindheit mindestens von einem Elternteil einmal tadelnd gehört: »Würdest *du* etwa so behandelt werden wollen?« In Reden, Predigten und sogar in vielen Schlussplädoyers von Verteidigern wird auf die goldene Regel Bezug genommen, die übrigens auch zum Kern der meisten Weltreligionen gehört.

Die goldene Regel im Mund zu führen, ist aber die eine Sache. Sich auch an sie zu halten eine ganz andere. Als ich begann, sie zu einem festen Bestandteil meines Lebens zu machen, fand ich heraus, dass es keineswegs reicht, gute Werke zu tun und die Menschen anständig zu behandeln. Ich musste auch lernen zu verstehen, warum eine Person so handelt, wie sie es tut, musste versuchen, ihre Motive zu begreifen. Mit den Worten Atticus Finchs: Ich musste in ihre Schuhe schlüpfen und die Welt mit ihren Augen sehen. Ob es sich nun um Obdachlose, Sturköpfe, politische Extremisten oder Mega-Reiche handelte: Ich musste mich in sie hineinversetzen und ihren Standpunkt einnehmen.

Das war ein selbsterzieherischer Kraftakt, um es vorsichtig auszudrücken. Aber er lehrte mich, Mitgefühl zu empfinden. Dabei wurde mir klar, dass jeder im Rahmen seines kulturellen, wirtschaftlichen Hintergrunds und auf der Grundlage seiner Bildung agiert und reagiert.

In der Zeit der Aufhebung der Rassentrennung in den Sechzigern des letzten Jahrhunderts forderte John F. Kennedy die weißen Amerikaner einmal auf, sich vorzustellen, dass man aufgrund ihrer Hautfarbe auf sie herabsehen und sie diskriminieren würde. Und er verlangte von ihnen, dass sie jeden Mitbürger wie ihresgleichen behandelten. Kürzlich stand in Kalifornien die »Proposition 8« zur Abstimmung, ein Zusatzartikel zur Landesverfassung, in dem gleichgeschlechtlichen Paaren die Eheschließung untersagt werden sollte. Die Gegner der Gesetzesinitiative schalteten Fernsehspots, in denen die Zuschauer aufgefordert wurden, sich einmal vorzustellen, wie sie sich wohl fühlen würden, wenn sie den Menschen, den sie lieben, nicht heiraten dürften. In Sachen Homoehe kam übrigens der größte Widerstand aus den Reihen religiöser Gruppen, die wieder einmal auf Angst setzten. Wären sie einmal in die Schuhe eines Schwulen oder einer Lesbe geschlüpft, wäre ihnen klargeworden, dass auch diese Menschen nichts anderes wollen als glücklich sein. Verurteilungen beziehungsweise Verunglimpfungen wären dann kaum mehr möglich.

Während ich an diesem Buch schreibe, läuft unter dem Titel *Milk* in den Kinos gerade die Verfilmung der Lebensgeschichte von Harvey Milk. Er war der erste bekennende Schwule Amerikas, der je in ein politisches Amt gewählt wurde, und zwar zum Stadtrat von San Francisco. 1978 wurden er und Bürgermeister Moscone von Dan White, seines Zeichens ebenfalls Stadtrat, ermordet. Dieser Film ging mir tagelang nicht aus dem Kopf. Milks grausamer Tod und das milde Urteil – fünf Jahre Gefängnis für zwei Morde –, das Dan White bekam, hatten mich tief verstört. Die Strafe schien mir viel zu milde. Dann beschloss ich, mich etwas näher mit dem Fall zu befassen, weil ich unbedingt begreifen wollte, wie es zu der Tat kommen konnte. Und je intensiver ich mich mit den Hintergründen und der Lebensgeschichte Dan Whites beschäftigte, desto mehr wurde mir klar. Ich will diesen Mann bestimmt nicht verteidigen, aber ich finde es unglaublich traurig, dass er keine andere Möglichkeit sah als die Ermordung von Milk und Moscone.

Er litt nicht nur an einer psychischen Störung, sondern auch unter seinem Katholizismus, seiner Sexualität und den Erwartungen seiner Umwelt. Mord ist praktisch durch nichts zu rechtfertigen. Doch so sehr wir den Täter auch verabscheuen mögen, müssen wir doch versuchen, sein Motiv zu verstehen. Welchem Hintergrund entstammt er? Welches sind seine Überzeugungen? Dan White, fand ich heraus, hatte im Vietnamkrieg von unserer eigenen Regierung ein Gewehr in die Hand gedrückt bekommen. Eigentlich paradox (und auch nicht so weit von Mord entfernt), im Namen unserer politischen und wirtschaftlichen Interessen einen psychisch instabilen Menschen mit einer Waffe auszustatten. Tragisch!

Geister behaupten oft, die goldene Regel sei der Schlüssel zum Verständnis des Menschen. Wenn sie zu Lebzeiten in der Lage gewesen wären, sagen sie, ihre Mitmenschen so wahrzunehmen wie sich selbst, wäre ihr Leben viel leichter gewesen und sie hätten nicht aus Hass, sondern immer aus Liebe gehandelt.

Die Gabe der Versöhnlichkeit

Die Sitzung, von der ich jetzt berichten möchte, empfand ich als sehr traurig.

Es war vor vielen Jahren in Chicago. Nach meiner Einführung und der Meditation begann ich auch diesmal, wie zuvor schon so oft, mir ein Bild von meinem Publikum zu verschaffen. Ganz hinten stand ein männlicher Geist, ein junger Mann, schlank, drahtig, gelocktes Haar. Ich fühlte mich sofort zu ihm hingezogen.

»Dort hinten hält sich ein junger Mann auf, der mir irgendwie gestört vorkommt. Er hat dunkle Locken. Kennt ihn jemand von Ihnen?«

Als sich niemand rührte, war mir klar, dass ich mehr Informationen brauchte. Also stellte ich mich mitten ins Publikum und unterhielt mich mit dem Toten.

»Wie er sagt, wurde er Opfer eines Mordes. Er ist gekommen, um dem Täter zu verzeihen.«

Das Publikum schien schockiert.

Plötzlich empfand ich den Drang, mich an eine kleine, stämmige Frau mit kurzen, blonden Haaren zu wenden. »Ist Ihr Sohn ermordet worden?«, fragte ich sie.

»Nein, mein Sohn sitzt im Gefängnis.«

Entsetzen unter den Zuschauern.

»Der junge Mann, der hier neben Ihnen steht, sagt, dass er Ihnen vergibt.«

Verwirrt schüttelte die Frau den Kopf.

Ich empfing weitere Infos. »Ist Ihr Sohn wegen Mordes verurteilt worden?«

Als Antwort senkte die Frau den Kopf.

»Dann handelt es sich hier wohl um den Mann, den Ihr Sohn getötet hat«, sagte ich verblüfft.

Erstaunen auch im Publikum.

»Es tut mir so unglaublich leid«, stieß die Frau hervor. »Mein Sohn hat das nicht gewollt, da bin ich mir ganz sicher.«

»Wer ist Alfred oder auch … Alfonse?«

»Der Mann, den mein Junge auf dem Gewissen hat, hieß Alfonso Melia.«

»Er sagt, dass er Ihrem Sohn verziehen hat.«

Da brach die Frau in Tränen aus. »Bitte sagen Sie ihm, dass es mir sehr leid tut. Ich hab meinem Sohn nicht beigebracht, so voller Hass zu sein. Und ich schäme mich so.«

»Alfonso zeigt mir, wie er ums Leben gekommen ist. Ihr Sohn hat ihn erschlagen, stimmt das?«

»Ja.«

»Alfonso sagt, dass er Ihren Sohn manchmal in der Todeszelle besucht. Er will ihm helfen.«

»Mein Sohn war ziemlich gestört. Und in schlechter Gesellschaft. Er hatte ganz schlimme Vorurteile gegen bestimmte Leute.«

»Gehörte er einer Art Gang an? Ich sehe ihn nämlich mit anderen jungen Männern, die alle stark tätowiert sind.«

»Ja, aber das habe ich erst erfahren, als es schon zu spät war. Die hatten alle einen großen Hass auf Mexikaner, Juden und Schwule. Und meinen Sohn, den Donny, haben sie da mit reingezogen. Dabei war er früher doch immer so ein guter Junge.«

»Alfonso sagt, sie hätten ihn herausgepickt, weil er mit Akzent gesprochen hat. Und zur falschen Zeit am falschen Ort war.« Die Frau tat mir sehr leid. »Alfonso weiß, dass Ihr Sohn unter großem Gruppendruck stand. Und er verzeiht ihm, dass er sich nicht dagegen gewehrt hat.«

Die Frau war sehr nervös.

Dann wandte ich mich an das gesamte Publikum. »Hier ist ein junger Mann, der ermordet wurde, nur weil er anders aussah. Was sind wir eigentlich für Menschen, dass wir jemandem ans Leben wollen, nur weil er anders aussieht, anders spricht oder sich anders verhält als wir? Dieser junge Mann ist heute zu uns gekommen, damit wir verstehen lernen, dass wir unsere Mitmenschen so behandeln sollten, wie wir selbst behandelt werden möchten. Das ist ein äußerst wertvoller Ratschlag. Eine Lektion, die wir alle lernen sollten.«

Dann wandte ich mich wieder der Mutter des Mörders zu. »Der junge Mann hat Ihnen verziehen. Jetzt ist es an Ihnen, sich selbst, aber auch Ihrem Sohn zu verzeihen. Dann werden Sie beide sich gleich besser fühlen.«

Viele von uns werden zum Hass erzogen. Und zu Vorurteilen. Man bringt uns bei, auf Leute loszugehen, die nicht so sind wie wir. Man bringt uns bei, egoistisch zu sein und bei jeder sich bietenden Gelegenheit zuzugreifen, weil es sonst ein anderer tut. Mit solchen Ideen sind wir nicht auf die Welt gekommen. Man bläut sie uns aber von Kindesbeinen an ein. Sich solche Vorstellungen wieder aus dem Kopf zu schlagen ist zugegebenermaßen nicht ganz leicht, aber es geht. Wie heißt es so schön: »Pass auf, was du sagst, es könnte sein, dass ein Kind zuhört.«

Umlernen müssen wir, und dafür gibt es viele Möglichkeiten. Um ein neues Leben voller Liebe und Beistand führen zu können, müssen wir wieder zu Kindern werden – nur, dass wir diesmal zugleich auch unsere eigenen Lehrer sind.

ELF

IN FREIHEIT

Und am Ende zählen nicht die Jahre, sondern das Leben, das man in diesen Jahren geführt hat.
Abraham Lincoln

Wenn uns doch aber schon von Kindesbeinen an Beschränkungen auferlegt werden, wie sollen wir dann überhaupt frei leben können? Ironie des Schicksals: Unsere Seelen sind grenzenlos, dabei leben wir aber in einer Welt voller Beschränkungen. Wir bekommen beigebracht, diese Welt aus einem verengten Blickwinkel zu betrachten und uns auch so darin zu bewegen. Von Natur aus sind wir nicht materialistisch, da wir aber in einer materialistischen, dreidimensionalen Welt leben, haben wir uns auch ein materialistisches Bewusstsein zugelegt. Wir akzeptieren fraglos, dass diese Welt *real* ist, dabei ist sie nur eine Übergangsstation, die unsere Seelen aufsuchen, um größeres Verständnis zu gewinnen und die vielen verschiedenen Facetten der Liebe zu enträtseln.

Weil wir beseelte Lebewesen sind, ist jeder von uns mit unglaublichen inneren Ressourcen ausgestattet. Unser seelisches Naturell ermöglicht es uns, alles zu manifestieren, was wir uns von tiefstem Herzen und mit aller Kraft wünschen. Die Sache hat allerdings einen Haken. Denn weil wir eben in einer beschränkten, dreidimensionalen materiellen Welt leben, fühlen wir uns irgendwie abgetrennt von der Essenz unserer Seele und vergessen, dass wir tatsächlich spirituelle Wesen mit unbegrenzter Macht sind.

Viele Geister haben mir schon von den Enttäuschungen erzählt, die sie während ihres kurzen Ausflugs auf die Erde erlebt haben. Und wie sie bedauern, sich nicht mehr um ihr Inneres gekümmert zu haben, weil sie ständig im Außen herumwerkelten. Sie bedauern, dass sie sich nicht die Zeit genommen haben, einem Menschen zuzuhören, der ihnen gern sein Herz ausgeschüttet hätte. Sie bedauern, auf dem Weg zur Gartentür oder Garage dem Nachbarn nicht wenigstens zugewunken oder ein freundliches Wort für ihn gefunden zu haben. Die meisten haben das Gefühl, sie hätten zu Lebzeiten viel zu viel wertvolle Zeit auf ihre materiellen Ziele verwendet und viel zu wenig auf die kleinen Bekundungen der Liebe. Ihnen ist bewusst, dass sie mit ihren Gedanken nicht nur das eigene Leben geprägt haben, sondern auch das der Menschen, mit denen sie in Kontakt standen. Wenn sie auf ihr Erdenleben zurückblicken, fragen sie sich oft, ob sie nicht mehr hätten tun können, um es auf unserem Planeten etwas schöner werden zu lassen.

Viele Seelen erkennen auch, wie töricht sie waren, wie ignorant gegenüber der eigenen spirituellen Kraft, und dass sie ihre Macht unwissentlich an Angehörige, Freunde und sogar die Gesellschaft als solche abgetreten hatten. Sie waren so in ihre beschränkten Ansichten verstrickt, dass sie die Wunder, die vor ihrer Haustür auf sie warteten, gar nicht bemerkten. Erst im Jenseits wissen sie, dass ihr spirituelles Selbst immer endlos war, trotz der Begrenzungen des Menschseins. Und weil sie denen so verhaftet waren, hatten sie ihr Leben nicht im Griff und haben nichts daraus gemacht. Sie waren Opfer ihres eigenen falschen Denkens beziehungsweise ihrer umnebelten Wahrnehmungen und haben deswegen gar nicht richtig leben können. Auf ihre Weise sagen uns die Geister, dass wir aufstehen und uns bewusst machen sollten, dass wir alles in uns haben, was wir für ein positives, glückliches Leben brauchen. Die geistige Welt besteht darauf, dass wir den göttlichen Aspekt unseres Wesens erkennen. Mit anderen Worten: Wenn wir anders leben möchten, müssen wir uns unserer Göttlichkeit bewusst werden. Gebete, Meditationen, Therapie und Yoga sind nur einige Möglichkeiten, die Beziehung zu unserem göttlichen Selbst aufzunehmen.

Glauben Sie an sich

Niemand kennt Sie besser als Sie selbst. Gewiss haben wir alle gelernt, bei anderen nach Antworten zu suchen, aber nur Sie wissen, was für Sie funktioniert und was nicht. Deshalb sollten Sie auch niemand anders definieren lassen, wer oder was Sie sind. Dafür kennen die Leute Sie gar nicht gut genug. Das heißt nicht, dass das, was die anderen sagen, nicht wertvoll sein könnte, aber es ist nur ihre Meinung, das müssen Sie sich klarmachen. Sie trifft möglicherweise gar nicht auf Sie zu. Sie werden bestimmt einiges an Prüfungen und Schwierigkeiten durchmachen müssen, bevor Sie sich selbst schätzen und vertrauen lernen. Um aber so weit zu kommen, müssen Sie bereit sein, der Kritik der Außenwelt zu widerstehen und diese Kritik als das zu sehen, was sie ist – der Standpunkt anderer Leute.

Sie können sich gar nicht vorstellen, wie oft ich es schon mit vernichtenden Urteilen ignoranter Kritiker zu tun hatte, die mich und meine Arbeit fertigmachen wollten, ohne mich je getroffen oder auch nur den blassesten Schimmer von Medialität zu haben. Als einer der Pioniere dieser spirituellen Bewegung wusste ich, dass ich allerlei Vorwürfen und Widrigkeiten begegnen und dass sowohl mein Charakter als auch meine Integrität in Zweifel gezogen würden. Das gehörte einfach dazu. Immer wenn man die Leute auffordert, ihre Glaubensvorstellungen in puncto Leben und Tod zu überdenken, damit sich der Schleier ihrer Ignoranz und Engstirnigkeit lüftet, muss man damit rechnen, dass man verurteilt und kritisiert wird.

Vielleicht fragen Sie sich, warum ich die anderen mit ihrer Kritik an mir habe durchkommen lassen. Fehlt es mir denn an der nötigen Selbstachtung? Natürlich nicht. Aber es geht ja gar nicht um mich, den Überbringer der Botschaft; vielmehr geht es um die Botschaft als solche. Ich muss das große Ganze sehen. Mein Beruf ist es, den Menschen dabei zu helfen, sich für neue Gedanken über das Leben und den Tod zu öffnen. Als ich damit angefangen habe, wusste ich tief im Inneren schon, dass es sich um meine seelische Berufung handelt. Und ich wusste: Wenn ich einfach meinem Herzen folgte und meine Arbeit machte, würden viele Menschen davon profitieren können.

Solange Sie Ihrem inneren Weg folgen, spielt es keine Rolle, was die anderen denken. Wenn Sie sich sorgen, was die Leute über Sie denken oder sagen, geben Sie Ihre persönliche Macht ab, und das ist die sicherste Methode, ein unerfülltes Leben zu führen. Sie dürfen nicht versuchen, wie die anderen sein zu wollen. Seien Sie originell. Sprechen Sie anders, handeln Sie anders und arbeiten Sie anders. Unbeseelten Menschen fehlt es an Mut und Energie. Erinnern Sie sich noch an das Kind, das Sie einmal waren? Es hatte so viel Fantasie, steckte so voller Wunder, alles schien ihm möglich, alles konnte aus ihm werden – bis man begann, es zu hänseln und mundtot zu machen.

Dieses Kind ist Ihr innerer Wesenskern. Die Wunder stecken immer noch in ihm. Es ist Ihre grenzenlose seelische Kraft.

Ein gelüftetes Geheimnis

Im Folgenden geht es um ein typisches Beispiel für Seelen, die ihr wahres Selbst verlieren, weil sie versuchen, es anderen recht zu machen. Ich nahm in Denver an einem spirituellen Wochenendworkshop teil. Am Ende meiner Veranstaltung tauchte neben einer jungen attraktiven Schwarzen ein Geist auf.

Ich fragte die Frau: »Sagt Ihnen der Name Janet etwas?«

Sie blickte kurz in die Sitzreihe unter sich, dann hob sie den Kopf wieder und sagte zögernd: »Ich hatte eine Großtante, die so hieß. Aber ich habe sie nie kennengelernt, sie starb schon vor meiner Geburt.«

»Wissen Sie zufällig, ob sie gemalt hat?«

»Keine Ahnung.«

»Können Sie mit dem Namen Sarah etwas anfangen?«

»Ich heiße so.«

»Nun Sarah, Ihre Tante Janet kennt Sie.« Nach einer kurzen Pause, in der ich zuhörte, was Janet weiter sagte, fügte ich hinzu: »Sie weist mich auf vier Kinder hin. Verstehen Sie das?«

»Meine Großmutter hatte nur einen Bruder und eine Schwester.«

»Nein. Gemeint sind Janets Kinder. Dass müssten dann Ihre Großcousins und -cousinen sein.«

»Ich hab wohl welche in einem anderen Bundesstaat, aber wir haben keinen Kontakt.«

»Ihre Tante hört sich traurig an. Wie sie sagt, hat sie immer wieder geheiratet und weitere Kinder bekommen, obwohl sie dazu eigentlich gar keine Lust hatte.«

»Meine Mutter hat sich öfter mal über Tante Janets Männer geäußert. Ich hab deshalb immer gedacht, sie sei ziemlich … flatterhaft … gewesen.«

»Das stimmt so nicht«, gab ich schnell zurück. »Wie sie sagt, hätten das Frauen früher so tun müssen. Eine Frau konnte damals nicht allein bleiben. Das galt als unehrenhaft. Also musste sie nach dem Tod eines Ehemannes schnell einen neuen finden. Und dazu gehörte auch, Kinder zu gebären.«

»Das wusste ich nicht.«

»Sie sagt, sie hätte immer gern gemalt und gezeichnet. Es hieß aber immer, sie hätte kein Talent und würde damit nur ihre Zeit verschwenden. Außerdem dachte man damals, Menschen schwarzer Hautfarbe könnten keine Künstler sein. In der geistigen Welt ist sie jetzt Kunstlehrerin. Ihre Arbeiten hängen dort in verschiedenen Galerien.«

»Wirklich? Das ist ja toll. Ich muss meine Mutter mal nach all dem fragen.«

»Ja, bitte, tun Sie das. Es ist oft so, dass ein Geist durchkommt, den man nicht kennt. Wenn man dann aber nach Hause geht und sich erkundigt, stellt sich heraus, dass das alles sehr wohl der Wahrheit entspricht. Ihre Großtante war zeit ihres Lebens sehr traurig. Wie sie sagt, hat sie immer nur das getan, was von ihr erwartet wurde, und nie das, was sie selbst wollte.«

Ich wandte mich ans Publikum. »Wir haben Glück heutzutage. Viele der Beschränkungen, unter denen die Leute früher gelitten haben, insbesondere die Frauen – Ehe, Scheidung, Kinder –, sind heute nicht mehr so gegeben. Ein Grund mehr, uns selbst zu verwirklichen. Denn wenn wir unsere Wahrheit nicht leben, verfolgt es uns ein Leben lang.«

Dann richtete ich mich wieder an Sarah. »Ihre Tante sagt, dass sie am Ende ihres Lebens ganz allein war. Ihre Ehemänner hatten schon alle das Zeitliche gesegnet, und ihre Kinder kümmerten sich auch nicht um sie. Als sie starb, war sie bettelarm.«

»Ach, ist das traurig. Das wusste ich alles gar nicht.«

»Wie Ihre Tante sagt, waren Sie beide in einem früheren Leben Schwestern. Deshalb ist sie heute Abend überhaupt gekommen. Sie will Ihnen sagen, dass Sie in einem späteren Leben auch noch einmal zusammen sein werden.«

»Das ist ja unglaublich!«

»Glauben Sie es ruhig. Und fragen Sie Ihre Mutter nach Ihrer Tante. Ich würde mich freuen, wenn Sie mal Bescheid sagen könnten.«

»Ja, mach ich. Und danke.«

Wochen später erhielt ich eine E-Mail von Sarah. Sie schrieb mir, dass sie sich bei ihrer Mutter erkundigt und dass diese alles bestätigt hätte:

Als ich meiner Mutter von der künstlerischen Begabung meiner Tante erzählt hatte, sagte sie, bei uns auf dem Dachboden sei noch eine Kiste mit Sachen von ihr. Also hab ich nachgeguckt und tatsächlich ein schönes Gemälde von ihr gefunden. Sie hatte offenbar wirklich Talent. Jedenfalls habe ich das Bild schätzen lassen und man bot mir sage und schreibe zweitausend Dollar dafür. Aber ich habe mich entschieden, es zu behalten. Zu schade, dass sie zu Lebzeiten nicht so erfolgreich war.

Deshalb empfehle ich Ihnen: Zeigen Sie der Welt Ihre Begabungen. So treten Sie hervor. Lassen Sie Ihr Licht so hell strahlen, dass alle es sehen können. Die Geister sagen oft, dass ihnen früher nie klar war, wie schnell das Leben vorbei ist. Das stimmt ja auch. Die Jahre rasen vorüber. Drücken Sie ihnen also Ihren Stempel auf. Vielleicht fangen Sie damit an, dass Sie öfter lächeln oder lachen. Genießen Sie es – und genießen Sie die Reise. Nehmen Sie das Leben nicht zu ernst, es ist nur ein Spiel.

Schwierigkeiten treten auf und gehen auch wieder vorbei. Genauso ist es mit dem Geld, es kommt zu uns und verschwindet. *Sie* aber bleiben. Sie haben Ihren Willen, den Sie steuern können, und damit auch die Kontrolle über Ihr Leben. Dabei kommt es nicht darauf an, welche Rolle Sie spielen, ob Sie dienen oder Staatsoberhaupt sind. Wichtig ist nur, was Sie mit Ihrer Rolle anfangen. Versuchen Sie nicht, die Rolle anderer Leute zu spielen, gehen Sie in Ihrer auf. Machen Sie aus allem, was Sie haben, das Beste. Selbsterkenntnis ist der Schlüssel zu Veränderungen. Indem wir unser Inneres verändern, verändern wir auch unsere Wirklichkeit. Das ist unsere Ganzheit. Je mehr wir die Verantwortung für unsere Lebenswirklichkeit übernehmen, desto schneller entwickeln wir uns auch weiter.

Je mehr Sie Ihr Bewusstsein erweitern und sich auf Ihre innere Stärke besinnen, desto besser sind Sie in der Lage, sich von den Mustern der Angst und Sorge, die Sie in diesem (und vielleicht auch schon in früheren) Leben im Kopf haben, befreien. Wenn Sie beginnen, wieder »ganz« zu werden, können Sie Hindernisse wie Unehrlichkeit, Hass, Angst und Zorn, die zwischen Ihnen und Ihrer Wahrheit stehen, hinter sich lassen. Wenn Sie konsequent üben, Ihre Absichten mit dem göttlichen Licht in Übereinstimmung zu bringen, werden sich Ihre Gedanken, Worte und Taten anschließen. Anders ausgedrückt: Sie müssen auf der Hut sein. In der einen Sekunde positiv denken und sich in der nächsten für vollkommen wertlos halten, das funktioniert nicht. Der Schlüssel zur Veränderung liegt im konsequenten Denken, Sprechen und Handeln. Nur dann können Sie tiefsitzende Probleme erkennen, sie als das wahrnehmen, was sie sind, und sich nicht länger von ihnen definieren und niedermachen lassen. Dann hat für Sie ein ganz neues Leben begonnen und Sie sind nicht mehr Gefangener Ihrer Ängste und anderer negativer Gefühle. Dann sind Sie das ent-fesselte, ganzheitliche Lebewesen, das Sie schon immer waren. Sie werden frei sein und Ihr Leben als höchsten Ausdruck Ihres Daseins führen. Wie sagt man doch so schön: Wahrheit macht frei.

Das Höhere Selbst

Um ein reiches, erfülltes Leben ohne Reue führen zu können, müssen Sie sich disziplinieren und achtsam genug sein, die Welt von einer größeren Perspektive aus zu betrachten. Nur wenn Sie mit Ihrer höheren, göttlichen Kraft in Verbindung stehen, können Sie Ihren Wert erkennen und in allen Lebenserfahrungen, die Sie machen, in den positiven wie in den negativen, eine tiefere Bedeutung sehen. Unsere göttliche Kraft hat viele Namen, unter anderem wird sie Höheres Selbst, Christusbewusstsein oder auch Quelle der Kreativität genannt. Von dieser schöpferischen Kraft werden Sie geleitet, denn sie ist fester Bestandteil Ihrer Seele, ob Sie sich dessen nun bewusst sind oder nicht. Wenn Sie sich dieses Höheren Selbst aber bewusst sind, ist es so, als seien Sie eine Treppe emporgestiegen und hätten den Nebel unter sich gelassen. Dann wird Ihnen klar, dass Sie etwas viel Großartigeres sind als Ihre körperliche Hülle.

Je mehr Sie die Geheimnisse des Universums erkunden, desto deutlicher wird Ihnen, wie viel Sie noch zu lernen haben. Und je weiter Sie auf Ihrer Reise kommen, desto besser erkennen Sie, wie mühelos Ihnen das Universum alles zur Verfügung stellt, was Sie brauchen. Spirituelles Wachstum heißt, dass man sich der universellen Gesetze bewusst ist und sich ihrer regelmäßig bedient, um grenzenlose Liebe, Gesundheit und große Chancen anzuziehen.

Vor etwa zwölf Jahren habe ich für dreißig Leute eine Reise zu den spirituellen Zentren Brasiliens organisiert. Es sollte die erste von vielen Expeditionen werden, die ich anbot, aber das wusste ich zu diesem Zeitpunkt noch nicht. Für mich ist Brasilien eines der geheimnisumwobensten Länder der Welt, und die Brasilianer gehören zu den warmherzigsten Menschen, die ich kenne. Ihre Offenheit und ihr freimütiges Bekenntnis zu ihrem spirituellen Erbe haben mich geradezu umgehauen. Zu jener Zeit meditierte ich bereits und war schon lange auf meiner eigenen spirituellen Suche. In der Meditation hatte ich mich mit meinem Höheren Selbst verbunden. Das erkennt man daran, dass sich das Denken und die Eindrücke, die man erhält, auf einer höheren Ebene abspielen. Dann sieht man das Leben völlig unabhängig von seinen Schwächen vom Standpunkt der Liebe aus. Man erkennt, dass sein Sinn darin besteht, mit den eigenen Talenten und Begabungen dazu beizutragen, das Universum ganz und vollständig zu machen.

In einem bestimmten Zentrum in Brasilien wurde einmal pro Woche ein Ritual durchgeführt, das insofern an eine schamanische Reise beziehungsweise an die Schwitzhütte der amerikanischen Ureinwohner erinnerte, als es auch ungefähr sechs Stunden dauerte und unglaublich transformativ wirkte. Dabei interagierten die Teilnehmer auf ziemlich unorthodoxe Weise mit der geistigen Welt.

Um sich besser auf die höheren Frequenzen der spirituellen Dimensionen einstimmen zu können, wird bei dieser wöchentlich stattfindenden Zeremonie Hiawatha-Tee getrunken, den viele Gruppen in Südamerika kennen und der aufgrund seiner halluzinogenen Eigenschaften als heilig gilt. Seine Blätter werden im Amazonas-Regenwald gepflückt und in diesem Teil der Welt schon seit Jahrhunderten verwendet. Viele Eingeborenenstämme bedienen sich irgendwelcher Substanzen, um das Bewusstsein während der spirituellen Suche zu erweitern, Ängste und Phobien auszuschalten und mit dem erhabenen Teil ihres Selbst zu kommunizieren.

Unser Gastgeber, der Priester dieser faszinierenden Gemeinde, erklärte mir bei der Ankunft: »Wir wissen nicht, was geschehen wird. Vielleicht sehen wir die Jungfrau Maria, vielleicht aber auch jemand ganz anderen. Jedes Mal ist es anders, aber irgendwie ist es immer heilsam.«

Der Priester reichte mir den Tee und ich trank eine ganze Tasse davon. Einige Minuten später begann die Zeremonie. Ich setzte mich als Beobachter in eine Ecke. Der Rest der Gemeinde fing an, zeremonielle Gebete zu sprechen. Nach etwa einer Viertelstunde änderte sich mein Wahrnehmungsvermögen dramatisch. Die Stimmen wurden erst lauter, dann leiser. Die Energie im Raum wurde sehr, sehr dicht. Ich musste mich richtig zwingen, mich zu erden, sonst hätte ich völlig die Kontrolle verloren. Ich nahm viele zeremoniell gekleidete Geister wahr. Und als ich die Augen schloss, hatte ich die ersten Visionen. Sie waren vollkommen anders als alle bisherigen. In den Farben so lebendig, so strahlend und schillernd, dass ich das Gefühl hatte, mitten in einen riesigen Diamanten hineinzuschauen.

Dann war mir, als würde ich an einen anderen Ort transportiert. Vor mir sah ich einen Mann in einer purpurfarbenen und goldenen Robe stehen, auf dem Kopf trug er einen goldenen Turban. Der Blick aus seinen tiefblauen Augen schien mich zu durchbohren. Als ich ihn länger betrachtet hatte, bekam ich das Gefühl, dass ich ihn schon kannte und immer gekannt hatte. Er kommunizierte auf telepathischem Wege mit mir und überreichte mir einen goldenen Ring mit einem sechseckigen Amethyst. Das sei, sagte er, der Dank der geistigen Welt an mich, den Initianten. Es schien eine große Ehre zu sein. Da ich aber nicht so genau wusste, was ich mit diesen Informationen anfangen sollte, fragte ich: »Wer bist du?« Und im selben Moment kannte ich auch schon die Antwort: Ich stand mir selbst gegenüber! Nicht dem menschlichen James, sondern meinem Höheren Selbst, der Seele des James Van Praagh. Es war eine der tiefschürfendsten Erfahrungen meines Lebens.

Eine Woche später fuhr meine Gruppe nach Salvador, Bahia, im Nordosten Brasiliens. Gleich nach unserer Ankunft schauten wir uns erst einmal nach Souvenirs um. Marilyn, eine der Teilnehmerinnen, sah sich an einem Stand verschiedene Steine an. Aus einem Impuls heraus fragte ich die Verkäuferin: »Haben Sie auch Amethystringe?«

Sie schien überrascht. »Normalerweise nicht. Eigentlich führen wir nur rohe Steine, wie Sie sehen. Vor vielen Wochen kam allerdings ein Kunde und hat einen Amethystring bestellt. Wir haben ihn genau nach seinen Wünschen gefasst, aber er hat ihn nicht abgeholt.«

Die Verkäuferin öffnete eine Schublade unter der gläsernen Auslage.

»Das ist er.« Sie hielt den Ring so, dass ich ihn gut sehen konnte.

Jetzt war es an mir, überrascht zu sein. Der Ring sah genau aus wie der aus meiner Vision. Ich steckte ihn auf den Finger, und er passte wie angegossen.

Ich sah die Verkäuferin an und sagte: »Wissen Sie, dieser Ring gehört wirklich zu mir.«

»Ja, ich habe auch schon gewartet, dass Sie ihn abholen kommen.«

Marilyn starrte erst mich, dann den Ring an. Ich drückte ihre Hand und sagte: »Ich glaube, wir können gehen.«

Meditationen, um wieder in die Kraft zu kommen

Ich werde häufig gefragt, wie man spirituell leben könne und trotzdem die Anforderungen des Alltags nicht vernachlässigt.

»Wie kann ich mir meines Höheren Selbst bewusst werden?«

»Wie finde ich heraus, warum ich gerade jetzt auf die Erde zurückgekehrt bin?«

»Wie kann ich mir meiner Geistführer und meiner lieben Verstorbenen bewusst werden?«

Wie Sie mittlerweile wissen, findet man die Antworten auf diese Art Fragen, indem man beginnt, sich wieder mit seiner göttlichen Natur zu verbinden. Nehmen Sie einfach zur Kenntnis, dass Ihnen ein erhabener, mächtiger Aspekt innewohnt. Dann kann Ihr Höheres Selbst auf ganz verschiedenartige Weise zu Ihnen durchdringen: durch Ihre Intuition, durch so genannte Zufälle und Synchronizitäten aller Art. In dem Maße, in dem Sie die Verbindung mit Ihrem Höheren Selbst dadurch stärken, dass Sie Ihren Eingebungen folgen und sich die Zeit nehmen, in der Meditation und im Gebet nach innen zu gehen, werden die Offenbarungen und Erkenntnisse, die Ihnen zuteil werden, zunehmen. Die folgende Übung kann Sie dabei unterstützen, sich auf diese Kraft einzustimmen.

Zu meditieren ist viel einfacher, als gemeinhin angenommen wird. Man muss dabei nicht chanten, kein Mantra vor sich hersagen und nicht einmal die Atemzüge zählen. Setzen Sie sich einfach ruhig hin und nehmen Sie Ihre Gedanken bewusst wahr. Viele Leute sagen, sie könnten einfach nicht meditieren, so viel Mühe sie sich auch geben. Dann antworte ich immer: »Hören Sie auf, sich Mühe zu geben.« Wenn Sie meditieren, tun Sie es ohne jede Erwartung. Die einzige Regel, an die Sie sich halten sollten, ist, dass Sie es regelmäßig tun, vielleicht immer zur selben Tageszeit, damit Sie Routine gewinnen. Nach einer Weile wird es Ihnen in Fleisch und Blut übergegangen sein.

Was noch wichtig ist: Am Anfang werden Sie Zeuge dessen sein, was man Geplapper des Geistes nennen könnte, also der mehr oder weniger zufälligen Gedanken à la »Wie spät es jetzt wohl ist?«, »Wie lang muss ich denn noch hier rumsitzen?« oder »Was mach ich mir heute wohl zum Abendessen?« Solche Gedanken werden Ihnen unweigerlich durch den Kopf schießen. Akzeptieren Sie sie und versuchen Sie sie nicht zu bekämpfen, indem Sie denken: »Das darf jetzt aber nicht sein« oder »Ich krieg das eh nicht hin.« Lassen Sie diese Gedanken einfach an sich vorbeiziehen. Stellen Sie sich vor, Sie würden auf einem Floß sitzen und einen Fluss hinabgleiten. Alle naselang werden Sie einem Stein oder einer Stromschnelle ausweichen müssen. So ähnlich ist es auch in der Meditation. Sie müssen im Augenblick bleiben und Ihre Alltagsgedanken umschiffen. Mit regelmäßiger Übung werden Sie einen Ort tief in Ihrem Inneren erreichen, an dem sich Ihr Herz allmählich öffnet und es anfängt, zu Ihnen zu sprechen.

Die Herz-Selbst-Meditation

Setzen Sie sich aufrecht auf einen Stuhl und schließen Sie die Augen. Nehmen Sie das Fließen Ihres Atems wahr. Beginnen Sie dann jeden einzelnen Teil Ihres Körpers zu spüren. Fangen Sie mit den Zehen an, dann die Füße, Fußgelenke, Beine. Weiter geht's mit dem Oberkörper, mit Rücken, Brust, Schultern, den Armen, Fingern, dem Hals und dem Kopf. Konzentrieren Sie sich dann auf Ihre Herzgegend, das Zentrum der Liebe. Stellen Sie sich vor, dass aus Ihrem Herzen ein schönes grün-goldenes Licht der Liebe austritt und von dort aus durch Ihren ganzen Körper fließt, vom Scheitel die Arme und Beine herunter bis in die Zehen, überall hin. Leiten Sie das Licht bis in Ihre Fingerspitzen und sparen Sie auch den Kopf nicht aus. Genießen Sie das Fließen dieser Liebesenergie mehrere Sekunden lang. Finden Sie heraus, wie es sich auf Ihren Körper auswirkt, wenn Sie ihre Existenz anerkennen.

Als Nächstes stellen Sie sich vor, dass Sie in einem himmlischen Fahrstuhl stehen. Sie treten mit Ihrem liebenden, lichterfüllten Körper in die Kabine und steigen immer höher empor. Statt einzelner Stockwerke gibt es verschiedene Wahrnehmungsebenen. Beim Hochfahren haben Sie das Gefühl, dass sich Ihr Selbst ausdehnt. Jede Ebene ist durch eine bestimmte Farbe gekennzeichnet, die Sie sich aussuchen können. Wenn der Fahrstuhl anhält, haben sie die Ebene Ihres Höheren Wissens erreicht. Die Tür öffnet sich und Sie werden von Ihrem Höheren Selbst in Empfang genommen. Als Erstes werden Sie wahrscheinlich seine Wahrheit und seine Liebe wahrnehmen. Verlassen Sie nun den Fahrstuhl und danken Sie Ihrem Höheren Selbst. Es ist fast so, als würden Sie einem Zwilling von Ihnen gegenüberstehen, nur dass er vergeistigter ist, weniger physisch. Sehen Sie sich jetzt um, schauen Sie all die Geschenke an, die Ihnen gezeigt werden. Sie wissen, dass es die vielen Gaben und Talente sind, die Sie haben. Erfreuen Sie sich daran. Treten Sie dann wieder in den Fahrstuhl und fahren Sie wieder hinab in Ihre irdische Daseinssphäre.

Die Meditation der Herzensverbundenheit

Setzen Sie sich wieder bequem mit geradem Rücken auf einen Stuhl, damit Ihre Energien ungehindert durch Ihre Wirbelsäule fließen können. Achten Sie wie in der vorigen Übung auch diesmal wieder auf Ihren Atem und konzentrieren Sie sich dann nacheinander auf alle Körperteile. Denken Sie daran: Bei der Meditation geht es darum, den Fokus nach innen zu richten. Das kann aber nicht erzwungen werden. Bleiben Sie immer im Augenblick.

Bei dieser Übung stellen Sie sich vor beziehungsweise spüren, dass sich Ihr Herz öffnet. Aus einer Röhre an seinem oberen Ende dringt wunderbares grünes göttliches Licht. Es steigt durch Ihren Oberkörper auf, tritt durch Ihren Scheitel aus und fließt dann direkt in den Himmel. Geben Sie dem Licht ein paar Augenblicke lang Gelegenheit, sein Ziel zu erreichen – Ihr all-wissendes, weises Selbst. Während Sie sich darauf konzentrieren, empfangen Sie allmählich Informationen, Führung und Erkenntnisse, die direkt aus dem Himmel kommen und über die Röhre in Ihren Geist und in Ihr Herz strömen. Achten Sie darauf, wie rein die Gedanken sind, die auf diesem Weg zu Ihnen kommen. Wenn Sie eine Frage haben, können Sie sie Ihrem Höheren Selbst stellen. Sie steigt durch die Röhre auf, und schon wenige Sekunden später werden Sie die Antwort haben. Ein Nebenprodukt dieser Übung ist die universelle

Heilenergie, die Sie dabei aus dem Himmel beziehen. Nutzen Sie sie. Genießen Sie die Transformation. Zum Schluss der Meditation versiegeln Sie sich mit dem weiß-goldenen Licht der Liebe.

Sie sind, was Sie denken

Das Universum gibt Ihnen immer genau das, was Sie unentwegt denken. Achten Sie also gut auf Ihre Gedanken. Ein Beispiel: Wenn Sie den ganzen Tag daran denken, darüber sprechen und sich Sorgen machen, ob und wie es Ihnen wohl gelingt, Ihre Rechnungen zu begleichen, potenzieren sich Ihre quälenden Gedanken in einem fort. Gewöhnen Sie sich also an, jeden ängstlichen Gedanken durch einen positiven zu ersetzen. Ich verwende gern Ausdrücke wie »Canceln« oder »Saubermachen«, um etwas, was ich nur versehentlich ins Universum geschickt habe, rückgängig zu machen. Sie können sich aber gern auch eigene lustige Vokabeln ausdenken, um negatives Denken ins Positive zu wenden. Ersetzen Sie einfach alles Schlechte durch positive, optimistische Wörter, und zwar, wann immer sich die Gelegenheit dazu bietet.

Veränderungen fallen uns nie ganz leicht, eines aber ist sicher: Sie werden nie wieder der Mensch sein, der Sie vor fünf oder zehn Jahren waren, nicht einmal der von vor zwölf Monaten. Die einzige Konstante ist die Veränderung. Ein Freund hat mir einmal erzählt, dass seine Familie so arm war, dass er bis zu seinem neunten Lebensjahr im Wohnzimmer auf der Couch schlafen musste. Seine ganze Jugend wurde von Geldsorgen überschattet. Kürzlich, sagte er mir, habe er zwei Farmarbeiter gesehen, die mit einem LKW liegengeblieben waren und versuchten, das alte Teil wieder zum Laufen zu bringen. Da sei ihm eingefallen, dass er oft in derselben Situation war und sich ständig Sorgen machte, ob er in der Lage sein würde, das Geld für die Reparatur seines Wagens aufzubringen. »Wenn ich nicht spirituell geworden wäre«, meinte er, »und angefangen hätte, täglich zu meditieren, ginge es mir heute bestimmt auch noch so.« Er hatte sich aber dafür entschieden, sein Bewusstsein zu erweitern. Und aufgrund seiner inneren Arbeit veränderte sich sein ganzes Leben. Heute muss er sich nicht mehr mit Geldsorgen rumschlagen, Autoreparaturen und Nächte auf der Wohnzimmercouch sind für ihn kein Thema mehr. Er war bereit, sich zu verändern – und ist seither nicht mehr derselbe.

Tagtäglich bieten sich reichlich Gelegenheiten, die Welt anders zu sehen und etwas Neues auszuprobieren. Uns allen geht es wie meinem Freund: Wenn wir etwas verändern und nicht mehr an der Vergangenheit kleben wollen, klappt das auch. Alles fängt damit an, dass wir bewusst die Verantwortung für unsere Entscheidungen übernehmen, denn das, was wir heute denken, bestimmt unser Morgen. Mit diesem Wissen können wir uns von früheren Überzeugungen befreien und uns den emotionalen Erpressungsversuchen anderer Leute entziehen. Wir können weiter wachsen, uns entwickeln und bewusster werden. Wenn wir nach vorn schauen und den Blick nicht in die Vergangenheit richten, ermöglichen wir es uns, etwas Neues zu erleben. Mithilfe unserer Fantasie erschaffen wir uns unbegrenzte Möglichkeiten. Wir stimmen uns auf das formlose Eine ein: auf die Liebe. Die bedingungslose Liebe, zunächst uns selbst gegenüber und dann auch zu anderen, hilft uns dabei, alte Zöpfe abzuschneiden und Neues zu entdecken.

Darauf läuft alles hinaus: Sie dürfen nicht so viel Zeit darauf verschwenden, sich Sorgen zu machen, Ausreden zu finden und die Dinge auf den St.-Nimmerleins-Tag zu verschieben. Denken Sie nicht daran, was Sie alles nicht geschafft haben. Tun Sie es oder nehmen Sie sich etwas anderes vor. Was müssen Sie noch in Angriff nehmen? Haben Sie klare Vorstellungen davon, was Sie unter Erfolg verstehen beziehungsweise welche Bedeutung Erfolge für Sie haben? Sind Sie mit Ihren Finanzen zufrieden? Fühlen Sie sich gut, mögen Sie Ihr Aussehen? Werden Ihre emotionalen Bedürfnisse erfüllt? Was wünschen Sie sich vom Leben?

Sobald Sie Ihre Perspektive verändern, werden sogenannte Zufälle und Synchronizitäten Teil Ihres Alltags, und Chancen bieten sich an allen Ecken und Enden. Und das alles nur, weil Sie angefangen haben, an Ihr wahres Selbst zu glauben. Es ist wieder Zeit zu träumen. Verändern Sie alles, was nötig ist, um Ihrer Seele etwas Gutes zu tun.

ZWÖLF

ALLES BEREINIGT

Beschließen Sie den Tag und gut ist. Sie haben getan, was Sie konnten. Fehler und Unsinn kommen vor. Vergessen Sie sie so schnell wie möglich. Morgen ist ein neuer Tag. Sie sollten ihn heiter und guten Mutes beginnen.
Ralph Waldo Emerson

Ich persönlich lebe nach der Faustregel: versuchen, alles als Teil des großen Ganzen zu sehen, und dazu gehören beide Welten. Denn wenn ich eines Tages sterbe und nach Hause in die geistige Welt zurückkehre, stellt sich doch die Frage: Bin ich stolz auf das Leben, das ich geführt habe, oder verzehre ich mich in Reue und trauere verpassten Gelegenheiten nach? So weit vorauszudenken hat sicher dazu geführt, dass ich mir stets bewusst überlege, wie ich lebe und was ich der Welt zu geben habe.

Sie sind jetzt an einer Weggabelung angelangt und haben die Wahl: Sie können sich dafür entscheiden, eine neue Perspektive einzunehmen und von nun an Ihr Leben und die Entscheidungen, die Sie treffen, im Griff zu haben; Sie können sich dazu bekennen, dass Sie Ihr Leben steuern und sich des Einflusses, den Sie haben, bewusst werden. Oder aber Sie verharren in der Welt, die Sie sich in der Vergangenheit errichtet haben und halten sich weiterhin für ein Opfer der Verhältnisse. Jetzt ist die Zeit gekommen, sich zu entscheiden. Ein gutes Leben bemisst sich ausschließlich an der Liebe, die Sie sich selbst und anderen auf diesem Planeten entgegenbringen. Und Niederlagen sind nichts als vertane Chancen, Liebe, Mitgefühl und Vergebung an den Tag zu legen.

Unerledigtes verlangsamt unser spirituelles Vorankommen. Das Leben bietet uns viele Situationen, die uns entweder stärker machen oder stagnieren lassen. Ich habe schon oft mit Eltern gearbeitet, die ein Kind verloren haben. Und weil der Tod eines Kindes so unnatürlich scheint, so gegen alles verstößt, was wir über das Leben zu wissen meinen, sind die Eltern kaum in der Lage, ihn irgendwie in ihre Wirklichkeit zu integrieren. Schließlich sollten Kinder nie vor ihren Eltern sterben. Das darf einfach nicht sein. Ich habe größtes Mitgefühl mit den Eltern, denn der Verlust, den sie erlitten haben, könnte schlimmer kaum sein. Aber auch in diesem Fall hilft es, den Blick auf das große Ganze zu richten. Vielleicht war der Tod des Kindes ja eine Lektion, auf die sich die familiäre Gruppenseele, zu der auch das Kind gehört, verständigt hatte, um spirituell voranzukommen. Vielleicht war er eine Art Katalysator der Weiterentwicklung.

Ich habe auch mit zahllosen Menschen gearbeitet, die nicht vergessen konnten. Und mit anderen, die nicht darüber hinwegkamen, dass sie sich von irgendjemandem nicht hatten verabschieden können. Nicht zuletzt sind da all diejenigen, die als Kind Opfer von Missbrauch, sexueller Belästigung oder destruktiven Familienverhältnissen waren und deren ganzes späteres Leben von Angst und Ressentiments überschattet wurde. Aber das ist kein Leben. Das ist einfach nur viel Unerledigtes.

Wer Schmerzen und Verletzungen erleidet, muss darauf vertrauen, dass ihn sein Höheres Selbst um diese Klippen herumführt. Denn wenn wir uns solchen Situationen nicht stellen, wachsen sie sich zu einer großen schwärenden Wunde aus. Wenn wir uns nicht rechtzeitig darum kümmern, also in dem Moment, in dem sie geschieht, wird die Verletzung im Laufe der Zeit nur schlimmer und nimmt übergroße Dimensionen an. Wenn wir jemals vorwärtskommen wollen, müssen wir unsere Gefühle zum Ausdruck bringen und alles Unerledigte anpacken. Aber wie soll das gehen?

Um tief sitzende Blockaden zu lösen, empfiehlt sich eine Psychotherapie. Wie ich aus eigener Erfahrung weiß, bietet sie einen guten Rahmen, in dem man gefahrlos über seine Gedanken und Gefühle sprechen kann. Therapeuten sind objektiv. Sie verurteilen nicht und haben in aller Regel nur das Beste für ihre Klienten im Sinn. Man selbst ist ja meistens viel zu nah an der eigenen Geschichte dran, um sie in aller Deutlichkeit analysieren zu können. Der Therapeut dagegen sieht alles unvoreingenommen, sein Blick ist nicht von zu viel Nähe oder zu viel Vorwissen verschleiert.

Man kann sich auch einem engen Freund oder einer Selbsthilfegruppe anvertrauen. Achten Sie aber darauf, dass die Gespräche in einer geschützten Umgebung stattfinden. Wenn Sie mit anderen sprechen, kommen die alten Erinnerungen wieder hoch und Sie werden gezwungen, sie sich zu vergegenwärtigen. Das ist gut so. Denn nicht nur, dass Sie auf diese Weise andere Standpunkte kennenlernen, Sie bekommen auch die Gelegenheit, die damaligen Umstände von heute aus zu betrachten, vielleicht, indem Sie sie im Licht der Informationen darstellen, die Sie in der Zwischenzeit erhalten haben. Das kann dazu führen, dass Sie das Ursprungstrauma verstehen und akzeptieren lernen.

Eine andere Erfolg versprechende Methode besteht darin, einen Brief zu schreiben. Wenn Sie irgendjemandem partout nicht vergeben können oder bedauern, dass Sie sich von einem Verstorbenen nicht haben verabschieden können, legen Sie Ihre Gefühle schriftlich dar. Danach können Sie gegebenenfalls entscheiden, ob Sie den Brief abschicken oder nicht. Es geht dabei nur darum, dass Sie Ihre Empfindungen sozusagen vergegenständlichen, indem Sie sie zu Papier bringen, sich auf diese Weise von ihnen befreien und neuen Raum für mehr Liebe schaffen.

Die letzte Möglichkeit, die ich empfehlen kann, ist Tagebuchschreiben. Kaufen Sie sich dafür ein extra Büchlein, das Sie nur zu diesem Zweck verwenden. Suchen Sie sich einen Ort, in einem Park vielleicht, an dem Sie nicht gestört werden. Beschreiben Sie die Verletzung, die Sie erlitten haben. Notieren Sie auch, warum sie heute noch von so großer Tragweite für Sie ist, und legen Sie dar, was Ihre Seele möglicherweise daraus lernen kann. Schließlich fragen Sie Ihr Höheres Selbst, was Sie tun sollen, und lassen los.

Den Tod eines geliebten Menschen, die Schmerzen einer Ehescheidung oder auch einen Missbrauch in der Kindheit wird man nie ganz los. Aber wenigstens können Sie lange aufgestaute Tränen vergießen und Ihre intimsten Gefühle zum Ausdruck bringen. Sobald Sie das getan haben, werden Sie ein ganz anderer Mensch sein, viel »heiler« als zuvor. Das verspreche ich Ihnen. Der Aufbau einer aufrichtigen, liebevollen Beziehung zu sich selbst ist das Beste, was Sie für sich tun können.

Der wunderbare Sänger, Songwriter und Dichter Leonard Cohen sagte einmal: »Alles Schöne hat einen Sprung, denn nur so kann das Licht eindringen.« Für meine Begriffe bringen diese Worte exakt auf den Punkt, dass wir heilen, indem wir uns unseren Verletzungen, Enttäuschungen, einem gebrochenen Herzen, Zorn und Ängsten stellen.

Wir alle müssen solche Dinge durchmachen, vielleicht, um ein bisschen demütiger, mitfühlender, verständnisvoller, geduldiger, authentischer, mit anderen Worten: menschlicher werden zu können. Jeder von uns ist eine Mischung verschiedener Empfindungen, Gedanken, Emotionen, Überzeugungen, Geschichten, Erfahrungen und so weiter. Dinge solcher Art definieren uns. Wenn wir anfangen, uns mit all unseren Schwächen, die auch zu uns gehören, zu akzeptieren, werden wir entdecken, wie schön wir in Wirklichkeit sind. Dann strahlen wir unsere Selbstakzeptanz als innere Güte aus, die jeden berührt, der mit uns in Kontakt kommt.

Wenn wir uns unserer selbst bewusst sind, gehen wir in unsere Macht, denn dann haben wir unsere Mängel transzendiert und sind ganz auf unsere Stärken fokussiert. Dann sind wir nicht länger Sklaven unserer Schuldgefühle, des »Was wäre, wenn« oder »Was hätte sein können«. Stattdessen profitieren wir von jeder Erfahrung, die wir machen, und wachsen dabei. Wir wissen dann mehr, wenn wir in den nächsten Tag starten. Das meinte Leonard Cohen mit seinem »… denn nur so kann das Licht eindringen«. Wir werden erleuchtet. Also los. Bitte lassen Sie Ihr Licht scheinen, damit andere Sie sehen, spüren und von Ihnen lernen können. Es gibt keinen besseren Lehrer als Sie, der oder die Sie etwas Schmerzhaftes durchgemacht haben und anderen zeigen können, wie man aus so einer Situation am leichtesten wieder herauskommt.

Worauf es ankommt

Glauben

Viele Menschen verstehen unter Glauben entweder ein Gefühl oder aber die Gesamtheit der Vorstellungen, die das ausmacht, wovon man überzeugt ist. Beiden Definitionen haftet Richtiges an, und doch ist Glauben viel mehr. Nämlich etwas, was das ganze Sein eines Menschen umfasst. Das Empfinden, etwas zu wissen und sich ihm vollkommen zu überantworten. Letztlich ist der Glaube pures Vertrauen. Damit meine ich allerdings nicht »blinden«, sondern wahren Glauben.

Menschen, die gewohnt sind, alles sehr rational und logisch abzuwägen, tun sich mit dem Glauben schwerer. Denn er ist ja nichts Fassbares, wissenschaftlich zu Messendes und man kann keine Kurse darin belegen. Vielmehr ist der Glaube etwas, was man sich zu fühlen und zu erleben gestatten muss. Ich zum Beispiel glaube an meine Familie, weil ich darauf vertraue, dass sie nur mein Bestes im Sinn hat. Ich glaube an meinen Lektor und meine Verleger, weil ich weiß, dass sie das Optimum aus diesem Buch machen. Und ich glaube an Sie, meine Leserinnen und Leser, glaube daran, dass Sie es nutzen, um zu heilen und Ihr Leben zu verändern.

Unser Glaube ist ständig auf dem Prüfstand. Zum Beispiel, wenn eine Frau ihre ganze Familie bei einem Unglück verliert, wenn ein Mann nach zwanzig Dienstjahren entlassen wird, ohne dass er sich etwas hat zuschulden kommen lassen, wenn jemand auf offener Straße zusammengeschlagen wird und niemand eingreift. Natürlich wird unser Glaube in solchen Situationen auf die Probe gestellt. Und wie! Wenn wir unseren Glauben in Zweifel ziehen, tauchen wir tief in unser Inneres ab und finden heraus, ob er groß genug ist. Am wichtigsten ist der Glaube in Zeiten, in denen wir eine Tragödie erleben. Dann kann er uns zum Durchhalten motivieren und ein Grund sein, nicht zu verzweifeln. In der größten Finsternis kann der Glaube wahre Wunder bewirken. Er hat Sie bis hierher gebracht. Geben Sie also nie auf! Glauben Sie auch weiterhin – besonders an sich selbst.

Ein reines Gewissen

Wenn sich eine Situation, an der wir irgendwie beteiligt sind, nicht zum Guten wendet, kann es schwer sein, das Ergebnis zu akzeptieren. Denn dann haben wir das Gefühl, alles wäre anders gekommen, wenn wir uns anders verhalten hätten. Wir entwickeln Schuldgefühle, werfen uns vor, einen Fehler gemacht zu haben, und können einfach nicht akzeptieren, dass wir auf der Grundlage der Informationen, die uns zur Verfügung standen, nach bestem Wissen und Gewissen gehandelt haben.

Was das Richtige ist, lässt sich nicht allein anhand des Ergebnisses oder der Meinung anderer Leute beurteilen. Gute Entscheidungen zu treffen – das Richtige zu tun – ist ein fester Bestandteil des Lebens. Sollen Sie die Stelle wechseln? Sollen Sie Ihrer Freundin sagen, dass ihr Mann eine Affäre hat? Sollen Sie abtreiben? Sollen Sie die Maschinen abstellen lassen, wenn ein Angehöriger unheilbar krank ist? Sollen Sie einen Verwandten, für den ein Haftbefehl ausgestellt ist, der Polizei melden?

Die richtige Entscheidung zu treffen kann schwer sein, und nur Sie selbst sind dafür verantwortlich. Aber je mehr Sie sich die Zeit nehmen, auf Ihre innere Führung zu hören, desto mehr werden Sie sich Ihrer persönlichen Wahrheit bewusst – dessen, wer Sie sind und wofür Sie stehen. Je mehr Ihnen bewusst wird, dass die Antworten in Ihnen selbst liegen, desto reiner wird Ihr Gewissen sein.

Der finale Akt der Liebe

Vor Jahren hielt ich in Seattle einmal ein Reading ab, das ich bis heute nicht vergessen habe. Dabei ging es um eine sehr schwierige Entscheidung und darum, das Richtige zu tun.

Ein Paar saß etwas abseits rechts im Raum. Es war deutlich zu erkennen, dass sie unter Stress standen. Trotzdem gehe ich in solchen Situationen nur auf die Leute zu, wenn ich eine Botschaft aus der geistigen Welt zu übermitteln habe. Und tatsächlich, plötzlich tauchte hinter den beiden ein männlicher Geist auf und zeigte mir ein Zimmer in einem Krankenhaus.

Ich erklärte dem Publikum: »Hier ist ein junger Mann mit blonden Haaren und blauen Augen. Es scheint sich um eine sehr freundliche, sanfte Seele zu handeln. Er liegt im Koma. Sagt …«

Noch bevor ich den Satz zu Ende sprechen konnte, stand das Paar auf. Jetzt ging ich zu ihnen.

Die Frau ergriff als Erste das Wort. »Ich wusste, dass er heute Abend hier sein würde.«

»Dann kennen Sie den jungen Mann?«

»Ja, er ist unser Sohn.«

Murmeln im Publikum.

»Er scheint an einem Sauerstoffgerät zu hängen. Ich glaube, er kann sich nicht bewegen«, sagte ich.

»Ja«, bestätigte die Frau und fing an zu weinen. »Er hatte einen Unfall.«

»Den zeigt er mir jetzt auch. Er ist offenbar von einem Gerüst gefallen. Auf einer Baustelle?«

Der Mann nickte. Ich spürte, dass die beiden großen Schmerz ausstanden. Und als ich mich auf ihre Gefühle einstimmte, tat mir richtig das Herz weh. Ich kann es nur so beschreiben: Mir war, als liege ein Stein auf meiner Brust, so schwer, dass ich kaum mehr atmen konnte.

»Ist sein Name Jimmy oder Jamie, wie meiner?«

»Ja, Jamie.«

»Jamie ist gekommen, um Ihnen zu sagen, dass es ihm gut geht und dass Sie das Richtige getan haben. Darüber ist er sehr glücklich und möchte sich herzlich bei Ihnen bedanken.«

In diesem Moment dachte ich, die Frau würde gleich zusammenbrechen. Sie stieß einen lauten Schrei aus. Auch der Rest des Publikums schien den Tränen nahe. Während ich hörte, was Jamie noch zu sagen hatte, nahmen sich seine Eltern in den Arm.

»Jamie liebt Sie sehr, und ich soll Sie wissen lassen, dass er auch Ihre Liebe immerzu spürt. Es tut ihm sehr leid für Sie, dass Sie so viel Schmerzen durchmachen mussten.«

Die Eheleute nickten.

»Wer ist Chip oder auch Kip?«, fragte ich.

»Chip heißt unser anderer Sohn, er lebt noch«, antwortete die Frau.

»Jamie sagt, Chip solle Ihnen unbedingt vergeben. Er hatte kein Recht, sich da einzumischen. Sie haben das einzig Richtige getan.«

Jetzt erst sah ich das ganze Bild. »Sie haben die Geräte abstellen lassen, nicht wahr?«

»Ja.« Diesmal war es der Mann, der mir die Antwort gab.

»Deswegen hat sich Chip mit Ihnen gestritten. Er war dagegen. Mörder hat er Sie genannt.«

An dieser Stelle brach die Frau wieder in Tränen aus.

»Sie haben aus Mitgefühl mit Jamie gehandelt. Er sagt, er hätte nicht mehr am Leben bleiben wollen. Er wollte frei sein, um weiterziehen zu können. Und Sie haben ihm dabei geholfen.«

Inzwischen mussten auch viele der Zuschauer mit den Tränen kämpfen.

»Jamie bedankt sich dafür, dass Sie seine Seele befreit haben.«

»Und was ist mit Chip?«, fragte die Frau.

Ich sah ihr direkt in die Augen. »Sie haben aus Liebe gehandelt. Chip braucht eine Weile, bis er diese Lektion versteht. Haben Sie Geduld mit ihm. Im Moment ist er noch nicht in der Lage, das große Ganze zu sehen. Was auch geschehen mag, entziehen Sie ihm Ihre Liebe nicht.«

Die Eltern bedankten sich von ganzem Herzen.

Mitgefühl

Die meisten von uns haben das Gefühl, es wäre besser um die Welt bestellt, wenn nur alle so denken würden wie sie. Bei Chip war das ganz sicher der Fall. Er war nicht bereit, die Maschinen abstellen zu lassen, an denen sein Bruder hing, und wollte unbedingt, dass sich seine Eltern seiner Auffassung anschlossen. Wie die meisten sah er das Leben von einem rein egozentrischen Standpunkt aus. Andersdenkenden gegenüber neigen viele zu Intoleranz und Ablehnung. Mitgefühl dagegen öffnet das Herz für die Schmerzen, die der andere empfindet. Es ist wichtig, sich zu kümmern und mitzufühlen, weil das unser Bewusstsein für den anderen und die Welt überhaupt vertieft. Mitgefühl verstärkt die Nächstenliebe, verleiht unserem Einfühlungsvermögen und unserer Anteilnahme mehr Kraft. Im menschlichen Körper ist das Herz der stärkste Muskel, und er wird noch leistungsfähiger, wenn wir ihn regelmäßig trainieren.

Wenn Sie anfangen, sich in Mitgefühl zu üben, werden Sie es unweigerlich zunächst wieder mit den alten Gefühlen zu tun bekommen, die das Herz verschließen, also etwa mit Vorurteilen, Rassismus, Sexismus und so weiter. Zugleich werden Sie aber auch ein zunehmendes Verständnis für die allseitige Verbundenheit entwickeln. Um in die Ganzheit gehen zu können, werden Sie sich mit Ihren Erinnerungen an Vergangenes auseinandersetzen müssen, auch mit unfreundlichen, grausamen Empfindungen. Solche Gefühle entstammen unseren tiefen emotionalen Wunden und zeugen davon, dass Sie mehr Mitgefühl für sich aufbringen sollten. Und wenn Ihnen das gelingt, fällt es Ihnen auch schon bedeutend leichter, anderen gegenüber Mitgefühl walten zu lassen.

Dankbarkeit

Mitgefühl und Dankbarkeit gehen Hand in Hand. Denn wenn Sie Mitgefühl empfinden können, sind Sie auch für die kleinen Dinge im Leben dankbar, die Ihnen Freude bereiten. Ich habe ein ganz einfaches »Dankbarkeitsritual«: Gleich nach dem Aufwachen gehe ich runter in mein Wohnzimmer und genieße den Blick aufs Meer. Dann schaue ich kurz in den Garten und zum Himmel hoch und bedanke mich dafür, dass ich an einem so schönen Ort wohnen darf, an dem ich mich sicher fühle und der mich glücklich macht. Kein Tag vergeht, ohne dass ich nicht dankbar bin für alles, was ich habe.

Sprüche wie »Sei bloß dankbar, es hätte alles auch viel schlimmer kommen können« oder »Sei dankbar, wenigstens ist dir nichts passiert« kennt wohl jeder von uns. Dankbarkeit ist das Gefühl, das sich einstellt, wenn wir erfahren, dass ein geliebter Mensch einen schweren Verkehrsunfall wohlbehalten überstanden hat. Oder wenn ein Tumor als gutartig diagnostiziert wird. Dankbarkeit hilft, die Dinge aus der richtigen Perspektive zu sehen, denn es stimmt ja meistens: Es hätte wirklich viel schlimmer kommen können. Wenn ein Unglück glimpflich ausgegangen ist, gibt es nichts Natürlicheres, als Dankbarkeit zu empfinden.

Andererseits ist es auch völlig in Ordnung, nicht dankbar oder sogar sauer zu sein, wenn Sie einen Verlust erlitten haben – solange Ihnen nur bewusst ist, dass Sie dieses Gefühl nicht ewig haben müssen. Wann immer ich mich dabei ertappe, dass ich anfange, undankbar zu werden, führe ich mir alles vor Augen, wofür ich Grund habe, dankbar zu sein. Auch wenn ich in dem Moment gar nicht in der Stimmung dazu bin, es nimmt mir die Angst und so sehe ich die Dinge dann etwas klarer. Denn es gibt im Leben immer sehr viel, worüber wir glücklich und wofür wir dankbar sein können. Wir müssen uns nicht immer von Kleinigkeiten niedermachen oder verärgern lassen. Da ist doch auch so viel Positives. Am besten erstellen Sie eine Liste all dessen, wofür Sie dankbar sind; auf die können Sie dann zurückgreifen, wenn es Ihnen mal nicht so super geht.

Genauso gut können Sie sich auch das Schlechte in Ihrem Leben vor Augen führen, die Konflikte und die schwierigen Leute, mit denen Sie es zu tun haben, und dankbar sein für die unglaublichen Lernchancen, die darin liegen. Und wann immer Sie auf Ihr bisheriges Leben zurückblicken, sollten Sie sich des Umstands bewusst sein, dass es gerade die schweren Zeiten sind und waren, die am meisten zum persönlichen Wachstum beitragen.

Gut gelebt

Die meisten Familien (selbst weit verzweigte) sind durchaus in der Lage, die Liebe und den Zauber zu erkennen, der sie zusammenhält. Die Einzelnen sind dankbar, ein Teil davon sein zu dürfen und Menschen nahezustehen, die sie lieben und denen sie vertrauen können. Solch einer Familie begegnete ich einmal während einer Veranstaltung im Staate New York. Darüber hinaus bestätigt der Jenseitskontakt, von dem ich jetzt berichten möchte, auch, wie wichtig es ist, die Aufgaben, die man auf der Erde erfüllen soll, nicht unerledigt zu lassen.

Es war im Sommer und etwas schwül. Die Veranstaltung fand in einer Halle statt, und ich hatte meinen Vortrag gerade begonnen. Ich weiß noch, dass ganz hinten ein Ventilator lief, er machte nämlich ganz komische Geräusche. Viele der Zuschauer schienen einander zu kennen, was dazu führte, dass ich einerseits ein bisschen befangen war, mich andererseits aber auch ganz wohl fühlte.

Ich sprach mein Gebet, dann erläuterte ich kurz meine Arbeit und wie die Kontakte zustandekommen. Plötzlich war da ein Herr in einem Anzug. Er trug eine Krawatte und deutete auf einen bestimmten Teil des Raumes. Ich ging auf ihn zu, um zu hören, was er zu sagen hatte.

Ich bin ja so glücklich. Sagen Sie ihnen das. Sie müssen nicht mehr um mich weinen, verstand ich und bat den Geist um sachdienliche Hinweise, die zu seiner Identifizierung beitragen konnten. Er zeigte mir eine Holzhütte im Wald. Es war ein schönes Plätzchen – sehr rustikal. Sah aus wie ein Puppenhaus.

Dem Publikum erklärte ich: »Hier ist ein vornehm wirkender Herr, der mich auf eine Hütte in den Wäldern hinweist. Kennt die vielleicht jemand von Ihnen?«

In einer der vorderen Sitzreihen hoben zwei Frauen mittleren Alters die Hand.

»Ist Ihnen jemand bekannt, der Fred heißt oder vielleicht auch Ted?«, fragte ich sie.

»Teddy!«, quietschten sie wie aus einem Mund.

Ich musste lächeln, empfing aber gleich weitere Informationen.

»Ist Teddy vielleicht Ihr Vater? Jedenfalls erwähnt er *meine Mädchen.*«

»Genau, das ist er.«

»Wie er sagt, verzeiht er Ihnen. Haben Sie vielleicht einmal sein Auto benutzt? Er zeigt mir nämlich ein braunes Cabrio, in dem zwei junge Mädchen sitzen.«

Jetzt ergriff eine der beiden Frauen das Wort. »Ja, vor vielen Jahren haben wir mal eine Spritztour mit seinem Wagen gemacht. Der war damals ganz neu«, erklärte sie.

»Wie er sagt, hat er sehr an diesem Wagen gehangen und war arg böse auf Sie beide, aber jetzt verzeiht er Ihnen.«

»Tut uns so leid, Pop«, sagte die andere der Frauen.

»Wie heißen Sie denn?«, erkundigte ich mich.

»Ich bin Hanna und das ist Abby.«

»Haben Sie sonst noch Geschwister? Ich sehe nämlich bei Ihrem Vater noch einen kleinen Jungen.«

»Schon, aber unser Bruder Chris lebt noch.«

»Teddy meint jemand anders. Hatte Ihr Vater vielleicht einen kleineren Bruder?«

»Ja, Onkel Roy.«

»Wie er sagt, ist er sehr glücklich, dass er sich wieder mit ihm vertragen hat. Er hätte seine Lektion gelernt.«

»Sie hatten einen Riesenstreit und haben danach … ich weiß gar nicht mehr so genau … mindestens zehn Jahre lang nicht miteinander gesprochen.«

»Ihr Vater freut sich sehr, dass er sich vor seinem Tod noch mit seinem Bruder versöhnt hat. Und ich soll Ihnen auch sagen, wie stolz er auf Sie alle ist.«

»Du warst immer der Beste, Pop, wir vermissen dich sehr«, bekannte Abby.

»Jetzt zeigt er mir wieder die Hütte. Davor steht eine Gruppe von Leuten unter einer Eiche. Er möchte sich dafür bedanken, dass Sie den Gedenkgottesdienst für ihn bei der alten Hütte abgehalten haben.«

»Wir wussten doch, dass ihm das gefallen würde. Es war sein allerliebstes Plätzchen auf der ganzen Welt.«

»Im Himmel wohnt er jetzt in einer ganz ähnlichen Hütte. Er sagt, er habe seinen Frieden gefunden.«

Die beiden Frauen mussten mit den Tränen kämpfen.

»Ihr Vater war ein sehr liebenswürdiger Mensch. Er sagt, er habe im Leben alles gehabt, was er sich nur wünschen konnte. Jetzt kümmert er sich um die nachfolgenden Generationen.«

»Er war so gerne Opa. Stellen Sie sich vor, er hatte sieben Enkelkinder!«

»Er passt auf Sie alle auf.«

Teddy fand Frieden, weil er sein Leben so geführt hatte, wie er es wollte, und die Erde mit einem guten Gewissen verlassen konnte.

Um Positives, Freudvolles und Ersprießliches erleben zu können, müssen Sie selbst so sein. Wenn Sie aufgeschlossen, liebevoll und positiv gestimmt sind, wird alles Schwere gleich viel leichter. Deshalb ist es so wichtig, dass Sie auf Ihre Laune(n) achten. Sie sind die Folge Ihrer Gedanken. Gute Gedanken machen gute Laune, negative erzeugen schlechte Stimmung. Jeder, dem Sie begegnen, wird von Ihrer Laune und von Ihrer Einstellung berührt; denn neben der Kleidung ist das ja das Erste, was die Leute an Ihnen bemerken. Die Einstellung steuert das Verhalten. Sie können täglich neu entscheiden, wie Sie sich verhalten, welche Stimmung Sie der Welt vermitteln und wie Sie gesehen werden möchten.

Ihre Grundgestimmtheit durchdringt den ganzen Raum um Sie herum. Wenn Sie zornig sind, können Sie sich gern dafür entscheiden, den ganzen Tag über ärgerlich zu sein, sehen Sie sich aber vor, es könnte Folgen haben. Denn jeder, der Ihnen begegnet, wird Ihren Ärger abbekommen. Und ist es wirklich das, was Sie der Welt vermitteln wollen? Wenn Sie den ganzen Tag über partout sauer sein möchten, werden Sie sich bestimmt nicht besser fühlen, eher schlechter.

Ich will damit nicht sagen, dass Sie nie zornig sein dürften. Es ist wichtig, dass man seine Emotionen weder in sich vergräbt noch sie verleugnet, damit man jederzeit genau weiß, was man gerade empfindet. Behalten Sie jedoch immer das große Ganze im Blick, wenn Sie entscheiden, was Sie mit Ihren Gefühlen anfangen. Es gibt stets zwei Möglichkeiten. Entweder Sie haben Ihre Emotionen und Aktionen im Griff – oder es funktioniert umgekehrt.

Stellt sich schließlich noch die Frage: Meinen Sie nicht, dass es langsam an der Zeit wäre, sich von Verletzungen, die Ihr Ego erlitten hat, zu verabschieden? Dass Ihnen kein Zacken aus der Krone fällt, wenn Sie einen Verwandten oder Freund anrufen und sich entschuldigen (für was auch immer)? Vergeben Sie sich und auch dem anderen. Viel mehr braucht es doch nicht, als kurz zum Hörer zu greifen oder eine E-Mail zu schreiben und in Liebe zu handeln. Schieben Sie es aber nicht auf, es wäre immerhin möglich, dass es kein Morgen für Sie gibt.

Hoffnung

Genau wie der Glaube ist auch die Hoffnung etwas, was man nicht recht greifen und schon gar nicht messen kann. Hoffnung hat nichts mit Wunschdenken zu tun, sondern ist ein ganz bedeutender Bestandteil des Lebens. Ich bin sogar der Meinung, dass man ohne Hoffnung überhaupt nicht leben könnte. Sie gehört einfach zur natürlichen Ausstattung des Menschen. Das Prinzip Hoffnung sorgt dafür, dass wir nicht aufhören zu träumen, produktiv zu sein und unermüdlich Hindernisse zu überwinden. Es ist jene tief in uns verankerte persönliche Überzeugung, dass schon alles gut ausgehen wird. Mit ein wenig Hoffnung auf ein besseres Morgen lassen sich selbst die allerschlimmsten Verhältnisse irgendwie ertragen. Denn die Hoffnung kommt vom Herzen. Sie führt uns unsere Wahrheit zu Bewusstsein und verhilft uns zu unserer ganz eigenen Form der Spiritualität.

Wir dürfen nie vergessen, dass jeder neue Tag völlig anders ist als der vorherige. Hindernisse aus der Vergangenheit, seien sie hausgemacht oder uns von anderen in den Weg gestellt, mögen uns noch zu schaffen machen, aber wir haben die Chance auf Veränderung in uns. Unser

Leben hat einen Sinn. Das Morgen ist anders, als es das Gestern war. Auch wenn wir uns das nicht vorstellen können, irgendeinen Unterschied gibt es immer. Denn jeder neue Tag ist ein Wunder, weil er voller Hoffnung steckt und voller Chancen. Wir können zum Beispiel ganz neue Charakterzüge an uns oder anderen erkennen, von denen wir gar nicht wussten, dass sie überhaupt existieren.

Ein Familientreffen

Ich werde oft gefragt, was mir meine Arbeit eigentlich bringt. Wenn Sie die nächste Geschichte gelesen haben, kennen Sie die Antwort. Vor Jahren hatte ich einmal Gelegenheit, mit einer Familie zu arbeiten, die mehrere Tausend Kilometer gereist war, um mich zu treffen. Ich hatte gerade die einführende Meditation abgeschlossen, als ich plötzlich starken Rauch in der Nase hatte. Als ich nach rechts schaute, nahm ich den Geist eines Golden Retrievers wahr, der mir die Hand leckte. Neben dem Hund stand ein Junge von etwa neun Jahren. Er trug ein Trikot seiner Baseballmannschaft und eine rote Kappe. *Ich möchte mit meinem Dad sprechen,* sagte er zu mir und deutete auf einen Mann, der von mir aus gesehen rechts außen in der dritten Sitzreihe saß. Er war mittleren Alters und ziemlich übergewichtig. Zu seiner Linken hatten zwei Mädchen Platz genommen, sie waren ungefähr siebzehn und fünfzehn. Nachdem der Junge in diese Richtung gedeutet hatte, ging der Hund auf die Mädchen zu und umkreiste sie.

»Sir«, sprach ich den Mann an, »hier ist ein etwa neunjähriger Junge, der sagt, er sei Ihr Sohn. Er hat einen Golden Retriever bei sich.«

Das blonde Mädchen legte die Hand vor den Mund und stieß einen unterdrückten Schrei aus. »O mein Gott!«

Dem Mann kamen die Tränen.

»Wie er sagt, heißt er Paulie. Und da ist noch ein Junge, etwas älter, sein Name ist Kenny.«

Diese Bemerkung stieß sowohl bei den beiden Mädchen als auch bei ihrem Vater auf heftige Reaktionen. Alle drei nahmen sich in den Arm.

»Unsere Brüder!«

In diesem Moment erhoben sich einige der Zuschauer von ihren Plätzen und gingen auf die kleine Familie zu, um ihnen beizustehen. Der Mann setzte sich wieder, er war ganz erschüttert. Als ich mich auf seine Empfindungen einstimmte, wurde ich mir der Seele einer Frau bewusst, die hinter ihm stand und ihm übers Haar strich. *Ich habe dir doch versprochen, dass ich dich nie verlassen werde,* flüsterte sie. Mental fragte ich sie nach ihrem Namen. *Rose,* antwortete sie.

»Jetzt steht eine Frau hinter Ihnen, Sir«, sagte ich, »die ihren Namen mit Rose angibt.«

Der Mann blickte zu Boden und nickte. Eines der Mädchen rief: »Unsere Mutter!«

»Sie hat mir doch versprochen, dass sie mich nie verlassen würde. Und ich hab so gehofft ...«, sagte der Mann.

»Sie hat Sie doch auch nicht verlassen«, unterbrach ich ihn. »Sie steht doch jetzt unmittelbar hinter Ihnen.«

Mit einem Mal schienen die drei Geister den Vorhang zwischen den Welten richtiggehend zu zerreißen. Jedenfalls bombardierten sie mich geradezu mit Gedanken. Ich gab sie weiter, so schnell ich konnte.

»Sie haben Nana Jean getroffen. Und Opa war ebenfalls da, um sie in Empfang zu nehmen. Paulie sagt, dass er auch im Jenseits gern Baseball spielt und Kenny geht immer mit Lucky Gassi.«

Dann versuchte Rose, die Jungen zu beruhigen. Immer noch hinter ihrem Mann stehend, übermittelte sie mir Gedanken und Bilder.

Ich sah zu den beiden Mädchen hinüber und sagte: »Ich soll euch von eurer Mutter ausrichten, dass ihr doch bitte Kontakt zur Familie von Herrn Johnson aufnehmt und ihnen eine Botschaft überbringt. Sagt ihnen, dass sein Tod aller Ehren wert war. Er ist bei dem Versuch gestorben, ein Menschenleben zu retten. Etwas Größeres kann man im Leben nicht erreichen.«

Die Familie bedankte sich. Dann hatte ich plötzlich wieder Rauch in der Nase.

»Ist Ihre Familie bei einem Brand ums Leben gekommen?«

»Ja«, bestätigte der Vater.

»Kenny ruft mir zu: *Aber wir sind doch noch ganz lebendig. Wir sind doch gar nicht wirklich gestorben!*«

Unter Tränen brachte der Vater hervor: »Danke. Das habe ich so gehofft! Dass sie tatsächlich weiterleben. Sie können sich ja gar nicht vorstellen, was das für uns bedeutet.«

Da bemerkte ich, dass der Hund den Mädchen die Hände leckte, und ich machte sie darauf aufmerksam.

Weinend senkten beide den Kopf. Dann sagte die Ältere: »Klar, er hat uns doch das Leben gerettet. Lucky hat uns nämlich mitten in der Nacht geweckt. Wir haben das Haus ganz schnell verlassen. Mom ist dann noch mal rein, um die Jungs rauszuholen, aber sie hat es nicht mehr geschafft.«

Jetzt hatte die Mutter noch eine Botschaft für ihre Töchter. »Sie sagt, ihr seid nicht ohne Grund mit dem Leben davongekommen. Ihr habt noch viel vor euch. In erster Linie werdet ihr anderen Menschen helfen. Dabei werden eure Mutter und eure Brüder bei euch sein und euch Mut machen. Ihr könnt immer auf sie zählen. Sie helfen euch von der anderen Seite aus.«

Dann brüllte mir Rose etwas ins Ohr. Ich wandte mich an ihren Mann: »Rose sagt: *Du hast das alles vollkommen falsch verstanden. Wir liegen doch nicht in der Erde. Im Gegenteil, wir sind viel lebendiger als ihr!*« Dann sah ich, dass sie lachte.

»Typisch Rosie und ihr Humor. Vielen, vielen Dank, Mr. Van Praagh. Sie haben etwas ganz Unglaubliches für uns getan. Sie haben uns unsere Familie zurückgegeben. Und die Hoffnung. Jetzt wissen wir, dass wir nie allein sind und dass wir gar nicht getrennt wurden. Wir werden immer zusammenbleiben. Danke!«

Und dann fing doch tatsächlich Lucky an zu bellen!

Wir alle sind mit irgendjemandem verbunden, sei es nun mit der Familie oder mit unseren Freunden. Jeder von uns möchte, dass sein Leben einen Sinn hat, möchte seine Wahrheit leben und sich rückhaltlos ausdrücken können. Dieses Bedürfnis zieht den Wunsch nach Freiheit nach sich. Und wenn Sie sich selbst treu sind und jeden Tag in Wahrheit leben, dann finden Sie Ihre Freiheit.

Sie haben sich entschlossen, zu dieser Zeit und an diesen Ort auf die Erde zurückzukehren, um persönliche Größe zu entwickeln und Ihren Seelenfrieden zu finden. Sie hoffen, dass das Leben einen Sinn hat und dass Sie von Bedeutung sind. Machen Sie diesen Moment zu einem Wendepunkt. Sie lesen dieses Buch, um sich selbst in einem ganz neuen Licht zu sehen und Ihre tatsächliche Größe zu erkennen. Fangen Sie jetzt gleich an, Unerledigtes zu erledigen und alles aus Ihrer Vergangenheit zu bereinigen, was Sie davon abhält, sich selbst zu verwirklichen und »ganz«

zu werden. Eines kann ich noch sagen: In Ihrer neu gefunden Freiheit wird es kein »Hätte«, »Wäre«, »Wenn doch nur« mehr geben.

Eine liebe Freundin

Der intensive Traum von meiner Freundin Violette ging mir tagelang nicht aus dem Kopf. Ich musste daran denken, wie wir uns kennengelernt hatten. Es war vor ungefähr zehn Jahren, als ich mein gegenwärtiges Zuhause bezog. Eines Morgens stand ich gerade an der Tür, um die Zeitung reinzuholen, als ein Fleischtransporter anhielt und der Fahrer mich fragte, ob ich James sei.

»Ja«, antwortete ich.

Eine Frau am Ende meiner Straße hätte ihm gesagt, dass ich erst kürzlich hier eingezogen sei.

»Wie heißt sie denn?«, erkundigte ich mich.

»Violette. Sie hat Sie im Fernsehen gesehen und würde Ihnen, glaube ich, gern mal persönlich begegnen.« Dann winkte mir der Mann freundlich zu und fuhr weiter.

In den folgenden Monaten lernte ich viele meiner Nachbarn kennen. Und alle stellten mir dieselbe Frage: »Haben Sie sich schon mit Violette getroffen?«

Ich weiß noch, dass ich mich fragte, was es mit dieser Violette wohl auf sich haben mochte, dass mich alle auf sie ansprachen.

Eines Tages gewann meine Neugier die Oberhand. Ich schnappte mir mein erstes Buch und begab mich zu dem Haus, in dem Violette wohnte.

Vor ihrer in einem fröhlichen Rot gestrichenen Eingangstür standen etliche Paar Schuhe. Eine Metapher auf das, was mich erwartete, aber davon konnte ich ja noch nichts wissen.

Ich klopfte und hörte eine tiefe, raue Stimme, wie man sie nur durch jahrelanges Rauchen und Whiskytrinken bekommt.

»Wer ist da?«

Dann wurde die Tür geöffnet und eine zierliche Frau mit großen grünen Augen lächelte mir entgegen. »O mein Gott, James Van Praagh!«

Sofort wurde mein ganzer Körper von einer Welle unglaublicher Energie erfasst. Es war wie die Wiederbegegnung mit einer alten Seele, mit der ich schon oft zusammen auf der Erde war. Ein Gefühl der Vertrautheit, aber schon auch ein bisschen seltsam.

»Ich habe auf Sie gewartet«, sagte sie. »Möchten Sie eine Tasse Tee?«

Sie räumte die Zeitung von der Couch, ich setzte mich und sah mich fasziniert um.

»Gern. Danke.«

Violette ging in die Küche und sagte immer wieder: »Ich glaub's ja nicht, ich glaub's ja nicht.«

Von der Couch aus betrachtete ich ihre wunderschöne Sammlung kleiner Plastiken und Glassachen. Überall an den Wänden hingen unglaubliche Gemälde von kalifornischen Hügellandschaften und Blumen, eines bezaubernder als das andere.

»Tolle Bilder«, rief ich. »Sind Sie Sammlerin?«

Violette kam aus der Küche zurück, in den Händen hatte sie ein Tablett mit zwei Tassen. »Die sind alle von Künstlern hier aus der Gegend. Ich gehe jedes Wochenende auf den Flohmarkt, müssen Sie wissen«, sagte sie und stellte eine Tasse vor mich.

»Flohmarkt?«

»Ja, Garagenverkäufe und so. Wovon sich andere Leute alles trennen wollen … da sind manchmal richtige Schätze dabei.« Violettes Augen funkelten.

»Hab ich schon öfter gehört, ja.«

Sie berichtete, dass sie mich im Fernsehen gesehen hätte. Dann schaute sie mir fest in die Augen, während sie an ihrem Tee nippte, und sagte: »Ich glaube an Sie und Ihre Arbeit. Wir müssen zusammenhalten. Die Leute müssen die Wahrheit erfahren. Oh, ist Gott nicht wunderbar?«

Wie sich herausstellte, war Violette seit dreißig Jahren bei den Anonymen Alkoholikern. »Dabei habe ich Gott in allem und in jedem zu sehen gelernt.« Nach einer kurzen Pause fuhr sie fort: »James, finden Sie es nicht auch schade, dass die Menschen so wenig an sich glauben? Dass sie ihre eigene Kraft nicht wahrnehmen können? Sie merken gar nicht, dass sie sich ihre Welt selbst erschaffen durch das, was sie denken und auch dadurch, wie sie miteinander umgehen.«

Violettes Bemerkungen verblüfften mich. Jetzt wusste ich auch, warum unsere Nachbarn so darauf gedrängt hatten, dass wir uns kennenlernten. Ihnen musste klar gewesen sein, dass wir aus demselben Holz geschnitzt waren.

»Haben Sie Ihren Tee schon ausgetrunken?«, fragte sie.

»Ja.«

»Dann geben Sie mal her.«

Ich wusste zwar nicht, was sie mit der Tasse wollte, reichte sie ihr aber.

Mit Schwung kippte sie die Tasse um, wobei die meisten der Teeblätter auf der Untertasse landeten. »Das ist türkischer Tee.«

Dann betrachtete Violette die auf dem Boden der Tasse verbliebenen Teeblätter. »Ah, ich sehe, dass Sie zwei Bücher schreiben werden. Und dann machen Sie eine Fernsehsendung über Geister.« Sie schaute mich kurz an und lächelte. »Die wird aber nicht ganz nach Ihrem Geschmack sein.«

Dann blickte sie wieder in die Tasse. »Sie sind pumperlgesund und werden noch ganz vielen Menschen helfen.«

Ich bedankte mich bei ihr.

»So, und nun kannst du gehen.« Plötzlich duzte sie mich. »Komm wieder, wann immer dir der Sinn danach steht.«

Und so begann eine der tollsten und liebevollsten spirituellen Beziehungen, die ich je hatte. Wir telefonierten täglich. Einmal erzählte sie mir, dass sie »Jemanden« kennengelernt hätte, mit dem sie jetzt »in wilder Ehe« zusammenlebe. Ich weiß noch, eines Abends kam sie zum Abendessen zu mir und hatte sich aus Spaß eine Zwangsjacke übergestreift, was die anderen Gäste außerordentlich amüsierte.

Violette war ein echtes Original. Ich konnte gar nicht anders, als sie zu lieben. Nicht nur, dass sie der Mittelpunkt vom Tratsch und Klatsch in unserer Nachbarschaft war, sie schien auch alles zu wissen, was sich in einem Umkreis von zehn Kilometern abspielte. Ich glaube, sie war tatsächlich unsere »Seherin«.

Stundenlang konnten wir philosophieren, über das Leben, den Tod und das Jenseits. Dabei fragte sie immer wieder: »Wie kommt es eigentlich, dass die Menschen so oft gar nicht wahrnehmen, wenn sie eine Gelegenheit hätten, nett zueinander zu sein?«

Unsere Freundschaft dauerte zehn Jahre – bis zu jenem verhängnisvollen Tag, an dem sie mich anrief und total nervös wirkte.

»James, man hat bei mir eine Arterienverstopfung am Herzen diagnostiziert. Ich muss operiert werden.« Die Woche drauf war sie schon im Krankenhaus. Am Vorabend des Eingriffs besuchte ich sie.

Sobald ich ihr Zimmer betreten hatte, empfand ich unsägliche Traurigkeit. Ich spürte, dass Violette nicht mehr lange zu leben hatte.

Während wir uns unterhielten, nahm ich Geister wahr, die hinter ihr standen und sie erwarteten.

»Hier ist ein Mann namens Bill. Ich soll dir von ihm ausrichten, dass er bei dir ist.«

»Mein Ehemann! Gott segne ihn.«

Es waren mit ihre letzten Worte. Violette kam nicht mehr aus dem Krankenhaus heraus. Auf dem OP-Tisch erlitt sie einen Schlaganfall. Bill sollte ich noch einmal begegnen – Monate später, als er mir in meinem Traum erschien. Als der Mann, der mir so viele Rätsel aufgab.

Jetzt ist mir natürlich klar, dass es in dem Traum um die Szene an Violettes Totenbett ging.

Einige Tage später, nachdem ich mir seine Bedeutung zusammengereimt hatte, war ich im Garten und goss die Pflanzen. Als ich den Blick in den Himmel richtete, sah ich dort Violette, umgeben vom Licht des Jenseits.

»Danke, James«, sagte sie. »Es tut mir sehr leid, dass ich dich im Traum so verwirrt habe. Aber ich hatte ja keine Gelegenheit mehr, mich dafür zu bedanken, dass du mir in all den Jahren so ein guter Freund warst. Du sollst wissen, dass wir alle unsere Belohnung bekommen, ob wir nun Liebe geben oder sie empfangen. Wenn wir spüren, dass wir geliebt werden, sind wir nie allein. Das musste ich dir einfach noch sagen.«

In memoriam
Violette McKevitt
26. Mai 2008

LITERATUR

Ashton, Robert, *The Life Guide. Ten Things You Need to Know About Everything That Matters,* New Jersey 2008

Bays, Brandon, *The Journey. Der Highway zur Seele,* Berlin 2004

Beazley, Hamilton, *No Regrets. A Ten-Step Program for Living in the Present and Leaving the Past Behind,* Hoboken 2004

Cayce, Edgar, *Die tausend Leben deiner Seele. Karma und Reinkarnation,* München 1993

Coleman, Paul, *Life's Parachutes. How to Land on Your Feet During Trying Times,* New York 1993

Dalai Lama, *Die Regeln des Glücks,* Bergisch Gladbach 2001

Dowrick, Stephanie, *Choosing Happiness. Liefe and Soul Essentials,* New York 2005

Erikson, Erik H., *Identität und Lebenszyklus,* Frankfurt am Main 1989

Finley, Guy, *Einfach loslassen,* München 2009

Goldsmith, Joel S., *Das mystische Ich,* Argenbühl 2002

Hallowell, Edward M., *Dare to Forgive,* Deerfield Beach 2004

Hammer, Frank L., *Life and Its Mysteries,* Philadelphia 1945

Hill, Dawn, *Reaching for the Other Side,* North Hollywood 1983

Joy, W. Brugh, *Joy's Way. A Map for the Transformational Journey. An Introduction to the Potentials for Healing with the Body Energies,* Los Angeles 1979

Mack, Joshua, *Karma 101. What Goes Around comes Around … And What You Can Do About it,* Gloucester 2002

Michie, David, *Buddhism for Busy People. Finding Happiness in an Uncertain World,* Crows Nest 2007

Roman, Sanaya, *Sich dem Leben öffnen. Schritte zu persönlichem Wachstum und geistiger Kraft,* München 2001

Smedes, Lewis B., *Vergeben und Vergessen,* Marburg 2001

Sugrue, Thomas, *Edgar Cayce. Die Geschichte eines schicksalhaften Lebens,* München 1983

Tavris, Carol, und Elliot Aronson, *Mistakes Were Made (But not by Me). Why We Justify Foolish Beliefs, Bad Decisions, and Hurtful Acts,* Orlando 2007

Thondup, Tulku, *Die heilende Kraft des Geistes. Glückliche Wiedergeburt,* Freiburg 2008

White Eagle, *Awakening. A Guide for Living with Death and Dying,* Hampshire 2002

Yogananda, Paramahansa, *Man's Eternal Quest,* Los Angeles 1975

DANK

Brian Preston – Danke, dass du mich so oft an die Hand nimmst und mir den höheren Weg zeigst.

Maura Fortune – Die schönen Momente des Lebens sind noch viel toller, wenn man sie mit einer Schwester wie dir teilen kann. Dank für dein Lachen und deine Liebe.

Die Barry-Familie – Mögen irische Augen immer ein Lächeln für euch haben.

Jordie Fisher – die göttliche Mutter … so bist du eben.

Mary Ann Saxon – Merci beaucoup dafür, dass du an mich glaubst und mir immer Mut machst. Du bist und bleibst eine Seelenverwandte von mir, n'est-ce pas?

Kelley Dennis – Wenn es stimmt, dass Lachen die beste Medizin ist, dann bist du meine Hausärztin.

Jeffrey Eisenberg – Unsere Freundschaft gehört zu meinen ältesten, was verrückt ist, wenn man bedenkt, wie jung ich noch bin.

Chip McAllister – Wenn ich deine Stimme höre, ist mein Tag immer gerettet! Dank dafür, dass du das Leben stets interessant zu machen weißt und immer eine Überraschung in petto hast.

Ken Rob – Das Yang zu meinem Yin. Es gibt niemanden, mit dem ich lieber Geburtstag feiere.

Marion McGarry – Schon als wir uns zum allerersten Mal begegnet sind, wusste ich, dass wir uns seit Äonen kennen! Danke für deine Unterstützung, deine Freundschaft und vor allem das viele Lachen. Mir tut jetzt noch der Bauch weh!

Christian Dickens – Deine Performances sind legendär! Ich werde dir ewig dankbar sein, dass ich Teil deines Drei-Manegen-Zirkus sein darf.

Cyndi Schacher – Dank für deine prickelnden Ansichten über die Welt und ihre Bewohner. Mit niemandem würde ich meine Garage lieber teilen als mit dir.

Joe Skeehan – Wenn jemand ein Herz hat, dann du. Danke dafür, dass du dich immer um meine irdischen Dinge kümmerst, während ich den Kopf in den Wolken habe.

Marilyn Jensen – Folge dem Weg der Sterne. Du hast schon so viele Menschen bereichert. Danke, dass du uns alle in diesen ganzen Jahren so oft ins rechte Bild gesetzt hast.

Jacquie Ochoa – Dank für deine tätige Zuneigung. Deine Neugier auf die Welt sorgt dafür, dass wir immer auf Zack bleiben. Und deine Freundlichkeit wird höchstens noch von deiner Intelligenz getoppt.

Scott E. Schwimer – Glück und Segen! Danke, dass du immer ein offenes Ohr für mich und stets die passende

Website parat hast, wenn ich am dringendsten eine brauche.

Tori Mitchell – Deine Freundlichkeit und Selbstlosigkeit sind mir immer höchst willkommen, mindestens so sehr wie deine Teufelseier mit schwarzen Oliven.

Randy Wilson – Meine beste Adresse für alles, was mit der Wüste, mit Autos und Design zu tun hat. Dank für deine immer verlässliche Freundschaft.

Dorothea Delgado – Schwesta D! Was du alles über die Welt weißt, in der wir leben, erstaunt selbst mich noch.

Kelley Kreinbrink – Ich bin dir so dankbar für alles, was du in den letzten Jahren für mich getan hast. Nun, da der Geist dich berührt hat, hoffe ich, dass es dir besser geht.

Cammy Farone – Für deinen selbstlosen Einsatz, was mich betrifft, bin ich dir dankbarer, als du dir auch nur vorstellen kannst. Ich schätze dein künstlerisches Können ebenso wie das Mitgefühl, das du anderen gegenüber an den Tag legst.

HarperOne – Dank euch allen! Ihr gebt mir freundlicherweise eine Plattform, von der aus ich Millionen erreichen kann. Ich bin dankbar dafür, dass ich Teil der Family sein darf und dass ich mich bei euch so wohl fühle.

Gideon Weil – Irgendetwas muss ich in einem meiner früheren Leben wohl richtig gemacht haben, sonst hätte ich in diesem bestimmt keinen so guten Lektor.

Suzanne Wickham – Dank für dein unglaubliches Organisationstalent, für deine Professionalität und die harte Arbeit, die du leistest, um mich in der Welt bekannt zu machen.

Andrew Lear – It's Showtime! Danke, dass du mich sicher durch die Stromschnellen Hollywoods lenkst und immer dafür sorgst, dass ich den Leichenräubern nicht in die Hände falle.

Jan Miller – Danke für die Inspiration zu diesem Buch. Ein herzliches Dankeschön auch an alle anderen in der Agentur Dupree Miller, die mir halfen, es auf die Welt zu bringen.